谨以此书献给
我的父亲周宗武

为纪念“一·二八”淞沪抗战，张治中题字：“求民族生存而战。”

欣悦与彷徨：张治中父女的家国往事

张素我　口述
周海滨　撰述

中国青年出版社

张治中（1890—1969）中国爱国民主人士。原名本尧，字文白，安徽巢县（今巢湖市）人。保定军校第三期毕业。曾任黄埔军校学生总队长、军官团团长。1926年参加北伐战争。1928年起任第五军军长、第四路军总指挥、中央陆军军官学校教育长。抗日战争时期，任第九集团军总司令、湖南省政府主席、国民政府军事委员会政治部长、三民主义青年团书记长。曾率部参加淞沪抗战。抗战胜利后，任西北行辕主任兼新疆省政府主席，主张国共谈判、和平建国。1946年代表国民政府参加军事协调处三人小组。1949年任国民政府和平谈判代表团首席代表。后留住北平（今北京），出席全国政协第一届全体会议。后任西北军政委员会副主席、全国人大常委会副委员长、国防委员会副主席、民革中央副主席。著有《张治中回忆录》。

——《辞海》（第六版缩印本），上海辞书出版社2009年版，第2386页

希厚
你看！我笑容滿面，也比從前胖了些啊
文白攝寄
民國十七年二月
于德國

第一次国共合作破裂后，张治中辞去军校职务，这是 1928 年 2 月他从德国寄给夫人的照片。

目录

/ /

035 第二章

从北伐到抗日：“这是我同黄埔第一次发生关系”

036 母亲说，这么多的职务让父亲疲于奔命，他一天到晚坐汽车、坐小汽艇，往来于广州与黄埔之间。

040 父亲曾质问蒋介石：“校长这种做法，是否顾虑到一般革命同志的信仰和一般革命青年的同情？”

051 父亲写信都是比较简单，特别是在抗战将爆发的时候。

056 父亲曾说：“要是分别计算一下，我从政的时间较短，带兵的时间更短，时间最长的，还是要算办教育。而且从我的个性看起来，是适宜于办教育；我的兴趣，也是侧重在教育方面。”

063 第三章

主政湖南：改变“只有政府说话，而没有人民说话”

064 父亲抵达长沙前三天，日本战机在长沙投弹，被人称为：“这是敌机追踪张主席来向他送礼的。”

068 父亲曾问道：“文化人怎样帮助我们实现这些方案呢？”

序

张素我[1]

有段时间，每次乘坐北京地铁 2 号线，听见播报下一站是崇文门站时，我都会遗憾，这个熟悉的站点，再也无法让我回到过去。

从崇文门地铁 C 站口出来，经过一个公交站点和一个加油站，就是崇文门东大街 22 号楼。张治中的长女张素我先生就住在这个楼里。

去往素我先生家中的这条路，我不知道走过多少次。但是，2011 年 12 月 2 日，这个时间告诉我，这是我与素我先生忘年交往的终点。这天，她远行了。

对于她的逝世，我完全没有料到会是如此匆忙。作为她晚年生活里，除家属和保姆胡喜菊之外最密切的人，我了解她的身体状况。她思维清晰，说话虽然慢条斯理，但是毫无病态。只是，她的腿不太好。

每次去拜访她，先是保姆胡喜菊开门，我在客厅等候。一两分钟以后，保姆扶着她从房间走了进来，她冲我微微一笑，说："海滨同志来了。"

有时候她会说，她的腿不好，她好想去看看谁，比如习近平的母亲齐心、原国务委员吴仪、聂荣臻的女儿聂力……没有想到，她在想着去看望老友的时候，别人却来看她了，只是他们再也无法坐下来握

1　周海滨．张素我［N］．东方早报，2011-12-27.

手聊天。

作为素我先生晚年最密切的接触人，通过对她数十次的口述访问，我深刻地理解一个 96 岁老人的离去，她带走的是什么……

2011 年 7 月 9 日是我最后一次去素我先生家。那天我去她家中，她给我准备了一些资料和老照片。她拿出一份 1980 年的《北京晚报》，报纸的头版下半版有对她的专访。1980 年，她 65 岁。我说："这年我刚出生不久。如果算上我，那可是几代人采访过您。"

还有一次，我对她说："您的年龄是我的三倍多，您的人生我阅之不尽。"她感叹说："我父亲 79 岁去世、母亲 85 岁去世。我比他们多活了好长了。1976 年 4 月 8 日，丈夫周嘉彬去世，同年 11 月母亲过世。1976 年，那一年，有我一生中最大的痛苦与悲愤。"

2011 年 3 月 23 日，我去拜访素我先生，那时，她在北京医院住院两周刚出院，这次住院是因为白细胞太多。这天，她授权我写她的口述历史。她说下个月就 96 岁了，时间太快，她很多事情还没来得及做。她说有生之年看不见台湾回归了。她说，今年是她最伤心之年，三妹在美国生活了 20 多年，回大陆不久就去世了，大弟媳也去世了。她说，算了，往前看吧。

素我先生还提醒我说："我们中国人修身齐家治国平天下。你现在是立业阶段，只要把事业做好了，同时家庭幸福就很好了。我还知道你有个儿子……"我很意外，我从来没有和她提及我有孩子。她说："前几天我给你打电话，我听见有小孩在说话。所以我知道了。"离开时，她还让我带上三盒味多美的小饼干，说带给孩子吃。

她还让我写下我的地址以及我和我爱人的电话，记录在一个小本子上。后来，她病危期间，保姆从这个小本子里面查到了我的电话，告诉我她临终前的嘱托。

2010 年 7 月 16 日，张素我在崇文门寓所向周海滨展示自己珍藏的老照片。（曹海鹏 摄）

4月11日，我去素我先生家。她和我说了一件事。她说："现在很多文章写父亲张治中与毛泽东对话，全是：'主席，您……'"她说，"父亲不对任何人说'您'，包括蒋介石。"她说，"我们安徽人都有这个习惯，我父亲说安徽话，不说'您'，到北方后才会有'您'。"

4月20日上午，素我先生来电话说，她在家中找到一张借条，是2005年中央党校教授从她家借走5本书时写下的，现在6年过去了，他还没还她，当时也没留电话，她说，海滨同志帮我找下他，那都是我父亲的重要研究资料。她告诉我，教授是为了写张治中传记去拜访她的，但是至今传记尚未出炉。

4月26日下午，我去素我先生家。她把借条找了出来，我翻拍了下来。"有一年我在人民大会堂还见到他，当时也没好意思要。"她喃喃道。

事实上，素我先生非常在意她关于父亲的藏书。我曾借阅其主编的《思忆父亲张治中》，用来翻拍其中的老照片。没过几天，她就来电话催还。她说："原来我有两本，后来我小弟一纯来了，非说自己没有，拿走了一本，我记得以前给过他的，他忘了。"

我曾两次帮素我先生在卓越网买书。2011年3月24日为其购买《我们的父亲：国民党将领后人在大陆》，这本书由其作序，虽是我本人的著作，但她要20本送给其老友，托我代买。2011年4月26日，她拿出一份《团结报》，上面书评栏目推荐有《宋庆龄画传》和李岚清的《音乐艺术人生》，她让我代买。5月2日，她特意致电我："买的书收到了，真的很快很方便。"

5月19日8时，我前往素我先生家看书稿。这个100多页的A4纸打印出来的稿子，她一周就看完了，极其仔细，连一两个错别字都看出来了。有几处，她用“R”表示。我问：“这是什么意思，是Repeat吗？”她回答说：“Repetition，好像这段与前面有重复。”素我先生早年留学英国西南大学，后在北京外国语学校、对外经贸大学任教授，英式英语娴熟。

2011年12月22日，我上网买书时发现为素我先生购书的送货地址仍在，于是删去。此后，我的生活中，关于素我先生的痕迹将会一点点消弭。

素我先生的求学生涯，是民国时期贵族式教育的缩影，也是社会名流子女接受教育的典范。而这一切，培养出了素我先生的“民国范”。

“我的青少年时代可谓到处奔波、各地求学。小学是在上海神州女学[1]上的，当时父亲在上海大学学习。上海神州女学是章太炎的第二任夫人汤国梨创办的。在上海神州女学念了三四年后，因为父亲去了广州，我就转到广东执信女学[2]继续求学。”素我先生在这里求学两年，读完小学。

“之后，我又到上海务本女学[3]上中学。”

“两三年后，也就是1929年，我初中三年级时转到南京中华女

---

1 1912年3月16日，神州女界共和协济社正式成立，宋庆龄为名誉社长，张默君、杨季威为正副社长，汤国梨为编辑部部长。不久，该社创办神州女学，汤国梨任女校教师。同时又创办了《神州女报》，向民间宣传妇女必须学习知识，经济自立，参与政治，谋求与男子同等的地位。

2 1921年，孙中山为纪念民主革命家朱执信于1921年而创办私立执信学校，校训是“崇德瀹智”。1928年，改校名为执信女子中学。

3 上海务本女学，是上海第一所由国人自办的女子学校。创办人吴馨认为，“女子为国民之母，欲陶冶健全国民，根本须提倡女权”，因而“取塾名为务本”。几经迁改，现为上海市第二中学。

中。这是一所著名的女子中学，是一个住读的学校，终日和同学们在一起学习、作息，生活很愉快。后来，学校还盖了家政楼，高中生就得学习家政，包括整理家务、缝纫以及做菜等。教师们教课很认真。”据说，这所学习家政、烹饪的女子中学的毕业生，后来不少成为社会名流的夫人。

“1933 年中学毕业后，这年秋天，我进入南京金陵女子文理学院[1]，在这里读了两年。学校有许多为女子学生教育特别设置的系，如家政、音乐、体育、国文、英文、社会等。”虽然素我先生是南京金陵女子文理学院的学生，但是还没有毕业就离开了这所声名赫赫的学校。

“2005 年在庆祝母校 90 周年盛典时，我们众多的老少校友还特别向南京师大表示敬意。他们的远见和明智让金陵女大仍在原处保存，吴校长也应该感到安慰了。我因为体弱没有去参加盛典，我遥祝姐妹们欢聚一堂，谈天说地，同唱：We are from Ginling（我们来自金陵）。”素我先生的二妹张素央曾在金陵女大就读于体育系，长女周元敏曾在此学习音乐。

“没毕业是因为我到英国西南大学继续攻读教育学。两年后的 1937 年奉父命回国参加抗战，还是没毕业。虽然抗战胜利后我在西北农学院任教、新中国建立后我在高校任教，其实我是两度肄业的大学生。”素我先生生前口述说。

在素我先生的客厅，我一直熟视无睹的一幅字原来是戴季陶的手迹。一年前就拍过照，这天突然问起，我才发现了真相。字是这样写的：

---

1 金陵女子大学是中国第一所女子大学，创立于 1913 年。1930 年，更名为金陵女子文理学院。

闹时练心、静时养心、坐时守心、行时验心、言时省心、动时制心。

民国十四五年大病垂危，书此嘉言悬于内室，时用以自警，介石先生来见之，谓为无上妙药。勉力自制，病终获安。二十六年仲春，养疴汤山，文白老弟来视，见之而喜，属为书之。

戴传贤书于望云书屋时绿柳绕黄半未匀也

我的孤陋寡闻在于，我一直不知道戴传贤就是戴季陶。

素我先生生前最敬佩的一个人是宋美龄。几乎每一次，一提及“宋美龄”，都会勾起她诉说的欲望，让她沉浸在对宋美龄的回忆里，“我是在 1937 年认识蒋介石夫人宋美龄的。那年上半年，我还在英国读书，夏天中国的抗日战争全面爆发，因父亲的召唤，我中止了学业，回国投身抗战。我还没有毕业，父亲就发了多封电报要我回国”。

素我先生一回国就听母亲说，宋美龄 8 月 1 日召集国民党要员的女眷在南京成立了中国妇女慰劳自卫抗战将士总会，通过了《全国妇女参加抗战工作计划纲领》。“还是在这个 8 月的一天，宋美龄邀我去总统府面谈，我一见到她就喊‘蒋伯母’，她待人和蔼，我们家孩子都喊她蒋伯母。虽然当时她已经 40 岁了，但是很年轻很漂亮。她见到我就说：‘素我，你回来就好！’然后又谈了些抗战的事情，具体谈的什么我不记得了。”

第二年，宋美龄、沈钧儒、郭沫若、李德全、邓颖超、郭秀仪等 20 余人联名倡议成立中国战时儿童保育会。“我是替母亲洪希厚参加的，因此也成了发起人之一。会长由宋美龄担任，邓颖超、史良、沈兹九、安娥等担任理事会常委。后来邓颖超、李德全又担任了副会长。”

早在 1928 年，宋庆龄、宋美龄就在南京创办了国民革命军遗族学校，专门招收为国捐躯的先烈后代。“我有两个表妹就是遗族学校的学生。在遗族学校，学生称呼宋美龄为‘妈妈’。”

1940年，素我先生同周嘉彬在重庆结婚。蒋伯母宋美龄还送了一张红色条幅，上面是她亲自用毛笔所写的四个楷体字：宜尔室家。同时送的还有红皮包、衣料和手表。“1947年在南京，我去她府上，她还特地叫厨师给我做了一个大蛋糕。那时我已30多岁，可在她眼中我还是个孩子。”

素我先生对“文革”有着深刻的抵触，她在给拙作《我们的父亲：国民党将领后人在大陆》一书作序时写道：“‘文革’过后总结了三分缺点七分优点。稍后，倒了过来。最后邓小平同志上台，完全否定了那次浩劫。我国的建设落后了20年！如今一切都过去了，国家取得了长足的发展，而我也已经96岁高龄了。我对来拜访的周海滨同志说：‘那个年代，我觉得一点好处都没有。’”

“如果有个按钮，您愿意回到童年吗？”我曾这样提问。她摇摇头说：“现在是最好的时代。我不愿意重新回到童年，因为哪个人生都有坎，翻过去就行了。但是要知足常乐……”“人生很多时候需要自己安静下，只有安静下来，才能想起很多的事情，才能重新出发。我有时候安静下来想一想，有很多事情没做。”

如今，“很多事情没有做”的素我先生离去了，一起带走的还有她的民国往事和父亲张治中的晚年悲欣。

周海滨　2011年12月

初版序

回忆父亲张治中

张治中，人称“和平将军”。蒋介石八大金刚[1]之一。作为蒋介石的心腹重臣，张治中长期置身于国民党最高决策层。同时，张治中又以其独特的身份与毛泽东、周恩来等中国共产党主要领导人交谊深厚。

毛泽东称他“是三到延安的好朋友”“是真正希望和平的人”。1985 年，习仲勋代表中共中央在张治中将军 95 岁诞辰纪念大会上对他的一生给予了高度评价：“文白先生是杰出的爱国将领，富有远见的政治家，是同我们党有长期历史关系的亲密朋友。”1983 年 3 月，邓颖超评价张治中：“在第二次国内革命战争时期，文白先生是一位没有同共产党打过仗的国民党军人。”

张治中育有五女二子，依次是张素我、张一真（长子）、张素央、张素初、张素因、张一纯（次子）、张素久，其中四女张素因在重庆早夭。2011 年 2 月，张素初在北京病逝。

2010 年是张治中 120 周年诞辰。这年 6 月开始，张治中的 95 岁长女张素我和 81 岁次子张一纯多次向笔者讲述了父亲鲜为人知的历

1　蒋介石有“八大金刚”，即何应钦、顾祝同、钱大钧、蒋鼎文、陈诚、陈继承、刘峙、张治中，他们都是黄埔军校教官出身。在蒋介石集团中掌握兵权者，大都是八大金刚门下黄埔第一、二、三期的学生。

2010 年 6 月 1 日，张一纯在北京市政协会议中心茶楼接受周海滨访谈。（曹海鹏 摄）

史细节。这位唯一没有同共产党打过仗，唯一敢对毛泽东、蒋介石多次直谏的国民党高级将领到底经历了怎样的国共往事？

1915年出生的张素我，人生跨越近一个世纪，历经辛亥革命后的现当代中国，尤以张治中将军长女、周嘉彬将军夫人的身份参与社会活动，笔者所能提到的民国风云人物，张素我几乎全部见过，而与宋美龄、张学良、周恩来、爱泼斯坦等众多一时翘楚更是有所交往。

她在讲述父亲追求和平的历史细节时，也无意中透露了自己一直习以为常的人生经历。1947年10月20日至11月1日，张素我随父亲张治中访问台湾，并在新竹市井上温泉探望了张学良。此时，台湾光复不久，她在台湾的十日之行，最后一站见到了在幽禁中的张学良，目睹了张学良和赵四小姐的落寞和无助。2011年4月11日、4月26日，张素我在崇文门家中说："我至今印象深刻的场景是：当张学良先生拉着父亲的手时，他的眼泪几乎夺眶而出。这是很令人感动的一幕。"然后，她指了下父亲与张学良合影的照片和访问人员的集体合影说，这两张照片是我拍摄的。

2011年5月19日，在张素我卧室，张学良赠送给张治中的诗"总府远来义气深，山居何敢动佳宾。不堪酒贱酬知己，惟有清茗对此心"依然悬挂在那里，只是书写者是张学良的秘书王益知。

在张素我的相册里，她还有一张打桥牌的照片，对手是国民党高级将领覃异之、郑洞国，而一张战时儿童保育总会发起人合影照则将宋美龄、史良等所有民国妇女界名流尽收其中。而这些交往的民国风云人物中，张素我最为怀念的就是自己的蒋伯母宋美龄。

周海滨　2011年8月

1947 年，张治中（右）到台湾新竹井上温泉看望张学良。（张素我 摄）

第一章

咬姜喝醋：“我之有今天，是由于这一句话的赐予”

父亲曾说："我之有今天，是由于这一句话的赐予。不但我永远不能忘，我的儿女也应该永远不忘。"

一有人提及"张治中"这个名字的时候，人们往往会想起"和平将军"这个词，也会说，他为什么在国共两党都能有极好的人缘，都能吃得开，靠的是什么？

的确，父亲一生与国民党、与蒋家有着千丝万缕的关系，他是蒋介石的八大亲信之一，两人交往可以说有上下级关系也有朋友之谊，父亲能够向他多次上"万言书"，遇到极为不平的事情甚至去当面质问，连邓演达[1]都说"你真胆大"！父亲长期置身于国民党最高决策层，

1 邓演达（1895—1931），广东归善（今惠州）人。与恽代英、高语罕和张治中在黄埔军校共事，一起被黄埔军校右派分子攻击，被称为黄埔四凶。1927年四一二政变后，邓演达被通缉，流亡欧洲。邓演达与宋庆龄等联合发表《讨蒋通电》，主张东征讨蒋。1930年，邓演达回到上海，秘密组织了黄埔革命同学会，号召黄埔学生起来推翻蒋介石的统治。1931年8月17日，邓演达在上海被捕，11月29日在南京被杀。

跟随蒋介石20余年，从未参加一次反共内战，而是以独特的身份与毛泽东、周恩来等中国共产党主要领导人交谊深厚。毛泽东称他“是三到延安的好朋友”“是真正希望和平的人”。周伯伯[1]“文革”中保护父亲免于迫害。周伯母也说过：“我与文白先生自1925年在广州相识以来，一直保持着很好的友谊。”

至于为什么会让国共两党都倚重他，我后面会讲。

我想先说的是，父亲追随孙中山“三民主义”的革命道路，让人看起来似乎是一帆风顺。其实，父亲的早年经历了那个时代知识青年所经受的痛苦挣扎，在多次的安庆、扬州之行中极其痛苦地谋出路，终于在多次失意中磨砺而出，找到工作，最后机缘巧合，受到蒋介石的重用。

相比之下，我出生的时候，父亲虽然还在上军校，但是随后父亲可以说逐渐身居要职。我的成长经历可谓一帆风顺，读名校、随父亲辗转各地继续学业，所以并没有多少值得称道的事情。

父亲1890年生于安徽巢县洪家疃。与很多中共革命者从此不归故乡不同的是，父亲在此后的人生中，故乡洪家疃成为他人生的拐点处和心灵的栖身之所。每逢人生不如意，他就会回来休养，在爷爷奶奶的墓庐里静坐思索。

父亲深爱桑梓，非常重视乡谊。他敬重故乡的父老，每次回乡碰到父老时，他都要先打招呼。他特别想了解乡亲们生活得怎么样，与

1 1924年，张治中参与筹建孙中山创办的黄埔军校，结识了军校政治部主任周恩来。自此，“周张之谊”即便在国共两党尖锐对立、武装斗争十分激烈的情况下，也从未中断过。张治中的子女们总称周恩来为“周伯伯”，称邓颖超为“周伯母”。

乡亲们在一块儿谈心。

父亲那时候也敬重老人，他还请周围十多个村子60岁以上的老人喝酒吃饭，还与他们玩掷骰子，以“赌”取乐。他主持的“赌”，方式独特，“赌”资由他出。他预备许多铜板，每位一份，每人只准押一注。输的归他贴，赢者都可带走。

有一件事情，让周围的乡亲们对他更加敬重。有一年，我们洪家疃村与邻村发生争斗，村里人向“做大官的张文白”求援，希望父亲出面教训下邻村的人。父亲非但没有壮大宗族势力的意思，而是写信劝双方族人“和为贵”。他倡导村里人都去植树造林、挖塘养鱼。

我的爷爷张桂徽是个篾匠，靠编制箩筐之类农具糊口。现在，在农村已经没有篾匠这个手艺了，都是工业化生产了。那时候，篾匠编制箩筐，装水稻、棉花很重要。爷爷虽然念过几天书，但是也就只能写写信、记记账而已。

父亲的私塾岁月，吃饭是与两位同学共同“起爨”，即出米合伙做饭，小菜自理；睡觉，就在睡板上铺稻草当垫被，上盖一床烂棉絮。见富家孩子吃肉，父亲嘴馋想吃肉，话传到曾祖父耳里，曾祖父说：“肉嘛，除非从我身上割下来！”父亲听了很后悔。

在长辈们相继过世以后，父亲将他的祖父母、父母、叔父安葬在离家不足百步远的坟庄里，并修建了三间小屋子，作为墓庐。每次回到故乡，父亲都要去毕恭毕敬地瞻仰凭吊，而且经常一个人静幽幽地呆坐在坟庄里。看到父亲在那里，我也没有去问他在想什么，但是我知道他想的是早逝的父母和革命的形势。

晚年父亲回忆童年生活时候感慨地说，那是“我认为最受磨难而同时最有进益的时代”。父亲14岁考秀才时名落孙山，由于家境十分清寒，为生活所迫，不得不去一家篾器店当学徒，他偶然看见一张包杂货的《申报》上刊登“安徽陆军小学招生”的消息，惊喜若狂去报考。

父亲拿着奶奶七拼八凑筹来的 24 块银圆，独自外出闯荡。临行前，奶奶让他咬口生姜喝口醋，寓意是在今后的人生岁月里，要能够承受所有的苦辣辛酸，只有历尽艰苦，才能成人立业。

这年，父亲 16 岁。

“咬口生姜喝口醋”是父亲的人生格言，也是他教育我们子女常说的话。父亲所有的经历，几乎都打上了这句话的印记。无论是青年时遭遇不公落榜，还是后来当“备补士兵”和“备补警察”食不果腹，以及在战场上浴血奋战，靠的都是这种尝遍苦辣酸甜的坚韧。

后来，父亲请国民党元老、书法大师于右任将这句话写成一块横匾，以省身心。父亲对我说：“我之有今天，是由于这一句话的赐予。不但我永远不能忘，我的儿女也应该永远不忘他们的伟大的奶奶，我愿我的子子孙孙，都永远记住这一句格言和遗教。”

父亲对奶奶怀有深厚的感情，奶奶是一个普通的农村妇女，但她改变了父亲的人生。从篾器店学徒毅然出走到安庆报考陆军小学，爷爷并不赞同，但是奶奶费尽心机、举债筹资支持父亲离乡求学，否则，父亲也许像爷爷一样终其一生在农村以篾匠为业。父亲说，他自小一切得到奶奶的培养，奶奶对他的帮助实在太大了！我还记得父亲说，按照当时的环境，如果没有奶奶的支持，他要迈出第一步也是不可能的。

父亲曾说：“我宁可流浪死、漂泊死、冻死、饿死，也不能被人欺负，受人家欺负。”

在这里，我要认真地讲讲父亲早年的经历，他的人生抉择很有意思，如果当年留在安庆没有去扬州，他的人生方向就会转向，也许就没有后来的父亲张治中了。父亲的这些早年经历我都很熟悉，有时候他也会讲起，尤其是在他开始写回忆录的时候，我们子女就听得比较多了。

迈出了人生第一步的父亲并没能如愿在省会安庆考上陆军小学。他步行 7 天，走了 300 多里路到省城安庆。父亲打听到安徽陆军小学招生的具体情况，让他大吃一惊，学校分到巢县的名额只有一个，早就已经内定给了巡抚衙门的关系户了。

结果可想而知。

上安徽陆军小学的希望落空了，可是他还不死心，就滞留在安庆等待机会。父亲的同伴中有两位是唐启尧的本家。清朝末年，每个省都有个督练公所，唐启尧是督练公所的总办，人称“唐军门”。

就这样，父亲为了省钱就沾了同伴的光，栖身在唐启尧公馆篱下。虽然同伴提前返回家乡，但是父亲并不准备回去，继续住在唐公馆里。

父亲不是白住，他要陪着“唐二少爷”读书，同时准备第二年再报考安徽测绘学堂。唐启尧的二哥是一个秀才，有一天，他来到唐公馆，看见这个陌生的乡下人，大声质问父亲：“你是什么人？他是少爷，你这穷小子配和他一起住公馆里吗？”

父亲当时十六七岁，听了他的话犹如晴天霹雳，羞愤交加。父亲曾经说：“我宁可流浪死、漂泊死、冻死、饿死，也不能被人欺负，受人家欺负。”

他决定走了。

当天晚上，父亲辗转难眠。

他想起了对自己不薄的庞老先生。庞老先生在唐公馆里教唐二少爷。

父亲到庞老先生卧室向他告别。父亲一边流泪一边说：“我要走了！”

庞老先生极力安慰他。他不听，坚决地说“讨饭都要走”。

这个孩子是去意已决，庞老先生知道挽留已经无用。庞老先生是个善心人，他很清楚眼前的这个孩子没有盘缠，不能让他身无分文去上路。他拿出了一串钱、一件旧布大褂。父亲带着悲愤离开了安庆。后来，父亲在扬州当了警察，他还给已经回到老家河北的庞先生写了一封信。

出走安庆后，父亲不知道何去何从，想到了扬州十二圩的远房亲戚。

父亲曾经去过一次扬州，那一次他体会到了寄人篱下的艰辛。

那是父亲考秀才落选而又无力进学堂的时候，他听说扬州要办一个随营学堂，父亲便到十二圩去投奔父亲的祖母家姓洪的远房亲戚，按照辈分，父亲应该喊他表叔。

这位表叔当一名哨官，常带着舢板船，领几名兵丁，专门负责保护盐务。

开始，表叔对父亲还是不错的，但是父亲报考的随营学堂始终没有开办，对父亲就渐渐冷淡起来。他说自己吃的是“冷眼饭”，就是“冷眼饭”也吃不饱。父亲有时候一个人坐在船头，对着河水落泪。

虽然他耐心等待随营学堂的开办，但是终未能如愿，他听从表叔的劝告回家了。这也是父亲心灵上一段难以忍受的痛苦时光，寄人篱下的苦况也让他后来不忍再去回想。

在离开十二圩时，这位亲戚在给父亲旅费的同时，也给了一张账单，把原来给父亲的零用钱和伙食费一起算足，一共是13元钱，他还让父亲写下一张“借条”。父亲回到家的第二年，就派人拿着“借条”找我爷爷要去了。

可以说，如果不是万不得已走投无路，父亲绝对不会再去十二圩。但是，父亲还是来了，他想知道随营学堂到底开没开。可是，到了扬州之后，发现随营学堂还是没有开办。

父亲进随营学堂的希望又一次成了泡影。

命运仿佛在折磨这个寻找出路的少年。无路可走的父亲决定去当兵，至少有个落脚的地方。

他来到当地的盐防营，可是这个营里没有正额兵可以补，只谋得了一个“备补兵”的资格。

这是个可怜的兵种，根本没有兵饷，父亲的吃住都成问题。

吃饭是要自己出钱的，叫作“打伙食圈子”。父亲唯一的办法是去当铺当东西。最初是当衣服、当零碎东西，后来都当光了，就当汗褂子。有一次，父亲去15里外的仪征县城跑了一个来回才当了四毛钱。

而住也很麻烦，虽然说是住在兵营里，但是没有一定的铺位，遇到一个铺位是空的就补上去睡。如果没有空铺，就睡不成了。父亲曾感慨说，每天晚上，总是抱着一床被子，到处找地方睡，清晨又抱着这床被离开。

备补兵是有工作的，当正额兵有其他勤务离开后，就代替站岗或者跟随正额兵去上操。唯一的希望就是等正额兵出了缺，一旦有了缺就有补上去的机会。这个机会并没有出现。父亲在盐防营干了三个月，感觉岁月蹉跎，决定离开。

从十二圩出来，父亲第二次去了安庆。

这是因为他听说安庆测绘学堂招考。但是，他到了安庆之后发现这个学堂并没有招考。他住在一个很小的旅馆里，渐渐就维持不下去了。

无奈之下，父亲决定去参加安徽新军，当时要成立一个混成协。混成协是清代军队编制单位，相当于后来的旅。父亲感觉机会来了，就去了。

可是，父亲投新军并没有成功。那时候，当兵也是要有一套手续的，不是说当就当。征兵是由地方保送的，父亲没有这些手续，无法去办，当兵又没有当成。

无奈之下，父亲只好去寻找些小事情去做，但是小事情也找不到。最后，他不得已补上了个测绘学堂的一名传达。

父亲住在测绘学堂的门房里，一面当传达，一面等待测绘学堂招考的机会。负责引导宾客或学生，登记收发分转公文信件。这个“听差”的工作，对满怀抱负的父亲来说是个非常苦闷的差事。

他想，新兵当不成也就罢了。现在当起了一个类似听差的传达，还不如去当一个警察呢。但是，按照当时的警察制，要想当一名正式警察，先要经过备补警察的阶段。人家请假不站岗的时候，你去替他站岗。每站一次是 3 个小时，每一次 40 文钱。

他曾经告诉我说：“安庆人家普遍都烧芦柴，我住在警察分局去的时候，连睡的地方都没有，巡警局的厨房也是烧芦柴，堆在厨房的一角，我在晚间就倒在芦柴堆上睡觉。最怕的是夜间站岗，而正额警察请假，偏偏常在夜间 12 时到 3 时，乃至 3 时到 6 时。那时正是冬季的寒夜，夜间起来很冷，感到直打战，但也只有咬紧牙关，从芦柴堆里爬起来，穿着一套半新半旧的别人的制服，挟着一根不长不短的木棒，孤零零站立街头，冷对着一片凄凉暗淡的夜景，真是万感交集，不知不觉地想到茫茫人生，我总不能就这样下去吧？”

父亲总是这样自问，他总是有着极强的抱负心，但是连续的挫折总是在打击着他。

在这两三个月里，他还是没有能补上一名正式警察，测绘学堂招考的消息仍然遥遥无期。这时，父亲的一个同学方若木来信，说扬州有个巡警教练所在招考。父亲离开安庆去了扬州。

父亲没有想到，他在这里不仅告别了惨痛而挣扎的求职经历和人生迷茫，而且卷入如火如荼的光复运动中，“卷在这一个狂潮热浪的漩涡里，也变成一滴飞溅的浪花”。父亲晚年兴奋地回忆起自己的那个彷徨时代，他觉得“一个伟大的光明的日子到来了”。

在扬州，父亲通过了考试，顺利地进入巡警教练所。巡警教练所只有几十名警察学生，教学生当警察的规矩和知识。3个月后，父亲终于补上了一名正式的警察。过去的“备补兵”“备补警察”的痛苦经历依然历历在目。

难掩喜悦，他提笔给家里写了封信，把这个“天大的”好消息告诉回去了。

正式的警察的任务也要站岗，但是与以前不同，父亲这次是站自己的岗，这是何等喜悦的事情。

执勤警察的业余时间比较多，别人都用来逛街、打牌，而父亲则埋头看书。父亲有个习惯，就是“捡字纸”，每看见带字的纸张都要捡起来看看。

有一天，他在街道拐角处墙上看到一则广告，英算专修科夜班招生。父亲从未学习过英文，决定去登记处报名。这样，父亲除了站岗之外多了一个任务，那就是利用业余时间学习英语。警察们不理解，这个刚来的年龄不小的警察怎么这么喜欢折腾自己。

警察们对父亲“捡字纸”的毛病引以为奇。每天，巡警局里清扫出大量的垃圾，在垃圾堆里有许多字纸，父亲左手提着一个破篮子，右手拿着两根长长的细棍子作为钳子，当垃圾清理出来后，他就用棍子翻来覆去地把字纸找出来。父亲不懂得什么叫卫生、什么叫细菌，天天用两根小棍子、一个破篮子从垃圾堆里捡字纸，捡完后送进字纸炉里烧掉。

父亲甚至被当作逗乐的对象，有人甚至故意把字纸扔在那里等他去捡。巡警局里的伙夫就经常和父亲开玩笑："字纸多了。你还不去捡吗？"其实，父亲爱惜字纸并不奇怪，他铭记的是私塾先生的一句话："敬惜字纸。"

有人说国共两党高官唯有两人一生只一位夫人，共产党有周恩来，国民党有张治中。

突然有一天，在扬州当警察的父亲接到爷爷奶奶喊他回家的来信。

爷爷奶奶告诉他，在同村为他定了一门亲事。爷爷奶奶还告诉他，新娘叫洪希厚。爷爷奶奶最后说，回来完婚吧。

这封信落款是 1909 年。

母亲后来告诉我，这一年她 17 岁。

按照洪家疃洪张两姓联姻的习俗，母亲嫁给了同样来自贫寒人家的父亲，彩礼是一串 20 多枚铜钱。

父亲接到来信后，毫不犹豫地请假回家完婚，他知道新娘没有文化，可能不认识字。他出于对父母的孝顺和对传统婚姻的恪守，没有反对这门婚事。

完婚后，父亲一个人返回了扬州，母亲没有同来。

1915 年，爷爷、奶奶相继在十天内去世。父亲还在保定军官学校读书，匆忙回家奔丧，而一切善后事情都由母亲来操持。料理完双亲的后事后，已经是家徒四壁了。父亲最放心不下只有七岁的小弟文心。母亲无奈只好带着文心回娘家生活。直到 1921 年，父亲到上海大学读书，他们才得以团聚。

我出生在这年的 4 月。我长得像母亲。1937 年淞沪会战结束后的一张照片上，我与父母合影，我与母亲看起来几乎一模一样的。

媒妁之言的婚姻没有影响到父母的幸福，母亲陪伴父亲直到其 1969 年去世。虽然他们有点指腹为婚的味道，但是他们相濡以沫一辈子。父亲和母亲到一起后，后来就总在一起了。任何时候，只要不打仗，我们全家就要在一起。

母亲是一个一字不识的农村妇女。父亲一生对母亲这样一个农村妇女，始终不离不弃，相守 60 年。

有人说国共两党高官唯有两人一生只一位夫人，共产党有周恩来，国民党有父亲张治中。

母亲没文化，到北京之后因为要参加会议，才学会写自己的名字，这还是父亲教她写的。因此，当时国民党中不少要员都和父亲开玩笑，劝他另娶出身高贵的小姐。而当时高官家庭连娶三妻四妾并不少见。但父亲却说："她是我孩子的母亲，也是我的家乡人，抛弃了她，我将来何以向子女交代，何以面见家乡父老？"

母亲一生对父亲的工作从不乱发表意见。但有一次，母亲提出了自己的要求。父亲准备赴淞沪抗日战场，他的四弟张文心也将前往。

前面说过，文心四叔 7 岁时即由母亲带大的，母亲说："开战时，让文心留在你的身边，好吗？"

对于母亲的这一请求，父亲说："我知道你的意思，但仗一打起来，是不分前后的。这次去上海，我已有了死的准备，作为一名军人，文心也应当如此。”

母亲善于持家，很注意节俭。我们全家的衣服、鞋子都是母亲自己做，父母从来不让我们做少爷小姐。

我还常记起那样一句话：新三年，旧三年，缝缝补补又三年。这就是我的母亲，一个中国传统的妇女。现在，作为我这样大年纪的人，我还是很注意节俭。不管家底多大，治家、治国、治业都要在一个很节约的情况下进行。现在不是讲究高消费吗？我就没有那种超前意识。

父亲的腿不好，他时时感叹说，“这一条烂腿，险些误了我的前途”。

1911 年，中国大革命。

这一年，父亲的生活非常平静，站岗、学英文和算术、看报纸、读杂书、捡字纸……

21 岁的父亲浑然不知当时社会酝酿的急剧变革。从 16 岁开始，他一直在安庆和扬州过着颠沛流离、寄人篱下的生活。

辛亥革命的消息传来后，扬州与中国其他的城市一样，摧枯拉朽，一个王朝毫不费劲地就成了历史的背景。父亲曾回忆说：“某一天晚上，扬州也燃起了光复的火焰。诸事很顺利地进行，没有什么阻碍，没有发生事故，我非常兴奋，参加了热烈的游行。”[1]

接下来，父亲在字纸里，发现了一个改变他人生方向的消息：

---

1 张治中 . 张治中回忆录 . 华文出版社 .2007：16.

上海已经响应革命了。在扬州的街头巷尾，人人在谈论光复，一时间“人心思汉”，革命军受到热烈的拥护。

父亲觉得留在扬州站岗，根本就不是办法了，他看到报纸上的消息和他自己的抱负一结合，决定去上海。

他离开扬州来到上海，根本就没想重操警察旧职，而是去投军。此时，上海正在组织学生军，准备参加北伐。本来，父亲可以参加上海的警察队伍，但是警察的滋味已经尝过了，他不想当了。

那时，父亲在上海街头看见一群群的学生军挺着胸脯、英姿勃发地走过去，羡慕不已。学生军，顾名思义，全部是由学生组成的，与一般的部队三教九流杂处显然不同。父亲也觉得，如果能参加这样的军队，应该是件兴奋的事情。他虽然没有进过文学堂，但是在扬州学习过英文、算术，又是个私塾出身的学生。经过一番遴选，父亲如愿以偿。他回忆起自己当时的心情时说，这次投军达到他所期望的目标。而对于入学生军以后的表现，父亲也说他很受一般官长的器重，被认为是一个优秀的学生。

1912 年，中华民国成立。孙中山领导南京临时政府，上海学生军奉命调往南京进行改编。陆军部将各地来南京的学生军混合编为陆军部入伍生团，父亲被编入第一营。

父亲晚年回忆说：“起初，我进上海学生军，只有一个想法，就是打仗，就是北伐，打死了是光荣的；如果不死，希望可进陆军学校，将来当一名正式军人。”[1]

1　张治中 . 张治中回忆录 . 华文出版社 .2007：16.

但是，父亲打仗拼一死的决心让他陷入了矛盾之中，主要是他想起爷爷奶奶遭受的苦难和对他的养育之恩，一想到这心里就陡生悲痛。有时候，他在写家信时边写边哭，信也写得很长，简直就是“以泪代墨”了。

这不是父亲悲伤的全部。

一个偶然的意外，差点儿让父亲被开除了。

还是在入伍生团。有一次，父亲与一些同学在操场上学踢足球，被一个同学用钉鞋踢破了腿，出血、化脓，课也不能上，操也上不了，父亲好生着急。

这样的学生让人觉得累赘，连部曾经开会，鉴于父亲久未上操，主张开除了。幸亏他的表现别人看在眼里，有几个排长不主张开除。晚年，他的腿不好，还时时感叹说，“这一条烂腿，险些误了我的前途”。

一直持续五六个月，父亲的腿伤才好。这时，南北和议告成，南京临时政府取消，入伍生团准备编入陆军军官学校，调入保定。当这批学生从南京来到保定后，入伍生团并入保定陆军军官学校一事遭到了抵制，合并没能实现。

1912 年冬季，由保定南下，南京入伍生团被送到武昌南湖，父亲来到武昌第二预备学校入学，学校的前身是前清陆军第二中学。这个武昌起义的炮火连声处，在南北议和声中，此刻已经归于平静。而武昌南湖，此刻正在传出父亲背诵德文的声音。

若干年后的 1926 年底至 1927 年，36 岁的父亲在这所军校的旧址上办学兵团，他将校舍翻新，配置了发动机，决定要“重兴南湖”。

他在这里学习了两年，学习了立体几何、解析几何、三角等新学科，但学起来很吃力，而最让父亲感到吃力的是图画课。

有一次图画考试，他在纸上画了一条起伏很大的波浪线，象征着喜马拉雅山，接着又在顶端添了几笔，画成一个方框，意为纪念碑，然后他在旁边题写了一行大字：“大中华民国战胜纪念碑”。先生看了，笑一笑，打了一个圈，给他吃了一个“鸭蛋”。

在这里，父亲遇到了自己一生最难忘的朋友。他就是郭孔彰。

郭孔彰原来是北京师范大学堂的学生，在学生军与父亲结识。在南湖共同学习了两年后，他们又一同升入保定陆军军官学校第三期，于 1916 年完成学业。毕业后，父亲去了安徽倪嗣冲的部队，而郭孔彰去了北京。督军团造反时，郭孔彰南下，与逃离倪嗣冲部队的父亲在上海相逢。父亲决意南下，此时郭孔彰也有意南下，父亲劝说道：“我们何必都到广东，而且到广东以后，在事业的开展上，不一定就有把握。”父亲建议他去老家四川，并且相互约定：“各人去打天下，无论哪一个有了成就，将来再会合来干一番事业，岂不最好！”

郭孔彰勉强同意了，但不幸的是，他回到四川当营长，打仗的时候，阵亡在遂宁。郭孔彰牺牲 3 年后，父亲来到四川哭祭了他。20 年后，父亲重去四川，为他修墓立碑，并撰写了一篇纪念碑文。

父亲在就读武昌陆军军官第二预备学校时，爷爷从故乡到武昌南湖来看他。这天是星期天，他出去了。爷爷没有见到，一直等到他回学校。当时天色已晚，爷爷想在学校旁一家小饭铺里借宿一晚上，以便和久未谋面的儿子再聊聊天。

但是，小饭铺没有床位，爷爷就到汉口借住在一朋友家中，临别时爷爷说好第二天去看他。第二天，父亲没有出现在爷爷面前，因为临时有事情，他没能赶过去。爷爷回到安徽后写来信函，他在汉口的朋友家高烧两三天没好，只好带病回了家。

1914 年 11 月 10 日，父亲从陆军第二军官预备学校毕业后，分配到保定入伍。1915 年，爷爷奶奶相继去世，父亲还没完成学业，爷爷奶奶也没看到父亲的未来。

我出生时，父亲在入伍一段时间后，升入正式的陆军军官学校。1915 年 12 月，在国会、民众请愿团、筹安会和 1993 名各省国民代表的推戴下，恢复了君主制，建立洪宪帝国，行君主立宪政体，把总统府改为新华宫。

在学校，父亲听到这个消息后，与同学们都感到奇怪："怎么忽然做起皇帝来了？"

保定军校的校长是袁世凯的心腹王汝贤。有一天，一名学生偷看反对帝制的《顺天时报》，被巡查的官长发现了。这位官长是王汝贤的亲信，他立即收缴了报纸，并将此事报告了校长。为了杀一儆百，这位校长派卫士将学生抓到校本部，痛打 40 军棍。

此事引起了学生的愤怒。他们把砌阶用的砖翻出来，砸窗户，砸校本部。父亲说，他们还把校长的相片撕毁，扔到厕所里，而且尽情地辱骂校长。王汝贤见大势不好，慌忙逃避，并打电话找来附近驻军将军校包围了起来，并把学生骗上讲堂，将学生的枪支缴了。

1917 年，孙中山率海军赴粤，竖起护法运动旗帜，父亲到广东追随孙中山。父亲的保定同学到广州的也越来越多，于是大家联合起来要去见大元帅。父亲说，接见他们的是一个参军，没有见成大元帅。

不久，父亲参加了征闽战役。他加入滇军第四师第八旅，任上尉差遣。实际上，父亲没固定工作，是个编外人员。

父亲曾说自己的办事能力在送子弹这件事情上有显现。他奉命运输子弹，由几百个挑夫挑，走的是旱路。当时，父亲没有一点运输事务的经验，但是他没有遗失一箱子弹，也没有一个挑夫逃跑。他穿着草鞋，从队首走到队尾，从队尾走到队首，鼓励和招呼挑夫。长官后来嘉奖他能干。

成为军人，也意味着危险。父亲曾多次说，他一生中曾 5 次大难不死。

他的带兵生涯是从 3 个勤务兵做起来的。

当差遣没有多少固定工作，但父亲不甘清闲，就想起不如把旅部的勤务兵集合拢来，施以训练。最初召集 3 个勤务兵，后来渐渐加到五六人，渐渐加到四五十人。这些勤务兵对上课、上操都很感兴趣，自动愿意参加。他们受了训练后，不但知礼节，而且精神好。

这对父亲来说，一开始只不过是一时的兴趣，并没有其他想法。但是，旅长看见他练兵有方，就下令再凑集六七十人，编成一个旅司令部警卫队，派他当队长。这样，父亲就脱离上尉差遣的名义了。

父亲有点自豪地说："回想起来，作为一名军人，且曾统率大军，参加过大时代的抗日战争，就是从这时候练起的。"

成为军人，也意味着危险。父亲曾多次说，他一生中曾 5 次大难不死。这是他多次口述，然后秘书余湛邦[1]记录下的一些历险经过：

第一次是在驻粤滇军第八旅当警卫队长的时候，带了一班弟兄跟从旅长伍毓瑞将军去对一营刚改编的官兵讲话。话才说了几句，他们

1 余湛邦（1914—2008），广东顺德人。1939—1969 年任张治中秘书。

就鼓噪哗变起来。伍旅长由几个卫士保护脱险。我和这一位营长站在广场中间，当几百支枪乱行射击时，这营长把我往地下一推，大家都匍匐在地。变兵开枪达十多分钟之久，相去不过20公尺[1]左右，枪弹像雨点般不断落在我的前后左右。我当时只有束手待毙，但等到变兵枪声停了，我和这营长站起来，居然没有丝毫受伤。

第二次是在粤闽交界的黄冈，彼时我已调任连长。我军进攻驻闽的北洋臧致平军队，战况非常吃紧。我奉命带了一连人掩护左翼，占领了一小山，和敌战斗。到拂晓便带了弟兄们冲锋，目的是要把威胁我们左翼侧的敌人驱逐走。从山上冲到山下，又经过一道水田，攻到对面小岗上一个长方形菜园。谁知敌人仍顽固不退，而且三面把我们包围起来。战况激烈，在我左右的弟兄连传令兵都伤亡殆尽，我浑身都溅染了鲜血，但终于把敌人击退，我也并没有受伤，而我的勇敢自此得名。

第三次是驻在潮州城外，我已当了营长。桂军刘志陆[2]和北方勾结，夜里派兵把我团包围。我营各连是分散驻扎各村的，最初听到枪声还以为是误会，仓促间无法应付，我率领了守卫营部的几个弟兄冲出去，到了一个小山上。谁知侧面相距很近的小山头也早被敌兵占据，突然向我们密集射击，我几乎连跑带滚地滚到背后山脚下，只剩了一个卫兵。跑到团部时，全团已被缴枪，团长也在那里。

第四次是在四川宣汉县，我当川军独立旅参谋长。其中一团长叛变，事前毫无所悉。叛兵围了旅长林光斗将军公馆，出其不意地把他

1 为尊重原作起见，类似情况及民国年间的语言习惯均未改动。

2 刘志陆（1891—1941），广东梅县人。时任潮梅镇守使，使署驻汕头。

打死了。另一批叛兵到司令部来找我。那是一间民间的楼房，我刚好微感不适，在楼上和内弟洪君器闲谈，突然听到门口人声鼎沸，杂以枪声，情知不妙。洪搀着我从楼上窗口往后墙外跳下去，沿着城墙走到邮政局里。局长范众渠是素来熟悉的。再由他去告知陕军留守处林黄胄参谋[1]，把我接去藏起来。叛军到处搜索，风声很紧，不得已扮作伤兵混在陕军伤兵队里出城，经万源入陕，始脱险境。

第五次是八一三抗日之役，敌人从我左侧背狮子林登陆，已到我军左侧后方，如果被包围之势一成，我军便有全军覆没的危险。为了抽调部队迎敌并安定正面军心，在敌机不断轰炸下，我还是坐了车到前线去。中途敌机来往太紧了，便弃车步行。半路遇到一个骑自行车的传令兵，我就改乘他的自行车到了八十七师司令部。它在江湾叶家花园。刚到那里，敌机又集中轰炸，我躲在园内毫不坚固的假山洞里。一位同志还拿来钢盔给我戴上。炸弹不停地落下，假山四面的大树断了，洞前后左右都落了弹，大家都笑着说："这是日本鬼子来欢迎总司令的吧！"

以上都是较大的惊险，小惊险就更不必说。我是个革命军人，为了革命，生死早置之度外，这些惊险也不过是我的奋斗生命中几个小小的波纹罢了。

其实，父亲遭受到的危险当然是远不止这些了。在警卫队的时候，他有一次站在山头上侦察敌情，山下是个小河，河对面就是敌人。他正在拿着望远镜瞭望的时候，对面的敌人发现了他，枪弹连续地打了

1　林黄胄（1891—？），福建莆田人。与张治中是保定军校同学。

过来，有一颗子弹擦耳而过。从他身后的卫士和传令兵身上穿过，一个从脑袋穿入，迸出脑浆而死；一个从嘴边穿入，打落了牙齿。父亲并未中弹。

父亲作战勇敢的名声逐渐就起来了。

他很快从队长升为连长、营长。他带兵，无论到什么地方，绝不带行军床，只是随身带一件雨衣，等到士兵都睡下了，他才躺在士兵们的空当里睡。

他自己也说："在作战时总是站在第一线。无论行军、宿营，一概以身作则。无论到什么地方，先把兵安顿好，勤务布置好，然后自己才休息。吃饭当然更是同在一起，兵士吃什么我吃什么。我又注重精神教育，常对士兵作精神讲话，鼓励他们，并且经常关切士兵日常生活和纪律情形，所以这一营兵带得很好。"[1]

就是在父亲所说的第三次大难不死那回，他被缴械后，被迫上船去了上海。在上海，他接到友人罗天骨的一封来信，随后就入川去了吕汉群的第五师，被任命为少校参谋。

后来，刘湘反攻成都，吕汉群败退，父亲回到了家乡。然后，他又去了上海。在上海，他又见到了吕汉群，吕汉群建议他再次入川。"宣汉事变"后，父亲一路历经千辛万苦，再次回到了家乡巢县。

经历了两次入川、两次出川的打击后，他的思想发生了重大的变化：没想到四川的情形是如此复杂，根本摸不清楚川军的一切勾结和阴谋，自己差点儿在里面搭上了性命。

1　张治中．张治中回忆录．华文出版社．2007：27.

1924 年，张治中在黄埔陆军军官学校任第三期入伍生总队上校总队附、代理总队长。

第二章

从北伐到抗日："这是我同黄埔第一次发生关系"

母亲说，这么多的职务让父亲疲于奔命，他一天到晚坐汽车、坐小汽艇，往来于广州与黄埔之间。

说来也怪，父亲的求学之路非常曲折，好不容易上了保定军校，可自1916年保定军校毕业后，他仍然长期郁郁不得志。在滇军、桂军、川军中，他先后担任连长、营长、师参谋长等职，奔走于粤、闽、川之间七八年，苦头吃得不少，经验也增加好多，但仍然未逢际遇。

在家乡休养了两三个月后，他先去了福建，后来去了上海，在上海大学选课学习，主要是学习俄文。

当时教俄文的是著名的共产党员瞿秋白。父亲曾经找瞿秋白谈了一次话。那时候，“上大”是染着红色的，校长是于右任，副校长是邵力子。

在上海，父母带着大弟弟张一真租住在法租界的一个楼里，每月的租金是16元。他把一间小房子用布隔开成两间，一间是卧室，一间是书房兼客厅。在这里，连学费和交通费在内，一个月要花费50

元左右。

但是，父亲在上海大学并没有读到毕业。

此后，他两度入闽。

1922 年 6 月 16 日，陈炯明在广东发动叛变，围攻总统府。直到 1923 年 1 月，国民党军队才将陈炯明的叛军击退。父亲说：“我第一次入闽，是正在许崇智、黄大伟进入福州的时候；第二次入闽，是随着他们会师广东，讨伐陈炯明的时候。”[1]

就在这时候，我的曾祖父张邦栋去世的消息传来了。父亲回家奔丧，办完丧事后，经济上已经是捉襟见肘了，无法再回到上海大学继续学业，他受邀请去广东帮桂军办军官学校。

在广东东莞虎门，父亲创办了建国桂军军官学校。这是他着手从事军事教育的开端。1924 年，学校从虎门搬到广州，此时，孙中山赴广州，蒋介石正任黄埔军校校长。

蒋介石从保定同学口中得知父亲善于用兵，勇于作战，是不可多得的军事人才，便邀请他到黄埔出任第三期入伍生总队代理总队长，授衔上校。从此，父亲步入国民党军事阵营，而蒋介石对他可谓有知遇之恩。

其实，父亲一开始并没有接受蒋介石的邀请。父亲曾说：“黄埔军校创办的时候，因一般教官都是保定同学，他们要我参加‘黄埔’的工作，但我自己觉得不好意思：第一，我应伍肖岩约到广东，帮他办桂军学校，我若离开桂军军校，对不起伍；第二，廖仲恺先生当时是国民党的各军校——那时除黄埔军校、桂军军校外，另外还有滇军

1　张治中 . 张治中回忆录 . 华文出版 . 2007：33

干部学校和一个陆军部（部长程潜）办的军官学校（此校以后归并入‘黄埔’）的党代表，廖先生同我讲，桂军军校总要有一个人负责，叫我不必到‘黄埔’；第三，加伦是苏联总顾问，我们桂军军校也有一位俄籍顾问麋娜（女），和我在学校工作上合作很好，她也希望我不要离开。这时候，‘黄埔’的校长就是蒋介石，王懋功好像是当管理处处长，陆福廷当教官。蒋也知道我的名字，知道我在桂军军校，也很想要我到‘黄埔’工作，发给我一个黄埔军事研究委员会委员的名义。这是我同‘黄埔’第一次发生关系。”[1]

在黄埔军校召开各种军事训练会议时，父亲都积极参加，献计献策，初步得到蒋介石的赏识。1924 年 12 月，办完了桂军军校的学生毕业事宜，父亲看到了桂军方面的情形太坏，没有什么作为，也因肃清陈炯明余孽的东征行动开始，蒋介石成立黄埔第三期入伍生总队，蒋介石让他任调入伍生总队任代理总队长。于是，父亲正式进入黄埔，从此开始了受蒋介石重用的漫长人生。

1925 年 2 月，广东军政府第一次东征，讨伐陈炯明，蒋介石自任东征军总指挥，调他任东征军总部上校参谋。东征战斗激烈，东征军取得决定性胜利，父亲因此立了战功。不久，国民党党军第二师成立，蒋介石自兼师长，以王懋功为副师长，父亲为参谋长兼广州卫戍司令部参谋长。

接下来，父亲一人身兼八个职务。

蒋介石先后委任父亲为航空局局长、军事处处长、航空学校校长、黄埔军校第四期入伍生团长。国民党黄埔军校特别党部改组，父亲被

1　张治中 . 张治中回忆录 . 华文出版社 .2007：34.

推选为执行委员。黄埔军校在一、二、三期的基础上成立军官团，父亲被任为军官团团长。

那时候，母亲说，这么多的职务让父亲疲于奔命，他一天到晚坐汽车、坐小汽艇，往来于广州与黄埔之间，忙得连中饭、晚饭都不知道什么时候吃，常常到深夜12点才想起来吃晚饭。

父亲也不想兼任那么多职务，就想办法推掉了一些。1926年初，父亲回到黄埔专任第四期学生军官团团长。

随着北伐军攻克武昌，国民革命的中心也由广州转移到了武汉。蒋介石要成立新的部队，他委任父亲办学兵团，造就可以供应三个师的班长和基层干部。与此同时，蒋介石又在武昌南湖成立中央军事政治学校武汉分校，任命父亲兼任分校的教育长，学兵团也成为分校的一部分。12年后，父亲又回到了当初的求学地，只是当时他是这里的学生，现在他是这里的“主人”了。据余秘书叙述：

到武汉后，蒋从两次东征和这次北伐战役中，深切感到基层干部的重要，一个经过新式训练的班、排、连长，训练时间虽短，而发挥力量甚大。于是下令设置学兵团和黄埔军校武汉分校，由张治中任团长和教育长。张仰体蒋的旨意，很快就成立了学兵团团部，向各地招足了一团学兵，从军事训练到政治教育，从野营实习到日常生活，一切亲自抓紧，进度很快，培养出一大批班长、排长人选，迅速派到国民党军队中补充。至于武汉军官分校，张得到邓演达、恽代英等的大力支持，也很快在武昌南湖初具规模，并请得邓演达任代校长，周佛海任政治部主任兼分校秘书长，季方任军事总教官兼办公厅主任，恽代英任政治总教官，陈毅也是政治教官之一。到分校上政治课的先后有郭沫若、谭平山、周恩来、李富春、李达、施存统、张国焘、李汉俊、陈潭秋、高语罕、沈雁冰、蔡畅、陶希圣、甘乃光、项英等人。各地报名学生达六千多人，反复考选录取九百八十六人。以后黄埔军校的政治大队整个迁来，炮兵大队、工兵大队亦由南昌西线迁来，使武汉分校得到有力的补充。全校分设政治、教授、训练、军械、管理、军医等单位，结构大致与黄埔军校相同，规模亦基本相等。蒋介石对此甚表满意，张治中的教育才华又一次得到发挥。[1]

父亲曾质问蒋介石："校长这种做法，是否顾虑到一般革命同志的信仰和一般革命青年的同情？"

父亲到校不久，武汉与南昌方面的斗争便日益激烈。当时，父亲内心非常矛盾，要论政治主张，他应跟着邓演达走；但蒋介石的知遇之恩，又决定了他根本不可能背叛蒋介石。

1927 年 3 月下旬，在辞掉学兵团团长和教育长职务后，父亲无法在武汉继续停留，黯然离开武汉去了上海。他很想利用这个机会，到国外游历一下，但蒋介石电召回南京，电中有"党国危亡，人才却反"之类的极其恳切的话。后来父亲到蒋介石住处，发现陈铭枢等不少人都在座。蒋介石笑着说："啊！文白也来了。"言辞间流露出对父亲的满意。

就在这个时候，我的舅舅洪君器在武汉惨死。

舅舅洪君器，1901 年出生，1927 年被处死时才 26 岁。他是黄埔

1 余湛邦. 我所亲历的三次国共谈判 . 中国社会科学出版社 .2004.

军校第一期毕业生，曾任广东护法军第二路司令部录事员、卫兵排长、司令部副官。1924 年春，由父亲、王懋功保荐报考黄埔军校。这年 5 月入黄埔军校第一期第四队学习。毕业后参加平定广州商团和滇桂军阀叛乱的战斗以及北伐战争。历任黄埔军校入伍生部见习、教导二团排长、国民党军队总司令部入伍生总队连长、武汉中央军校学兵团少校副官。1927 年 5 月因策动学兵团投蒋，在武昌阅马场军校学兵团大会上判以死刑，随后就被执行枪决。

父母知道舅舅因为策动学兵团投蒋被枪决的事情后，非常伤心。他们都喜欢这个弟弟，所以带入黄埔一期。父亲在入川时，是带着舅舅一同去的，两人同住在旅司令部的楼下。“宣汉事变”发生当夜，他们就住在这里，差点儿被抓。父亲告诉我们说，他前一天睡觉时着了凉，第二天腹泻厉害，一天都没吃东西，直到晚上 11 点多钟时喝了点稀饭，然后嘱咐舅舅搬张躺椅靠墙放好，自己穿件夹袍、拖着睡鞋躺在椅子上。舅舅等他躺好了后，搬张小板凳坐在旁边，准备陪他说说话，刚坐下没 5 分钟就听见外面传来枪声。

父亲站起来，边说“有土匪闹事，我们出去看看”边往外走，舅舅一把拉住他说：“等等，不一定是土匪，可能是兵变。”父亲换上布鞋，由舅舅扶着从窗户上跳下去，下面就是城墙，两人躲在墙垛缝里。一会儿，大概有一连的人马从城墙脚下快步走过，父亲想向他们问话，但是舅舅又一次制止说：“慢着！把情形弄清楚再说。”他又想去劝劝炮兵连长出面指挥镇乱，又被舅舅劝住了。

他晚年提起这事情说：“假如我去向那打马灯的一连人喊话，就好比‘飞蛾扑火’，因为这一连人正是叛军；又假如我去劝炮兵连长，那就更糟，因为首先被缴械的，就是炮兵连。”所以，舅舅一连三次救了父亲的命。

舅舅和父亲商量说："老站在城墙上不是办法。"他们决定去相识的一个邮政局长那里。一个哨兵问："什么人？"舅舅说："陕军司令部的。"此后就是一路凶险的脱险经历。他们到湖北时已经是全身只剩下一套褂裤，污泥破烂，简直像叫花子一样。

父亲一辈子对这次的历险经历都无法忘记，晚年回想起来还有点不寒而栗，这是他生平中经历的一次大险。与他一道经历这样一场大险难的舅舅现在突然被杀，自然让父亲无法释怀了。这样一个机智敏捷的弟弟，一个救了自己性命的弟弟，一个前途一片大好的弟弟就这么死难了。

因公因私，父亲推迟了原定的出洋计划，去了南京。不料，1927年8月13日，蒋介石迫于形势，宣布下野。虽然有许多朋友挽留父亲在南京，但是他去意已决，回到上海积极准备出国。

父亲抵达上海时，给蒋介石打了个电报，告诉他已经到上海了，实际上是与蒋介石辞行的意思。

蒋介石回电说："你来溪口一趟吧。"父亲随即准备了一个纲要，列举了蒋介石在国共关系问题上的态度及对第七军的处理等重大事件上的过失。

到溪口过了一两天，父亲便在文昌阁的凉台上与蒋介石有过一次长谈。父亲回来告诉母亲，这次长谈，是一次爽快的谈话。

两人谈话的目的是总结过去、分析得失。蒋介石认为父亲的建议颇有见地，比如用人不当等，所以频频点头，但也对一些父亲所不知道的事情原委加以解释。

父亲在溪口住了一周，陪同蒋介石长聊的只有父亲和吴忠信两人。这段经历，父亲最感到惬意，他是个喜欢提建议的人，如果别人听得进去，他当然高兴了。在父亲回忆录里，还有一次是中山舰事件的时候，父亲与邓演达、恽代英、高语罕一起被人称为黄埔四凶，他因为赤色的嫌疑而被下命令要逮捕，但是后来，命令中途撤回了。父亲知道后，非常恼火，他与邓演达一起去见蒋介石，问他："校长这种做法，是否顾虑到一般革命同志的信仰和一般革命青年的同情？"

蒋介石听父亲说了一大堆后，没有生气，而是语气平和地说："事情已经解决了，没有什么，一切都过去了，以后没有问题。大家好好地做吧！"出来后，邓演达虚惊一场，对他说："你真冒失，真胆大！"

父亲在 1927 年底出国考察，历经欧、美、日各国，历时 5 个多月。

其实在父亲办好出国手续时，蒋介石已经在筹划复职东山再起了，让他暂时别出国。但是父亲有自己的想法，他对当时国民党内部矛盾的错综复杂感到焦虑，对国家的前途和革命事业感到迷茫。

他自己也在回忆录里说："心里没有一天宁静，所以极愿摆脱一切，离开现有环境，到外国去换换空气，并从事学术的补充，同时把头脑做一番整理检查工作。"[1]

后来我出国的时候，父亲也说起这次出国，他是一个人孤单单地去海外的，没有带同伴也没有带翻译，乘坐的德国船上只有他一个中国人。整个航行一共走了 42 天。他说："我本来是晕船的，却只晕过两天，一天是在黄海，一天是在地中海，除掉这两天，其余的日子，

1　张治中 . 张治中回忆录 . 华文出版社 .2007：40.

都是风平浪静。”[1]

但是，在船上父亲也遇到了不愉快的事：

我们的船，漂在印度洋上，一天船上开晚会，举行化装跳舞，男的可以化装女的，小的可以化装老的。船上只有一个中国人，就是我，当然不能不参加，我也愿意参加。但我并没有化装，也不会跳舞，我只穿了晚礼服，跨入跳舞厅。哪里知道，有一个外国船客（英国人，后来知道他曾在中国海关服务），化装前清的官员，穿一身朝服补褂，后面还拖着一根猪尾巴的辫子。我一见，气极了，马上退出会场，找着船主交涉。我说："有一位外国先生，化装我们中国清朝时代的官吏，拖着一条辫子，我是中国人，我应该代表中国人说话，像这种化装是不对的！这是过去清代的制服，现在不但朝服补褂早没了，那一条辫子，也早被我们消灭了，现在他这样化装，在我不能不认为是对中国人的一种侮辱！"但是船主去交涉的结果，那人拒绝了父亲的要求。船主说："那人认为今天晚上做的是戏，原来什么都可以化装的。在这晚会里，也有化装欧洲中古时期的骑士的，可见古时风俗习惯，没有不可化装的道理。"我说："如果真是做戏，表演历史剧，当然没有话讲；而今晚的集会，并不是演剧，化装中国人拖着一条辫子，纵然不是侮辱，至少对我也是不礼貌。"这样往返交涉的结果，还是被那人坚决地拒绝。船主笑着劝我："算了吧，不必认真吧。"我说："既然他不肯另外化装，请你原谅我，我也就不愿意参加这个晚会了。"于是我一个人走到甲板上看月亮。海上的夜景是最美的，这时正当阴

1 张治中 . 张治中回忆录 . 华文出版社 .2007：41.

历十月中旬，皓魄当空，纤云不染，海平似镜，微波不兴。我凭栏远眺，一望无际，海上景色，清幽绝伦。但我的心中总是充满着惆怅，觉得自己的国家，到处受人侮辱、轻蔑，不禁万感交集！[1]

当父亲抵达菲律宾时，受到了华侨和领事的欢迎和招待，照片和演讲内容也登上了当地的报纸。他开始还很诧异，一直不把自己当作名人看待，但是报纸上说他是中国的一位有名的将军。到新加坡也是这样，他一上岸就被华侨围起来了。当时，海外有一大批支持革命的侨胞，从支持孙中山先生革命到支持北伐，还有后来的支持抗战，华侨与中国革命休戚相关。

现在回想起来，父亲真是个刻苦用功的人。由于在柏林的中国留学生比较多，他没有选择在柏林就读，而是坐几个小时的火车去了德累斯顿。他住在德国人的家中，这户人家只有一个 50 多岁的妇女和她的母亲。在与她们一起吃饭时，父亲用德语与她们会话。她们夸他的发音很标准。

后来我学英语的时候，父亲说自己在德国一天到晚翻字典、读德文，还写写德文文章，没有闲暇的时间，就是一直在学习。由于这个城市离柏林不近，父亲也没什么聚会和应酬，学习起来进步很快。父亲学习外文一辈子，刻苦学习过俄文、英文、德文，但是他说都一无所成，尽管最努力地去学习了德文。

蒋介石举行第二次北伐，由南京直捣北京，多次来电召他回国，计划让他担任北伐大军一个方面的作战。父亲虽然计划在德国学习 5

---

1 张治中 . 张治中回忆录 . 华文出版社 .2007：41.

年，但是蒋介石要其参加北伐，他也不能不回去。

由于这次出国几经周折，他也想到再次出国恐怕更难了，就想到各国旅游参观一下。

父亲沿途参观了比利时、法国、瑞士、意大利、英国、美国。在美国与加拿大交界处，他遇到了和我同样遭受过的歧视中国人的事件。

他是要去参观世界第一大瀑布——尼亚加拉瀑布，这个瀑布位于美国与加拿大的交界处。父亲想看了瀑布后，经过加拿大去芝加哥，但是加拿大方面说，父亲不能过去，因为护照上没有写加拿大，所以不能签字。

父亲听到了我后来也听到的同样的话："可惜你们是中国人，你们如果是日本人，就可以了！"

同样的情况比比皆是，那时候的欧美人看到衣着整洁齐整的黄皮肤黑头发的人，就一定会问："你是不是日本人？"

那时候中国人在海外是受到严重歧视的，因为国家贫弱，在国外就受欺辱，同样是东方人，他们只认可日本人，因为日本国力强盛。对于日本，父亲出国前是很仇视日本的，因为它一直侵扰中国，而这次出国的经历让他觉得东方有个强大的日本在支撑对亚洲来说是个好事，否则亚洲就成了非洲，他觉得中日在亚洲的共存共荣是十分有必要的，但是日本的侵华让父亲的幻想破灭，他也率先走上了抗日战场的第一线。

我和父亲以及所有的中国人都会有同感，国家一定要富强，一定要实现自由平等，否则就没有办法在世界上争生存，更没有办法在国际间争地位。

我很欣喜地看到，现在的中国强盛了，我们处在最好的时代，可惜父亲没有看到这一天。

北伐军进展神速，等到父亲从国外回到南京，北伐大业已经完成。

蒋介石委任父亲为军政厅长。军政厅是军政部的前身。蒋介石定都南京后，军政业务大为发展。父亲悉心筹划，事必躬亲，从体制、结构、业务、人员各方面打下基础，成绩斐然。

此时，黄埔军校在广州办到第七期就迁来南京，改称中央陆军军官学校，其体制、组织、课程、人事大体沿袭黄埔而大加发展，骨干仍为黄埔师生，由何应钦主持，主要任务是为蒋介石培养大批军事干部。父亲提出，如果让他回军校，情愿当一名队长。蒋介石也知道，父亲对军事教育向来有经验、有兴趣、有办法，蒋介石应允了。

从 1928 年秋至 1937 年春，父亲任中央军校教育长整整 10 年，将全副精力和时间投到军事教育上，使中央军官学校由无到有，由小到大，办成一个具有现代设备以及人才济济的军事教育机构。加上之前 1924 年开始办学，他培养了大量的军事人才。

父亲一辈子不是带兵就是从政，不是从政就是办教育，但是他带兵的时间很少，从政的时间也不长，而办教育的时间很长。他在任中央军校教育长期间先后 5 次出去带兵：第一次是出镇武汉，第二次是陇海战役，第三次是“一・二八”战役，第四次是提师入闽，第五次是“八一三”战役。据余秘书回忆：

张治中到中央军校不久，就爆发了蒋冯大战中的平汉路之役。

原来北伐时在国民党军队总司令部下分设了四个集团军：以从广州出发的军队编为第一集团军，蒋介石自兼总司令；以西北军为第二集团军，冯玉祥为总司令；以山西军为第三集团军，阎锡山为总司令；以桂军为第四集团军，李宗仁为总司令。北伐胜利后，在南京国民政府下专设一个国民党军队编遣委员会，负责整编国民党军队。蒋的嫡系一师不裁，还在北方大肆招兵买马，收编了十几个师，月月饷项照发；而第二、三、四集团军却一文不给。这样就激起了各方的反对。首先举兵发难的是冯玉祥的西北军，沿平汉线南下，蒋派兵堵截，于是展开了平汉路大战。

蒋在调兵遣将之时，找到张治中说："我将到河南前方亲自督战，后方需要一个得力的人支援，准备在武汉成立行营，自兼主任，请你充当参谋长，代我行事。"谁知到军委开会时，蒋对大家说："主任一职就让文白来担任，不用先充参谋长，他完全可以胜任愉快的。"大家没有异议就通过了。

历来充当蒋的行营主任的人很多，然北伐时充当行营主任的，只有邓演达、李宗仁、白崇禧。张算是早期的主任人选，时仅三十九岁。

任务很紧迫，张治中随即率领中央军校学生编成的一个团出发，到武汉后又把武汉军分校的四营学生编为一个团。以这两个团为骨干，建立了武汉行营。行营的任务很繁重，除了前线作战由蒋介石直接指挥外，其他的一切军务悉由行营负责。当时，蒋驻节河南驻马店，张曾两次飞赴前方，参与军事策划。为了安定人心，张把两个团学生分别部署武汉三镇，穿上崭新整齐的军服，昼夜上街巡查。这些学生到底是经过正式训练的，其军容、精神很像个样子，加上新式的枪械，严格的纪律，整齐的步伐，使人耳目一新，三镇人民也就相安无事。

……

西北军的战斗力不弱，平汉线上反复争夺，战况激烈，但蒋介石终于取得了胜利。战争结束，张治中为了避免参加剿共军事，立即要求解除兵权，回中央军校。当时的风气，拥兵自重是一般军人的素志。而张则反其道而行之，不带兵拥兵而甘心退办军事教育。

……

平汉路之役蒋是胜利了，但问题并未解决……冯玉祥、阎锡山、唐生智、李宗仁、白崇禧一起联合反蒋，于是爆发了陇海路大战。这次军阀混战，规模之大，面积之广，都是空前的。从形势上看，蒋处境孤立，有被围歼之势。然而蒋集中兵力，分路击破，金钱收买，威逼利诱，终于获胜。对于张治中，蒋从其主持武汉行营的经验，进一步认识了张的军事指挥才能，把嫡系中最现代化、最精锐的教导第二师交张统率，并要他指挥嫡系的第五师、第二十一师，负责一个方面，担任特别任务。

张从5月参战，至10月在友军配合下，攻下开封、郑州，阎、冯的主力被击溃，完全丧失了抵抗能力，张率兵于10月底凯旋南京。

基于过去同样原因，张要求解除兵权退回中央军校。蒋对张说："教导二师是你一手组织、训练、指挥出来的，现在已成各师的表率，又缺适当人选，还是由你继续统率吧。"张说："我在中央军校的任务，比带兵更重要，教导二师可交冯轶裴试任，我还是回军校吧。"[1]

受父亲的影响，我后来去英国留学，选择的是学教育。在这10年期间，父亲得以避免参加反共内战。但是，他曾作为第五军军长参加了淞沪"一·二八"抗日之战，作为第九集团军总司令参加了"八一三"抗日之战。在国民党高级将领中，只有少数人始终没有直接参加过反共内战，父亲是其中一个。

父亲"一·二八"首战淞沪，是决心战死沙场。

1932年1月28日深夜，驻沪日军借口一名日军士兵失踪，向上

1 余湛邦．我所亲历的三次国共谈判．中国社会科学出版社．2004.

海第十九路军发起猛攻。以蒋光鼐为总指挥、蔡廷锴为军长的十九路军主动回击，“一·二八”淞沪抗日的战幕惨烈揭开。

此时，身在南京，时任国民党中央陆军军官学校教育长的父亲心急如焚，他认为：“中央部队散在各地，而因蒋下野，群龙无首，一时未易集中。”同时，他对十九路军的处境十分清醒：十九路军单独在沪作战，孤军决不能久持，应该予以增援。

2月初，蒋介石在浦口会晤父亲。父亲向蒋介石请战：“我们中央的部队必须参加淞沪战斗才好，如果现在没有别的人可以去，我愿意去。”[1]

蒋介石说：“很好。”[2]

蒋介石马上让何应钦调动散驻在京沪杭的第八十七、八十八师合编为第五军，命父亲率部开沪参战。

2月16日，在淞沪抗战第19天后，父亲率第五军及中央军校教导总队、独立炮兵第一团山炮营奔赴战场。在出发前的15日深夜，他起身开窗户、面向故乡写下一封遗书：“正是国家民族存亡之秋，治中身为军人，理应身赴疆场荷戈奋战，保卫我神圣领土，但求马革裹尸，不愿忍辱偷生，如不幸牺牲，望能以热血头颅唤起全民抗战，前赴后继，坚持战斗，抗击强权，卫我国土……”

父亲是决心战死沙场，以誓死的决心走上抗日前线。第二天出发前，他把这封遗书交给了挚友陆福廷。

父亲在回忆录中对写下遗书解释得更为深入，他说：“我知道，

1 张治中．张治中回忆录．华文出版社．2007：59.

2 张治中．张治中回忆录．华文出版社．2007：59.

一个革命军人首先要具有牺牲精神，而牺牲精神又必须首先从高级将领做起。”[1]

自 2 月 18 日率第五军进驻刘行镇，接替十九路军部分防地开始，直至 5 月 5 日上海停战协定签订，父亲率军经历了数十次大小战斗。庙行一役将日军第九师团和久留米混成旅团的精锐歼灭殆尽，庙行、江湾间，敌尸堆积如山，达三四千具之多。中外报纸也一致认为，此役是沪战中国民党军队战绩的最高峰。

多年以后，父亲回忆起这次生平参加的第一次反抗外敌之战时说：“这一役牺牲是应该的，生还算是意外的了。”[2]

父亲写信都是比较简单，特别是在抗战将爆发的时候。

我的青少年时代可谓到处奔波、各地求学。

小学是在上海神州女学上的，当时父亲在上海大学学习。在上海神州女学念了三四年后，因为父亲去了广州，我就转到广东执信女学继续求学。

执信女学前身私立执信学校是孙中山先生为纪念民主革命家朱执信而创办的学校，校训是“崇德瀹智”。1920 年，朱执信先生不幸牺牲于虎门，为“激扬新文化之波澜，灌溉新思想之萌蘖，树立新事业之基础”，孙中山建立了这所学校。在开学典礼上，孙中山说：

---

1 张治中．张治中回忆录．华文出版社 .2007：60.

2 张治中．张治中回忆录．华文出版社 .2007：60.

“执信先生为革命实行家，又为文学家。中华民国之有今日，实赖执信先生之毅力感化同党，及感化国民有以致之。……先生复邃文学，著作等身，无一不非惊人之论。……愿诸生人人皆学执信先生之毅勇果敢以求学，及改造未来之社会，以完成一庄严璀璨之中华民国，有厚望焉。”该校首届校董：金曾澄、汪精卫、胡汉民、林森、廖仲恺、伍朝枢、许崇清、邹鲁、陈璧君、李石曾、吴稚晖、孙科、邓泽如、古应芬、林云陔、胡清瑞、陈廉伯、陈耀祖、陈融、郭标、戴传贤、李大钊、张继、霍芝庭、曾醒等 25 人，皆为一时俊彦。1928 年，私立执信学校改执信女子中学。我在这里念了两年，念完了小学。

之后，我又到上海务本女学上中学。这是上海第一所由国人自办的女子学校。1902 年，创办人吴馨认为，“女子为国民之母，欲陶冶健全国民，根本须提倡女权”，因而“取塾名为务本”。民国十七年归市立，改名为上海市立务本女子中小学，以后几经迁改，现在是上海市第二中学。

两三年后，也就是 1929 年。我初中三年级时转到南京中华女中。这是一所著名的女子中学，是一个住读的学校，终日和同学们在一起学习、作息，生活很愉快。后来学校还盖了家政楼，高中生就得学习家政，包括整理家务、缝纫以及做菜等。教师们教课很认真。

“严师出高徒”是一句真理。当年，我的数学老师鲍富年备课非常认真，她的业务基础好，讲起课来很生动，学生们都被她那美妙的声音、精湛的讲解所吸引。有的同学进步很快，而我因为过去的数学基础欠佳，虽然努力仍然没有学好这门课，但是鲍老师的美好形象一直停留在我的记忆里，想起她我还有点愧疚。

1933 年中学毕业后，这年秋天，我进入南京金陵女子文理学院，在这里读了两年。学校有许多为女子学生教育特别设置的系，如家政、音乐、体育、国文、英文、社会等。虽然我是南京金陵女子文理学院的学生，但是还没有毕业就离开了这所声名赫赫的学校。南京金陵女子文理学院原名是金陵女子大学。学校的校训是“厚生”。我们校长吴贻芳的解释是：“人生的目的不光是为了自己活着，而是要用自己的智慧和能力来帮助他人和社会，这样不但有益于别人，自己的生命也因之而更加丰满。”

“厚生”校训是教授们和第一届学生所提出确立的，而吴贻芳校长就是金陵女子大学的第一届学生。“厚生”的含义来自《约翰福音》第十章十节耶稣所说的话：“我来了，是要叫人得生命，并且得的更丰盛。”吴贻芳相信并强调这段经文中服务他人之内涵，不断劝诫我们要更好地服务于别人。我记得她写过金陵女子大学的回忆文字：“学校用这个目标来教导学生，并通过学校生活的各方面，以潜移默化的方式引导学生向这个方向努力。”她的办学思想和理念，以及道德规范等各方面都有独到之处，她治学严谨，关心每一位学生的成长，校友在各个领域取得了不少成绩。

金陵女子大学曾被誉为“东方最美丽校园”，由美国建筑师墨菲和中国杰出的建筑师吕彦直共同设计。穿越长长的林荫大道，与学校正大门相对的是一片宽阔的草坪。在抗战期间，这片草坪被划为国际和平区。我印象中的校园，树木葱郁、绿草如茵，校舍是灰色墙、琉璃瓦，很古雅漂亮，让人感觉美丽宁静，是个读书学习的好地方。在大草坪的东北侧是华夏馆，当年吴贻芳就是在这里教书育人。

20 世纪 40 年代，金陵女子大学迁往成都，那时我和嘉彬[1]由重

---

1 周嘉彬（1900—1976）云南昆明人，张治中之婿，张素我之夫。

庆经过成都去西安，特地专程去探访校长吴贻芳，受到她的热情款待。她鼓励我们营造一个和睦幸福的家庭。1980年，我被选为全国政协委员，在一次全国代表大会和全国政协大会时有幸与当时任江苏省教育厅长的吴贻芳相遇，常有交谈的机会。按照吴贻芳的遗愿，南京师范大学内设立了金陵女子学院，我们的校训“厚生”后继有人。

20世纪80年代，我随全国政协组织赴苏州、无锡、宜兴考察之际回了趟南京探亲。在南京期间，我的学姐严金龙（后改名时泽）陪同我参观母校——原南京中华女子中学及金陵女子大学，前者令我很失望，而后者校园校舍一切如旧，使我大吃一惊并感到愉悦。南京中华女子中学的大草坪和我们班级毕业时赠送的大钟和钟亭已经不见了，当年的教学楼，墙基外面原来是镶嵌着类似一块块汉白玉石面，上面有各班毕业学生名录，却蒙上一层洋灰。直到1996年，南京大学附属中学百年校庆，要撞击1933届学生所赠送的大钟100下，为此重建了一座钟亭。而南京师范大学的新校舍全建在金陵女子大学古老校园的后面，金陵女子大学当年的校舍，漂亮的中国古典宫殿式建筑群被很好地保留下来。我很庆幸。2005年在庆祝母校90周年盛典时，我们众多的老少校友还特别向南京师范大学表示敬意。他们的远见和明智让金陵女子大学仍在原处保存，吴校长也应该感到安慰了。我因为体弱没有去参加盛典，遥祝姐妹们欢聚一堂，同唱“We are from Ginling”。

我的二妹素央曾在金陵女子大学就读于体育系，长女周元敏在这里学习音乐。我在南京金陵女子文理学院没毕业是因为要到英国西南大学继续攻读教育学。两年后的1937年奉父命回国参加抗战，还是没毕业。虽然抗战胜利后我在西北农学院任教，其实我是两度肄业的大学生。

1935年，我20岁那年，来到英国西南大学学教育。

英国人比较严格，不像美国人那么自由。英国虽然是比较守旧的一个国家，但是我觉得英国的教育对女学生来说，或者对男学生来说都非常好。如果我们到英国去留学，对人的道德品质是非常有利的。

在对英国越来越熟悉之后，我的足迹也越来越远，几乎每个假期，都会坐上两个小时的火车，到英国的首都伦敦住上几天。不过，我到伦敦并不是为了游玩，而是去大英图书馆。一些有名的作家在大英图书馆阅览过书，他们的座位保留在那里。

不过，中国人在国外并不是受尊重的。

我们上课完了之后，回到宿舍，走在路上，人也很少，我们穿着旗袍，英国的小学生也不知道我是中国人还是日本人，所以他们在我们后面叫喊："中国人，日本人？"你究竟是中国人还是日本人？他们分不清的。我只好回头说："我是中国来的。"英国人还是很守旧的，不知道中国的情况，还认为中国女孩缠脚，男孩梳辫子，甚至还抽鸦片烟。

因为中国学生很少，在这里除了我之外，还有两位中国留学生，其中一位是章士钊之子章因。宿舍舍长对我们这两女一男——三位中国留学生给予了特别的关照，他们知道中国人喜欢吃米饭，就很照顾我做米饭，但是他们把米饭搁在牛奶里面煮，是当点心来吃的。

那个时候，我在国外非常想家，特别喜欢接到家信的感觉。"家书抵万金"的感觉，对我来说真的是体会太大了。每天早上，如果听见有邮差送信来，我就要问有没有我的信？大概那个时候我总是一个礼拜给家里写一封信，说说我的情况。

父亲写信都是比较简单，特别是在抗战将爆发的时候，其中一封信发自青岛，要我赶快回国去青岛和家人团聚。他告诉我说："过些时候就要到前线去了，你趁这个时候回来还可以到青岛先休养一下，然后再回到上海。”

可是，我还没有毕业，我不想走。他就发了多封电报要我回国，我并不想马上回国，但是在英国接到的最后一封电报口气忽然变得很严厉，父亲说，形势现在非常紧张，让我回上海和他见面。我当时想，我怎么也得读完我的学士学位再回来，是这样想的。可是父亲一定让我中断学业，回来参加抗战。

当时我要走了，老师就给我一个肄业证书，意思就是说，我作为一个英语教师的话，有这个资格去做。

接到父亲这封信后，我立即乘轮横渡大西洋，经美洲大陆，由西部登船航行于太平洋中。记得我在美国纽约登岸时，打算再搭火车到西海岸乘船返回上海。一位好心的黑人服务员送我上了西行的列车，一位检票员要我出示护照，不料他看了一眼说：“小姐，你乘错车了，下一站你必须下车，再换另一班。”

抵达下一站时，夜幕已经降临，这是一个小站，到处漆黑一片，只见站上一间小屋里有一点微弱的灯光，一位站上员工开门让我进去，那时我是个 22 岁的姑娘，心里真害怕啊！万一出了事，如何得了？只好静静地鼓励自己耐心勇敢地等待下一趟车。后来，我听说如果持有日本护照就不会让我换车了，因为那条铁路要通过加拿大。

父亲曾说：“要是分别计算一下，我从政的时间较短，带兵的时间更短，时间最长的，还是要算办教育。而且从我的个性看起来，是适宜于办教育；我的兴趣，也是侧重在教育方面。”

自淞沪“一·二八”停战协定签字之后，日本侵略中国之心不死，仍到处挑衅。

1936年2月，南京国民政府为了准备对日作战，划全国为几个国防区，父亲兼任京沪区的负责长官。这个工作是在极其机密的情况下进行的。父亲先是从中央军校选调一批干部设置机密的高级教官室，而高级教官室实际是个司令部，他曾很兴奋地说："没有一个外人知道，这个小小的地方，竟是孕育伟大的揭开全面抗日战争序幕的司令台。"[1]

高级教官室最早设在中央军校内部，后来父亲派了两批人分别到京沪区各地视察，经过半个多月的时间，把高级教官室搬到苏州狮子林，继而搬到留园。父亲选留园作为办事处，为了保守秘密称之为中央军校野营办事处，组织了一批高级参谋人员住在里面做秘密作战的准备和部署。父亲还派人到淞沪线、苏福线和钱澄线一带侦察地形、测绘地图，然后完成战术作业和初步的作战方案，并开始构筑小炮、机关枪等据点工事。在上海，为了防止构筑工事被发现，不得不通过各种伪装手段来进行。

1937年8月11日抵达上海。真是没想到的是，两年后我再度肄业，回到了战火的中国。我脚下的这片土地已经不再是我出国时的平静了，迎接我的是空前惨烈的淞沪会战。在上海来接我的人说："你爸爸现在在苏州那里准备战斗了，要到前线去了，你赶快到苏州去看一眼你爸爸。"我被接到苏州留园。

留园是准备作战的秘密基地，是盛宣怀的园子。我到留园还是晕晕的，就看到了正在布置作战计划的父亲。

我两年没有见到他了，他瘦了很多，但全神贯注，看到我就让人

---

1 张治中 . 张治中回忆录 . 华文出版社 .2007：69.

送我去南京和母亲团聚，要我照顾好母亲和弟妹们，也顾不上和我多讲话。我刚从宁静的英国小城回来，提了一大堆行李，根本不明白战争是什么。

因为8月9日日本军官大山勇在虹桥飞机场与国民党军队冲突中被杀，上海的形势突然紧张起来。日本第三舰队驶进黄浦江和长江下游各港口，大有在淞沪登陆扩大战事的架势。8月11日半夜，父亲就离开苏州，向上海挺进，部署在各要害地点。

8月12日，我到了南京，家里也知道父亲要上战场了，我觉得母亲比谁都焦虑，但她还要安慰我们。没想到第二天，淞沪会战爆发了，上海变成了战场。在南京待了两个多星期，母亲决定和我带着弟妹们一起迁往安徽老家。

作为第三战区第九集团军总司令，父亲负责指挥淞沪附近全军作战。对这一次在淞沪对日抗战，父亲曾回忆："我常与人谈起，中国对付日敌，可分作三种时期：第一种他打我，我不还手；第二种他打我，我才还手；第三种我判断他打我，我就先打他，这叫作先发制敌，又叫先下手为强。九一八东北之役，是第一种；'一·二八'战役、长城战役是第二种。这次淞沪战役，应该采用第三种。"[1]

从1937年8月13日到9月23日，父亲不分昼夜指挥大战，以致体力疲惫到不堪想象的地步，加上在苏州遭到蒋介石的指责而精神苦闷。父亲决心致函蒋介石辞职。这封信多少可以表达父亲当时的苦闷心情：

---

1 张治中．张治中回忆录．华文出版社．2007：72.

一、淞沪作战，已逾三周，兹概呈重要经过：职于八月十一日午后九时许，奉命率所部八十七、八十八两师，于十二日进至沪上，以一团占领吴淞，七团进围虹口杨树浦之敌，至午后六时展开完毕。十三日，奉命勿进攻，延至十四日午后五时，始开始攻击，至十六日，奉命停攻、准备；十七日，再攻击，至十八夜，八十七师已突入杨树浦租界，又以三十六师加入猛攻，自十九至二十二数日，皆继续进展。讵二十三日晨，敌分由川沙口及张华浜登陆，因警戒川沙部队仅有五十六师之一连，警戒张华浜部队仅保安团之一部，遂致侧翼感受威胁。职当即亲至江湾部署，抽调十一及九十八两师北上，收复罗店，以迎击上陆之敌。二十四日，至嘉定视察，并与罗军长商讨歼敌计划。此两日皆电话不通，无由向钧座报告，致劳廑念；然职有责任，不能不亲至前方部署与视察也。自二十五日以来，虹口杨树浦之敌，仍为我包围封锁；张华浜之敌，屡经我击退至江边狭小地区。我因受敌舰敌机之轰击，伤亡过大，尚未能将其歼灭。吴淞方面，以六十一师守兵素质稍次，复于三十一日为敌登陆，现由第六师围攻中，已奉令划归第十五集团军作战地境。此三周来作战经过概要也。

二、前奉钧座垂询：扫荡上海敌军，有无把握？如扫荡不克时，能否站得住？等因。职当以“如我空军能将敌根据地予以毁灭，则步兵殊有把握；如空军未能奏效，则以主力守据点，掩护有力一部攻击，取稳扎稳打之战法，亦可站得住”奉答。嗣后攻击实施，我空军虽奋勇轰炸，惜为数量所限，终未能收成效；复因敌工事之坚强，我军诸兵种力量之不逮，致未于短期间克奏全功。窃维我军战略方针，原为对敌持久战，钧座前所询扫荡不克时处置，职经迭电陈明：在上海附近，以维持与租界交通着眼，预定数线强固阵地，以行攻围，似有坚强持久之把握。现敌虽增援已到，连日来犯，均经击退，我阵容迄未少变，而我王敬久师、孙元良师、宋希濂师及钟松旅各官兵，不辞疲劳、不畏牺牲之攻击精神，洵已极度发扬，此当在钧座洞鉴之中。

三、自作战以来，职之部署计划，皆经逐日呈报，而钧座命令意旨，亦一一遵转实施。职于指挥上似无不当之处，但扫荡沪敌之任务，因力量与时间之限制，终未达成，职当身负其责。且职病体未愈，力疾支持，已感形神交瘁。职虽有为国牺牲之精神，深恐于事无补，反足贻误。似此职在责任上，在病体上，均应求所以自处之道。昨因健生副总长回京之便，曾恳托代陈下情，幸蒙特许，准以墨三副司令官长兼代，毋任欣感！乃今复以健生副总长、墨三副司令长官之建议，中止发表，仍令职继续负责，彷徨焦虑，万分不安。务祈钧座迅赐明令免职。如墨三兄不愿兼代，拟请以逸民（朱绍良）兄继任，或将第九与十五两集团军合并，由辞修兄统一指挥，均甚适当。至职如蒙钧座鉴宥，畀以闲散名义，派在大本营奔走效力，谨当竭其绵薄，以报高厚。抗战期间，绝不敢偷安旦夕也。[1]

父亲回到了安徽老家，他更瘦了，心力交瘁的样子，我们不敢和他讲话。他总是躲避参加内战，但是抗日却坚决勇敢地冲到第一线，随从发现了他写给我们的遗书，说要抵抗日本到底，如果活着回来反倒是一种意外。

他很苦闷，每天都很晚睡觉，把最喜欢的古书拿出来读。连说话都没了力气似的，疲惫不堪，我能看出他巨大的心理压力，可是他从来不和我们交流战场上的事。

1 张治中．张治中回忆录．华文出版社．2007：83-84.

他在休养期间，还带头下水塘挑泥，这样水塘的水会清澈些，村民洗菜、洗衣服就能卫生些。

黄麓师范附小当时正缺校长，22岁的我担任了3个月的校长兼教师，每天和孩子们在一起，教他们认字读书并带他们到户外进行自然课的教学。

我在学校做教师，父亲则在校设奖学金，资助穷困学生。晚年父亲说，他对故乡的感情曾不断诱发他“敬恭桑梓和息影林泉的愿望”。1949年后，他多次向这所学校捐款、赠书，并亲临视察。家乡人自然也没有忘记他。1990年，父亲百年诞辰的时候，全国人大常委会和安徽省政府在黄麓师范塑了一座5米高的张治中塑像。

黄麓师范附小是父亲1929年创办的，后来扩充为黄麓乡村师范。他请过国民党元老戴季陶题写校名，自任名誉校长，并题写校训“敬勇诚毅”，意为“敬以待人，勇以行义，诚以存心，毅以立志”。

父亲的秘书陶天白曾在父亲创办的黄麓师范学校求学。他回忆说：“当时他（张治中）是国民党中央军校的教育长，军衔为上将，一个月的薪水与蒋介石、冯玉祥等一样，都是800银圆。当时南京市民一个月生活费3银圆，所以他余下来的钱很多。有些军政要员把余下来的钱，或讨小老婆，或游山玩水，或盖别墅。而他认为民族的振兴重在教育，所以他把这些钱留下来兴办学校，这一点令人很佩服。”

他还请陶行知、梁漱溟、晏阳初和高践四等几位当时的闻人推荐贤才到学校执教。他曾参观过梁漱溟的山东乡村建设研究院，还请教同乡、教育家陶行知，并决心把黄麓乡村师范办成“晓庄”式的师范学校。他经常向黄麓乡村师范的学生说：“我并不希望做大官，但愿有一天回到乡下，做一个小学教员或师范教师。”他“鼓励师范生为农村服务，埋头苦干”，并说“如果乡村的优秀青年，不能在乡村工作，不能为农民服务，而趋向政治活动，做官，干差事，把乡村风气弄坏，人才减少，这不是国家的好现象，这正是农村衰败的原因之一”。

在就任湖南省主席之前，父亲在洪家疃休养了一个多月的时间，父亲的精神也复原了，而南京方面催他回去的电报也送到了他的手上。

父亲曾经说：“要是分别计算一下，我从政的时间较短，带兵的时间更短，时间最长的，还是要算办教育。而且从我的个性看起来，是适宜于办教育；我的兴趣，也是侧重在教育方面。”他多次表示：“愿意把从事教育作为终身事业。”

第三章

主政湖南：改变“只有政府说话，而没有人民说话”

父亲抵达长沙前三天，日本战机在长沙投弹，被人称为：“这是敌机追踪张主席来向他送礼的。”

父亲被任命为湖南省主席，于 1937 年 11 月 25 日到达湖南长沙履任。那时华东战场的局势已在急剧变化中，南京国民党政府决定迁都重庆。我和母亲及弟妹们于翌年即 1938 年初春搬到长沙居住。父亲抵达长沙前三天，日本战机在长沙投弹，被人称为：“这是敌机追踪张主席来向他送礼的。”父亲一到长沙，就接到湖南的老前辈给他发来的电报，要他“奋发有为、为湘民造福”。

从 1937 年 11 月到 1939 年 1 月，父亲任湖南省主席一年又两个月。当时正处于战乱状况，父亲主持湘政所依循的原则是“军事第一”“风气为先”。

这两大要务湮没了事实上他并未忽视的文化工作；加之时间已经 70 多年，历事繁多纷杂，我在这方面留下的清晰记忆就少之又少了。

当时父亲常常提及的有时任军委会政治部副部长周伯伯；时任八

路军总司令部高级参议和驻湘代表的教育家徐特立，他也是长沙人；此外，还有黄任之、叶剑英、江渭清、社会活动家罗叔章、经济学家薛暮桥、名记者范长江等。父亲与他们的公私情谊都较深。

在这里我讲件小事。中华人民共和国成立后，我在全国妇联和全国政协开会时，常常见到薛暮桥夫人罗琼。有次她告诉我，薛暮桥在长沙那段时间经济十分拮据，父亲知道后接济过他，他俩对此一直心存感激。

父亲刚离开战场不久就到湖南担任省主席，从前线转到了大后方，责任也从军事转到政治，在国家多难的时候开始了他从来没有经历过的从政生活，他感到有些惶然惊惧。

但他抱着为湖南服务的宗旨，抱着“建设一个新时代的湖南”的目标和愿望，与原任的另外八位省府委员和衷共济，并请来了平民教育家晏阳初及他的同事瞿菊农等人，共订治湘方案。

治湘方案中有一条就是要办一所湖南省地方行政干部学校。结果动员了5万名知识分子轮流加以培训，毕业后分别派下去任县长、县佐治委员、督导员、技术辅导员、乡镇保长、政治训练员、妇女训练员，以推进并完善基层建设。

父亲把这项工作称为“文化动员”，认为它的意义“不仅在加强抗敌自卫力量”，“而且是对于旧社会旧农村的一个改革运动”，是“改造旧社会，建设新湖南”的“一个大规模”的战斗。而这个预计要训练5万青年知识分子下乡的巨大工程，正是在爱国学生们的主动要求下付诸实施的。对此，父亲曾有一段记述：

（1937年12月）一天下午，有几十个高中男女学生要求见我。

我会见了这些穿着青布制服的湖南青年。一位代表首先向我在淞沪战役中的劳绩深致慰劳，接着申诉他们对于我来到湖南的愿望，请示关于今后学生运动的方针，而后提出“实施战时教育分配战时服务”的要求。他说：“这就是今天代表多数同学的意见，要向主席请愿的。”继而有好几位代表对于这一要求的意义，加以补充。我看出了他们不甘放弃他们应负的责任，为伟大的民族解放战争所掀起的热情在他们的血管里奔流。经过几小时的谈话后，我送走了他们，我说：“你们回去对各同学说：现在赶快预备。只要你们能够吃苦，能够耐劳，能够努力，就不愁英雄无用武之地……”当天夜里，我把我正在考虑的问题加以确定。[1]

父亲主湘时还有一个想法，就是推动湖南“走上现代化政治的道路”，实现他的“民主政治理想”。按他的话讲，就是要改革当时中国“自上而下的政治”，改变种种不民主的现象，诸如“只有政府说话，而没有人民说话；只有政府的主张，而没有人民的意见”，等等。

1938 年 5 月 10 日，湖南省政府举行军事参议会成立典礼时，父亲以《我们愿多听人民说话》为题做了一次长篇演讲，一再恳切地向参议员们表示他的私衷与热望：“希望各位先生尽量代表人民说话。”“如果我们哪一种设施是离开人民利益的立场，或是不合乎人民的需要，人民当然可以出来说话；如果人民不出来说话，那负有沟通三千万人民情感责任的各位先生，当然更可以说话，更应该说话。”在这种思想的主导下，父亲是十分注意体察民情、了解民意的。他的

1　张治中 . 张治中回忆录 . 华文出版社 .2007：96–97.

办法主要有两个：一是经常出巡，有时甚至微服私访。主湘时他曾两度到下面巡视，一次去湘东南，一次去湘西偏远地区的县份；二是高度重视传播媒体的作用。

父亲常招待新闻界，通报省府的施政情况，并嘱编辑出版《湘政与舆情》月刊，将有价值的报道、社论、文章汇集选编，供研究之参考。他每天都要浏览各种报纸，不论是大报小报，只要是涉及湖南的事他都看得极为认真。他在回忆录中曾痛彻地写道："每一次读到报纸上记载着各种无奇不有的罪恶情形，心里常常发战。这种现象实在是'国无常道，民间倒悬'！"记得他在处理省公路局汽车出险和肇祸案时，就引证了《大公报》记者长诚所写通讯中揭露的湖南公路管理废弛情状。

由于父亲能够公开支持进步公正的社会舆论，当时省会长沙以至湖南全省的新闻界相当活跃，各种新办的报刊纷呈，我记得他还亲笔为《抗战日报》创刊题词"勇往迈进，抗战到底"，也为《力报》所刊的"长沙联合播音大会特刊"题词"慷慨悲歌"。

1939年1月20日，父亲在湖南去任《告别辞》中提道："去年出版的《湘政与舆情》，就是将各方对省政的意见，无论批判好坏，都搜集进去，将各界对省政的是非、批评，甚至是责骂，我们都搜集起来并将它印刷出来，这就是治中平常所说的：'愿多听人民说话'，这真是使我们获益匪浅。"[1]

1 张治中．张治中回忆录．华文出版社．2007：180.

父亲曾问道："文化人怎样帮助我们实现这些方案呢？"

父亲热爱家乡安徽，毛泽东曾温和地批评他："家乡观念相当重！"他主湘时期，安徽、江苏等省沦陷，大批学生和难民西迁。1938年初，湖南省政府设立湘西行署，任命"湘西王"陈渠珍担任行署主任，而陈渠珍和父亲两人关系十分密切。在陈渠珍的帮助下，国立第八中学、"安徽省教师战时服务团"等学校或社团安置到湘西。国立第八中学，其主体由半个安徽省的中学组成，还有江苏一带流亡的学生，以及少数湖南学生。全校共有教职工380多人，学生达7000多人。有资料可查：

1938年5月徐州沦陷后，安徽省教育厅训令皖北的三所省立中等学校——颍州中学、颍州女中、颍州师范学校迁校。这时，张治中"向教育部长陈立夫表示，以同乡身份，积极欢迎国立安徽中学设到湖南，并答应帮助解决建校经费、校舍、校址"。

1938年五六月，张治中专程考察湘西后，欲将国立安徽中学安排在湘西民族地区，并提出三点理由：（1）湘西万山重叠，交通闭塞，日本鬼子无论如何打不到那里去，是安全的大后方；（2）湘西地处西南门户，有湘川公路通往陪都重庆，靠近国府、靠近教育部，能及时接受训令、指示，便于加强管理；（3）湘西民情风土淳朴。教育落后，借此可以开发湘西文化。湘西行署主任陈渠珍也表示欢迎，答应负责一切安排好，保证师生在湘西的安全，并说："若师生受到危害，唯我陈某是问！"

1938年8月，安徽省教师战时服务团迁至乾城县所里镇，1939年春改名为教育部中小学教师第九服务团，简称战教九团。战教九团先后安排了一批教师工作，使一大批外省籍教师有了安身立命之所。其中，国立八中各分校接纳400多名，经战教九团介绍到湖南省立特区师资训练所、省立乾城简易乡村师范学校、屯区各联立初级中学任教的27人。[1]

父亲还挽留途经湖南，准备去重庆办学的丁超创办永顺简易乡村师范，并请丁超担任该校校长。同丁超一同来永顺简师建校的，还有教务主任周芥航（原南京市鼓楼小学校长），以及训育主任许晋发（原安徽黄麓师范学校校长）。他在家乡创办的黄麓师范学校教员梁倍仪、夏得培、毛遂之、印国亮、徐长云、胡家椿等人也前来。后来，高启沃、宋子常、张匡、刘乃施等人也到永顺简师工作。

1938年，晏阳初率领中华平民教育会的成员来到泸溪设立办事处，在县城和浦市实施平民教育。

在这里，我要谈一下晏阳初伯伯。

刚从英国返回的我，对任何工作都没有经验，父亲也要我参加一些训练。我到长沙时，正赶上参加地方行政干部学校第一期的工作，从4月中旬到5月中旬，组织学员接受一个月的政治、历史及军事技能教育，简言之，即明耻教战教育。

这所学校由父亲亲任校长，晏阳初任教育长。晏阳初还带了好几位平民教育促进会的同志来校任职，如职授部主任瞿菊农便是其中的一位。地方行政干部学校开学之前，省政府曾在报纸上刊出“登记知

1　周基培．省立十中在洪江．政协洪江市委员会学习文史委员会．洪江文史（第7辑）.1997.

识分子充任县市各种干部人员”的巨幅通告，没想到应召者之踊跃大大出乎意料，到2月间就登记了7500人，只得从中选拔2000多人作为第一期学员。学校计划在这一期重点培训已经甄试的县长和佐治人员，并为各地训练督导员、技术辅导员、政治训练员、妇女训练员和乡镇长各数百人，因此，我们私下称这一期为“县长班”。

见到晏伯伯时，我只是个不到23岁的小姑娘。他很慈祥地对我说：“你刚从英国回到祖国，而祖国处在多难的时刻，你还是试试做工作吧！”

我告知他说：“我来之前曾担任过三个月的小学校长。”晏伯伯说：“那很好，你就担任妇女训练员班的副主任吧。”妇女训练员班主任则由熊希龄女儿熊芷担任，抗战前她曾接办她父亲创办的北京香山慈幼院。记得当时有好几位思想进步的比我年长的妇女担任授课教师，其中有罗叔章大姐、王汝琪、任振威和沈婉等。

在此，我既工作又学习，得到许多锻炼。那是一个非常时期，国难当头，人人都要吃苦，相比之下，我是在一个优越环境下长大的，许多锻炼也是给我的考验。

抗日战争中，长沙的生活是很艰难的，学生来了没有床铺，都过着军事生活，睡在地板上，我也和学生们同吃同住，共同体验着这种生活的甘苦和乐趣。课余，我们如同姐妹，谈谈笑笑，大家志同道合，充满了革命激情。

回忆那一段日子，我觉得过得特别有意义并且富有生气，至今仍难以忘怀，主要是大家都有一个共同的心愿——抗日救国。这一期的学员结业后，就被派到湖南各乡、县工作。这期学员结业分配后，一次就更换了全省75个县的33位县长。

学员们是富有抗日爱国热情的高中女生和中学女教师，她们除了听中国历史、抗日形势等时事课外，还学习有关组织妇女生产自救、医药卫生、难童的收容保育等知识。我们还专门开设了一个医生班，主要教授战地救护和农村卫生工作的知识。在教学期间，我和学员们一起过军事化生活。

为了考察妇女训练员在下面的情况，我曾到过常德、衡阳、郴州等好几个县。我惊喜地发现那些满怀热情而又有进取心的女青年真像种子一样在各地发芽、开花、结果，把抗日自救的妇女思想政治工作做得有声有色。她们做抗日宣传等工作，还在街头演出活报剧，如《放下你的鞭子》等。

在常德，她们组织成立了妇女识字班、卫生常识班、缝纫班、纺织班等，纺织班还备有纺织机器，用来教习纺纱织布。最使我感动的是一位名叫廖盛宁的女士。她30来岁，可能是本地的中学老师，当时兼做妇女识字班的老师，借了学校的一间教室上课。她讲课非常认真，仔仔细细、逐字逐句地教学生认字释义，30多位中年妇女学生也学得非常认真，看得出她们有些吃力，可是每个人都十分专注。现在回想起来，当时常德应属妇女动员工作做得比较好的地区。离开长沙后，我一直惦记着她，20世纪60年代，我听一位朋友说她已死于癌症。我一直忘不了湖南数以千计的像廖盛宁那样的妇女同胞，她们自觉肩负起历史赋予的抗日救国使命，在家乡默默地做出贡献，竭尽心力，有的甚至献出了生命。

有一次，晏伯伯以非常爱护的口气问我："感觉怎样？"

我说："非常好，我既学习又工作，这是我真正生活的开始，感谢晏伯伯给了我这样的难得机会。"

他莞尔一笑，感到很满意。

这里我再说说和晏伯伯夫人许雅丽的一段交往。1938年夏，宋美龄召集庐山妇女谈话会，讨论战时妇女工作，请了各省主席的夫人及妇女界知名人士参加，晏伯母作为湖南的知名女士之一，而我作为母亲的代表，母亲是农村妇女，原先不识字，在父亲的熏陶下懂得了许多道理，但不善言谈交际，她要我代表她去开会。我们一行五人，同乘一辆公共汽车由长沙前往江西庐山，路经浏阳河时，我们下车在路边一小茶馆喝茶，我和晏伯母合照了一张照片，还替她照了一张独照，我们朝夕相处，十分愉快。

晏伯母是纽约华人牧师许芹的女儿。1917 年晏伯伯在当选耶鲁华人协会会长期间结识了她。1920 年，她来到上海，在女子体育师范任教。1921 年 9 月 23 日，晏伯伯与她结为伉俪。1980 年 8 月 8 日，她突发心脏病逝世。

和晏伯伯接触虽然时间不是很长，但我已感到他是一位有学问、有修养、爱国、爱民的长者。他和蔼、友善、平易近人，穿着也很朴素，终生从事平民教育工作。他后半生旅居美国时也不忘国内的事业。晏伯伯曾两度返国探亲，每次来京我都去拜谒。1985 年，经时任全国人大常委会副委员长周谷城的邀请，晏伯伯回到祖国大陆，并访问河北定县，会见了一些亲戚、同人和校友，并受到了当时政协主席的接见。1987 年他再次回国访问。1890 年出生的晏伯伯与父亲同岁，1990 年他在美国病逝，人生跨越 100 年。

我想特别提一下的是，我感觉父亲与戏剧界的人士交往似乎更频繁一些。这是因为戏剧是最为大众化的文化活动，教育市民乃至慰劳军队官兵、伤员等都得借重他们的力量。

父亲到长沙就任湖南省政府主席不久，田汉就访问过他，并撰写了一篇《一·二八——八一三抗日名将张治中将军印象记》，发表在

《抗战日报》上，文章中有这样的记载："张将军在回答我的许多发问后，也对我们提出了这样的问题：'文化人怎样帮助我们实现这些方案呢？'"文中也对上述问题做了肯定的回答："在这样的紧迫关头，他的施政方针成功与否，即民众能切实动员与否，关系着整个民族战争的前途，我们每一民众每一文化人必须用最大的力量来帮助他的计划的实现。"

当时田汉创作了不少鼓励抗战御侮的剧本，他和洪深领导的抗敌演剧队经常在抗战建国礼堂演出，父亲在晚上若是不开会或没有别的急务，就带领我们全家人去看剧，每次演出当中，都看到台下观众的口号声响成一片，那种热烈场面常令我久久不能平静。我第一次看到从内容到形式都新颖的《放下你的鞭子》，就是在长沙的抗战建国礼堂。

随着局势的变化，父亲于 1939 年 2 月 2 日离开湖南去重庆，任侍从室第一处主任。我陪母亲带着全家老小先赴昆明小住，数月后迁居重庆桂园与父亲团聚。

我第一次到桂园时，还是一个 24 岁的年轻姑娘。1940 年，我离开桂园到西北后的几年里，每年回桂园探亲一次。1988 年 9 月 22 日，我随全国政协赴湖北、四川视察团视察，再次来到桂园。原来在大门正上方的"桂园"两个字写在大门右边了，当年我们家会客人的地方还是老样子，孙中山写的横幅"天下为公"还在。在二楼左边，我当年的卧室，在重庆谈判时作为周伯伯的办公用房，右边房间则是毛泽东住过的卧室。

那时重庆设有新生活运动促进总会，下设妇女指导委员会，由宋美龄任指导长，下设总干事、总务组、文化组、联络组、训练组、慰劳组等，分别由谢兰郁、沈兹九、史良、刘清扬、唐国祯等担任组长，我则在训练组下设的两个大队之一的第一大队任大队长，主要负责培训由当时战时干部训练团转来的高中女生。她们满怀热情学习军事、医务、组织、宣传等业务，结业后下到基层展开各项抗日救亡工作。随后，我下去看望学员们，看到她们把农村妇女都组织起来支援抗日。

回顾那一段时光，我认为妇女在抗日的大后方所做的贡献是很大的。

在重庆期间，我亲身经历了日机的狂轰滥炸，每当警报声一响，大家就四处奔跑，躲入防空洞。四川多山，有的山还算坚固，但在市中心的防空设施就较差。1939年，日军在一次狂轰滥炸时，炸弹击中了一座较大的防空洞，成千人被活埋在地下，幸免于难的很少。

直到现在我听到唱“九一八，九一八，在那个悲惨的时候……”我就忍不住伤心，我国人民为何要受到那般的欺凌。凶恶残暴毫无人性的日本帝国主义啊！这种仇恨是我国人民永远不会忘记的！

最令人愤怒的是日本政府至今对侵略中国、强占中国领土、屠杀我国人民，如南京大屠杀等所犯的滔天罪行仍躲躲闪闪，不愿承认。我从安徽家乡辗转到湖南、重庆等地，亲眼见到人民四散逃亡，许多妇女儿童惨遭杀害。

和平

1945年8月27日，张治中与美国驻华大使赫尔利乘专机到延安，迎接毛泽东前往重庆谈判。毛泽东到机场欢迎张治中等人，并一起乘车到延安城。

1945年，重庆谈判前，美国驻华大使赫尔利、美国陆军观察员伊顿以及国民党政府代表张治中（右二）等，到延安与毛泽东、周恩来、朱德等中共领导人会谈。

1945 年 8 月 28 日，周恩来、赫尔利、毛泽东、张治中（右二）在美国驻延安观察组门前。（已故外交部部长黄华的夫人何理良所赠）

1945 年 8 月 28 日，朱德、张治中（左二）、毛泽东、赫尔利在延安。（已故外交部部长黄华的夫人何理良所赠）

1945年8月28日，张治中（左一）、毛泽东、赫尔利、周恩来、王若飞在延安机场。

1946 年 3 月，张治中与马歇尔在交谈。

1946 年 3 月 4 日下午，军事三人小组到达延安，受到中共中央负责人和数千群众的欢迎。左起：周恩来、马歇尔、朱德、张治中、毛泽东。

1946 年，张治中在新疆与三区领导人合影。前排右起：刘孟纯、赖希木江；中排右起第二人为艾肯木拜克和加、第三人为张治中、第四人为阿合买提江、第六人为刘泽荣。

1949 年初，以张治中为核心的国民党代表团赴北平谈判登机时的情景。

第四章

国共党争："我特意为我们左派文化人建立了一个租界"

父亲与周伯伯即便在国共两党尖锐对立、武装斗争十分激烈的情况下，也从未中断过友好往来。

1956年，国庆节晚上，在天安门城楼上看焰火时，一纯与周伯伯有一段对话。一纯走到周伯伯跟前说：“我入党了。”

周伯伯马上说：“噢，太好了。”

周伯伯拉一纯在他身边坐下，然后说：“从我们党内来讲，马克思主义在你们家取得了胜利。但你一定不能骄傲。你要更加尊重你的父亲。你父亲早年曾申请加入共产党。当时，我们没有同意。主要考虑到他在国民党内，比加入共产党对革命事业更有利。”

周伯伯对一纯提及的这件往事，我过去并不清楚。

周伯伯和父亲是几十年的老朋友，他们的友谊可以追溯到大革命时期。

1924年，国共两党第一次合作，父亲参与筹建孙中山创办的黄埔军校。当时，周伯伯是这个军校的政治部主任，父亲从那时起就结识了周伯伯。自此，周张之谊即便在国共两党尖锐对立、武装斗争十分激烈的情况下，也从未中断过。

初入黄埔不久，在周伯伯等人的影响下，父亲想加入中国共产党并向周伯伯提出了申请。周伯伯十分高兴地说："我个人表示欢迎，但要请示组织后才能给你回话。"

过了一些时候，周伯伯回复说："中共方面当然欢迎你入党。不过，你的目标较大，国共两党曾有约，中共不吸收国民党的高级干部入党。此时你加入中共恐有不便，不如稍等适当时机为宜。"

当时，国共两党在政治上、社会上斗争甚为激烈，黄埔军校内的国共斗争，实际上是社会上两党斗争的缩影。学生中当时分成两派：一是中共支持的"青年军人联合会"；另一派是国民党右派领导的"孙文主义学会"。

由于父亲为蒋介石所重用，同时有保定同学的支持，而当时校内军事教官大多是保定学生出身，他还与中共方面关系密切，所以成为两派的争夺对象。父亲站在中间偏左的立场，认为国共两党应该团结共同革命，而不应闹分裂，因此对两派斗争并不赞成，但在言论上、行动上时多"左"倾，比较偏向"青年军人联合会"。这样一来，父亲为双方、特别是右派的"孙文主义学会"所不容，被右派视为"红色教官""红色团长"，与邓演达、恽代英、高语罕三个关系密切的人一道被称为黄埔四凶。

中共方面也曾对父亲表达过一次不满，即1925年春天，戴季陶、沈定一到校召开座谈会，"中共对他们很过不去，使其下不了台，最后是我出来解围。我当时所以这样做，只是基于一种感情作用，绝没其他含义。因为我觉得他们是客人，我们是主人，主人不应使客人太难堪。事后，在我领导下的中共干部许继慎曾告诉我，中共方面对此表示不满。此外便没有听过他们对我有其他任何的抨击了”。[1]

戴季陶与父亲的私交不错。我家的客厅里有一幅戴季陶手书的字，内容如下：

闹时练心、静时养心、坐时守心、行时验心、言时省心、动时制心。

民国十四五年大病垂危，书此嘉言悬于内室时，用以自警，介石先生来见之，谓为无上妙药。勉力自制，病终获安。二十六年仲春，养疴汤山，文白老弟来视见之而喜，属为书之。

戴传贤书于望云书屋，时绿柳绕黄半未匀也

国共两党斗争越来越尖锐，以后遂演成了廖仲恺的被刺、三二〇中山舰事件、周伯伯辞去政治部主任等事件。随着时间的推移，到1925年夏，父亲已经完全同情共产党这一边。

在1989年春天，周伯母邀请我们这些子女去做客，她说：“你父亲是个非常有意思的人。我们这位老大哥喜欢开玩笑。他讲笑话，别人哄堂大笑，可他自己却一点儿也不笑。”

周伯母告诉我们说：“1925年我同恩来在黄埔军校结婚。那时恩来是政治部主任，你父亲是新兵团团长。我们结婚很保密，除了你父亲，别人谁也没告诉。谁知你父亲一定要请客。他安排了两桌酒席，找了几个会喝酒的人来作陪。那次他自己一口酒都没喝，却把恩来灌醉了。最后他找来卫兵把恩来抬回去，直到第二天，恩来的酒也没醒。

---

1 张治中．张治中回忆录．华文出版社．2007：411.

这件事我一辈子也不会忘记。”

周伯伯和周伯母是1925年8月8日结婚的。父亲曾说，周、邓虽无婚礼形式，但确实举行过庆贺，他亲身参加了。地点在广州市旧汉民路一家规模不大的西餐菜馆。当时，邓演达、恽代英、熊雄、高语罕、鲁易、邓中夏、陈延年等都在场，气氛热烈，宾主尽欢，还闹了酒。到20世纪60年代初期，父亲与周伯伯同机飞到广州。父亲笑着对周伯伯说：“我们应该旧地重游，到太平餐室吃饭纪念。”办完公事后，两人真的到老地点聚会了一次，周伯伯请客。

北伐战争开始后，父亲为了能够使国共两党合作如初，避免破裂，向蒋介石建议由周伯伯充任国民党军队总司令部政治部主任，但最终没有得到蒋介石的同意。每想及此事，父亲始终认为“北伐的统帅部没有周参加，是一个大损失”，“也是导致国共两党破裂的主要因素之一”。

1949年后，周伯伯曾和父亲谈起这段往事，父亲也在家说起。据余秘书回忆，事情的经过大致是这样的：

张治中向蒋介石进言：“现在北伐就要开始了，为了弥补‘中山舰事件’的影响，显示国共两党的团结，我建议请周恩来担任总司令部政治部主任，一同北伐。”

蒋介石说：“政治部主任一职，我准备让邓演达充任。”

张治中说：“邓可以带兵或者干其他工作，政治部主任以周担任最为合适。”

蒋介石说：“你的建议也有一些道理，但我已决定让邓充当，不好中途变卦。现在总部财经委员会主任一职尚未决定人选，你可征询周的意见，看他愿否接受。”

张治中转而征询周恩来的意见。没想到一开口，就被周恩来拒绝。对于蒋介石拒绝建议，张治中觉得北伐的统帅部没有周参加，是革命事业的一大损失，也是造成两党破裂的因素之一。当时，他心上的一个最大疙瘩是国共问题。他目睹并实际上参与了国共两党的斗争，内心十分不安。他对两党斗争忧心忡忡，时刻苦思弥合补救之策。

当北伐军到达衡阳后，张治中又一次提请蒋介石：会师武汉以后，"对两党问题要请你特别注意，我们一定要想办法来保持两党的合作，不能使它破裂！"

蒋介石接连"嗯"了几声，没有给出具体的答复。[1]

父亲再次与周伯伯有较多交往就是任湖南省主席期间了。

1937年冬，武汉撤退，父亲任湖南省主席。当时，中共驻长沙的代表徐特立、叶剑英还有周伯伯，经常来家里做客。父亲在湖南任内期间，与中共领导人融洽相处，"即有小事故，我们也能开诚布公，求得公平合理的解决"，如浏阳县县长捏造罪名将一名中共干部枪决后，徐特立将此事通告父亲，在查明真相后，他马上将该县县长撤职予以严惩。

有一次，父亲还和叶剑英商量，如果长沙不守，省府将迁到沅陵，请他任省府顾问，指挥保安部队和人民武装，协助国民党军队打游击。

后来因长沙大火，父亲去了重庆。在重庆，他同周伯伯等中共代表仍保持友好往来。父亲还记得在长沙大火后，在四面楚歌各方纷纷落井下石的情况下，他将拟在报纸上发表的讲话交给周伯伯看，周伯

1 余湛邦.我所亲历的三次国共谈判.中国社会科学出版社.2004.

伯还字斟句酌地修改。

“长沙大火”笔战后，郭沫若看到父亲，握着他的手说：“真对不起，请恕罪！”

1940年9月，父亲奉调为军事委员会政治部部长兼三民主义青年团中央干事会书记长。政治部是在南京政府撤退到武汉时恢复设置的。当时还具有两党合作的一些形式和作用：部长是陈诚，副部长之一是周伯伯。在这期间，父亲与政治部主管宣传的第三厅厅长郭沫若有过小过节。

其实，在重庆期间，父亲一直袒护郭沫若等人。有人要把郭沫若一派文人排挤出去，父亲非但没有这样做，还在政治部设置一个文化工作委员会，请郭沫若主持，以安置这些左派文人。这个委员会内包括沈雁冰、阳翰笙、冯乃超、舒舍予、沈志远、田汉、洪深、胡风、杜国庠、吕霞光、姚蓬子、郑伯奇、张志让、孙伏园、熊佛西、王昆仑、吕振羽等委员。

父亲的用意很明确：“我特意为我们左派文化人建立了一个租界！”父亲曾当面和郭沫若说过这句话。他还经常与郭沫若谈话，帮助郭沫若解决实际问题。

但是，郭沫若做的一件事情让父亲非常不满意，没有理解父亲的良苦用心。父亲说，到抗日战争中期，在重庆的“左”倾文化人都有对特务的恐惧，昨天说某人失踪，今天又说某人被捕，他们时刻提防会被逮捕，纷纷向香港、南洋转移。

为此，父亲曾召集文化界人士，发表谈话，表示态度，保证他们在重庆不会有危险；同时指出香港、南洋也不是个安全地带，希望大家勿为谣言所动摇。

父亲说这话是从爱护文化人的角度出发，但是郭沫若对父亲的讲话大加嘲讽。

从香港寄来的一份剪报上有郭沫若写的一篇通讯，上面写有“最好每人送飞机票一张，庶使近者悦而远者来”等讽刺话语。

父亲忍不住，当即写信质问郭沫若：“为什么把我的好意当成坏意？你有意见为什么不和我面谈，反而在香港报纸公开讽刺我？我觉得似乎不是友谊的行为！”

后来，郭沫若客气地回复了父亲一封信解释了一下，父亲也就不再和他争辩什么了。

但是，郭沫若此举已经深深地影响到了父亲对他的观感，从此以后他们的关系渐渐疏远了，后来，他们之间还发生了关于“长沙大火”的笔战。

1938 年 10 月 25 日，武汉三镇陷落，长沙暴露在敌人面前，形势十分危急。蒋介石曾命令陈诚焚城，实行焦土[1]抗战，而陈诚执行不力，蒋介石很生气，随即 11 月 7 日飞抵长沙，召集高级军事会议。出席者除父亲外，还有何应钦、陈诚、白崇禧、冯玉祥、张群、唐生智、熊斌、何成濬、杨森、关麟徵等。蒋介石在会上滔滔不绝地大谈焦土抗战的重要性。

父亲还记得蒋介石对他的发问：“敌人来了，你们长沙怎么办？”

---

1 “焦土”一词最早见于唐代杜牧《阿房宫赋》：“戍卒叫，函谷举，楚人一炬，可怜焦土。”1933 年，李宗仁发表《焦土抗战论》，最早正式提出这一抗日主张：“举国一致痛下决心，不惜流尽最后一滴血，更不惜化全国为焦土，以与侵略者作一殊死之抗战。”

父亲还未及回答，蒋介石就说：“不要迟疑，烧掉就是。事先把能转运的物资运走，运不走的也要烧掉。公用和民用房屋都烧掉！”蒋介石一连说了三个“不资敌用”。蒋介石把焚城责任交给父亲后，随即飞回南岳。

11月12日，父亲给湖南省兵役干部训练班学员训话：

我们希望大家立定两个志向：第一，要抗战到底，绝对不做顺民！第二，要守住家乡，绝对不做难民！大家就要决心做一个中华民国的忠勇之民！敌人没有来到以前，就要尽力支持抗战；敌人如敢入侵湖南，就要拿起枪杆锄头，准备和敌人四处周旋……时至今日，我们是没有路好走了，我们只有守住我们的家乡，守住我们的田地房屋，守住我们的祖宗庐墓，来和敌人拼命！

治中个人今天也愿意对湖南三千万同胞郑重表示：在保卫大湖南、支持抗战成为紧急任务的今天，一定以最大的决心和最大的努力，来和湖南三千万同胞同生死、共患难！绝不躲避责任。[1]

这时，接到蒋介石来电：

限一小时到，长沙张主席。密。长沙如失陷，务将全城焚毁，望事前妥密准备，勿误！中正文侍参。[2]

---

1 梁小进，陈先枢 .1938：“11 · 13”长沙大火 . 湖北人民出版社 .2005：83–84.

2 梁小进，陈先枢 .1938：“11 · 13”长沙大火 . 湖北人民出版社 .2005：84.

随后，父亲又接到侍从室副主任林蔚打来的长途电话："奉委座谕，我们对长沙要用焦土政策！"军令如山，父亲只有召集长沙警备司令酆悌、省保安处长徐权，要求他们立即拟出焚城计划。下午，酆悌、徐权送来了焚城计划，父亲在核定计划时还一再叮嘱："第一，必须在我军由汨罗江撤退后，等待命令开始实施；第二，举火前必须放空袭警报、紧急警报，待群众离家后方可执行。"

这一天，父亲活动极多，到深夜即13日凌晨二时才入睡。他还没怎么睡着，就听见副官王建成来报告说："城内很多响声，已经起火。"

父亲发现，虽然没有下令放火，但三四处都已经起火了。父亲开始电话还打得通，后来就打不通了。

火势越烧越旺。

原来是警备司令部、警察局和警备二团误传日军已至，仓促放火。这时，日军离长沙还有200多里。

况且，长沙周围驻扎着十多万国民党正规部队严防死守，要想突破防线并非易事。所以最高军事当局虽然在白天下达了准备毁城的文书，但并没有正式下达毁城的命令。然而谣言却在长沙城中迅速传播，说日军今夜即将入城。

全城人心惶惶。

大火首先从省政府和警察局等重点部门点起，然后点燃学校、医院等单位，最后挨家挨户放火，许多人还在梦中已葬身火海。一把大火把绵延几公里的长沙古城烧为灰烬。据政治部调查：2000多人在火灾中死亡，烧伤者不计其数。省政府、省市党部、高等法院等机关，湖南大学、南华女中、省立长沙高中等学校，湖南省银行、交通银行等银行以及工厂、医院、民房等建筑物几乎全部被毁，建筑物完好保存的所剩不多。无论是公有财物还是市民的私有财产，带出火海的寥寥无几，损失极其惨重，无法估计。

虽然大量证据证明纵火是下面军警不遵守规定私自所为，同最高军事当局和父亲等人无关，但父亲作为湖南省主席，也负有疏忽的责任。

当时也有人说，这与蒋介石的限一小时到的焚城电文有关。如果没有电文，父亲他们就不会做匆忙的准备。也有人说，如果不焚城的话，日本军随时会进攻长沙的，烧了长沙城是保全长沙城。

但是，毕竟，长沙这座名城一夜之间成为瓦砾场，父亲内疚心痛不已。父亲知道自己应该负责任，内心一直有着沉重的负担。母亲说，父亲一直是个做事情提得起放得下的人，但是大火之后很长一段时间都变得提不起放不下了。

蒋介石随即飞来长沙，把警备司令酆悌、警察局长文重孚、警备二团团长徐琨交付军法审判，随即枪决，父亲则革职留任，办理善后事宜。

1958年12月号的《人民文学》发表郭沫若的《洪波曲——抗日战争回忆录》，其中第15章关于长沙大火有这样的描述：

放火烧长沙，是张治中、潘公展[1]这一竿子人的大功德。他们是想建立一次奇勋，模仿库图索夫的火烧莫斯科，来它一个火烧长沙市。

……

1 时任湖南省政府秘书长。

他[1]完全是贪图功名，按照预定计划行事。他把陈诚[2]蒙着了。十二日的当晚甚至扣了陈诚的交通车。他把周公[3]蒙着了，竟几乎使周公葬身火窟。他满以为敌人在进军，这样他便可以一人居功而名标青史，结果是一将功未成而万骨枯！

父亲看了这些带有个人攻击的描述，十分气愤，一些冤枉话说得太过分、太厉害了。

当初，父亲想把问题报告周伯伯，但担心会使郭沫若认为这是在告他的“御状”，所以，他就直接写信给郭沫若了。

后来，周伯伯还是知道了这件事。中央统战部负责人告诉父亲，郭沫若这样写不合适，我们要郭改正。

在父亲给郭沫若的信中，对郭沫若所写的许多不实之处一一驳斥：

父亲说，11 月 12 日他和陈诚住在一处，焦土的事彼此商量过，火起时大家都在睡梦中。把周公蒙着了，竟几乎使周公葬身火窟更是无稽之谈。12 日晚上他还和周伯伯通过电话，请他 13 日中午吃饭谈话。至于潘公展，更是冤枉也，潘公展任秘书长只一个月，大火前几天就去了沅陵。

父亲给郭沫若的信，是 1959 年 1 月 7 日发出的。1 月 10 日，郭沫若给父亲回信：

---

1 指张治中。

2 时任战区司令长官

3 指周恩来，时任国民政府军事委员会政治部副部长。

请您注意那里面的一句话：“他们的计划是得到了那位当局的批准的。”那就是说，主要该由蒋介石负责，而你们是执行命令罢了。谢谢您把当时蒋的指令告诉了我，证明我的猜测没有错。您不幸是在蒋下边和潘公展共事，我说：“放火烧长沙是张治中、潘公展这一竿子人的大功德，他们想建立一次奇勋……”并不是专指您一个人。

……

《洪波曲》准备出单行本，也将收入《沫若文集》，我想把您的长信作为附录，想来可以得到您的同意。请赐复。

父亲在收信后的第三天给郭沫若又写了一封信，信中指出：

您特别强调“他们的计划是得到了那位当局的批准的”那句话，并且加以解释，说是“主要该由蒋介石负责，而你们是执行命令罢了。谢谢您把当时蒋的指令告诉了我，证明我的猜测没有错”。现在，我想和您说：你的猜测还是错了。为什么？因为如果是我拟的计划而蒋加以批准，这就变成我主动而蒋被动了。而事实上是蒋主动而我被动的，这显然有实质上的差别。因为我根本没有什么“计划”由蒋“批准”的，您那样解释，逻辑上似乎是说不过去的。[1]

在家里，父亲还说《洪波曲》里有许多描述错误的地方。

郭沫若于1959年1月18日给父亲第二次复信，信中说：

1 长沙文史资料第2辑．中国人民政治协商会议长沙市委员会文史资料研究委员会1985年编印．

承您同意把您的长信作为附录，并蒙您进一步指出我的一些错误，谨向您表示感谢。您的信实在是宝贵的史料。[1]

据出版《洪波曲》单行本的百花文艺出版社的同志回忆，父亲的长信确实准备作为附录发表，并已转到了出版社。但后来因为郭沫若直接在文中做了修订，这信就搁在了原百花文艺出版社社长林呐收存的一部《洪波曲》里。“文革”中，这部存有信的书被造反派抄去，后来书被退回时，信已经不见了。

有一次，郭沫若看到父亲，握着他的手说：“真对不起，请恕罪！”算是道歉了。

蒋介石曾怒向父亲：“我正在和共产党代表谈判！”毛泽东曾笑说父亲：“他是三到延安的好朋友。”

在十年内战期间，国共两党兵戎相见，军事斗争更趋激烈。为了避免与中共作战，不违背自己的救国宗旨，父亲主动请调中央陆军军官学校任教。十年中，父亲五次带兵打仗，两次是抗日，两次是军阀混战，还有一次是对李济深、蔡廷锴领导的福建人民革命政府作战，

但从未与中共军队打过仗，那是他绝对不愿意的。

抗日初期，为了恢复两党合作，国共双方派出代表商谈，父亲参加了这次谈判。自此两党关系确实一度表现出相当的融洽，父亲为此

1 长沙文史资料第2辑．中国人民政治协商会议长沙市委员会文史资料研究委员会1985年编印．

感到欣慰。

1938 年 9 月 4 日，父亲甚至发电向蒋介石建议：“承认中共合法地位，允许中共公开活动，以减少无谓摩擦，加强两党团结必有利于抗战大业。”

1940 年以后，两党在各地的矛盾增多，纠纷日甚，最突出的是 1941 年震动国内外的“皖南事变”。父亲事前曾表示反对，终因孤掌难鸣，未能阻止事件的发生。他向何应钦陈述意见，认为“对共党问题，应有冷静之考虑，慎重之措施，勿任有成见而好冲动者为无计划无限制之发展”。

在研究皖南事变善后处理办法的会议上，他因反对撤销新四军的番号激怒了白崇禧，白质问他：“你身为政治部长，如何能说此种话！”

国共第二次和谈的 1942 年，中共中央派代表到重庆，父亲作为代表参与谈判，一谈就是 8 个月，没有取得结果。

1944 年 5 月，中共中央又派代表到重庆继续商谈。同年 11 月初，赫尔利作为美国总统罗斯福私人代表到中国来，表示愿意调停国共两党的争端。国民党方面派的代表是父亲和王世杰，中共代表是周伯伯。这一段时间的商谈，仍然没有结果。

随着形势的发展，中共方面提出改组国民政府，成立联合政府，改组军事委员会，成立联合统帅部。这一主张，父亲认为是应该接纳的，但国民党方面没有人具备这种远见。

抗战胜利后，蒋介石三次电邀毛泽东到重庆共商国是。在毛泽东应邀到重庆之前，国共双方实际上早有接触。早在 1943 年夏季的某一天，蒋介石就突然约父亲去说：“我想请毛泽东到重庆来，你觉得好不好？”

父亲后来回忆说：“蒋介石随后就亲笔写了一封给毛的信交我。此时，恰逢林彪即将回延安，我在家为其饯行，那天晚上就把信交给了林彪。不过，以后并没有听说中共对蒋的邀请有任何的表示，我也没有向周恩来查问。但是，这却为1945年抗战胜利后毛泽东先生由延安来重庆伏下一笔。”[1]

已故外交部长黄华的夫人何理良曾经赠送我两张父亲在延安时被拍摄下的彩色照片，一是与毛泽东、朱德、赫尔利一同乘吉普车前往延安城；一是与毛泽东、周恩来、朱德、赫尔利在美国驻延安观察组门前。这两张照片的黑白照很常见，但是彩色照片确实罕见，这与黄华在外交系统工作有关，或许是从美国拿回来的。

父亲与毛泽东在大革命时期同在广州，但两人并未谋面，他们的第一次相识是从重庆谈判开始的。他曾说：“1945年以前，我对毛主席没有什么印象。相反，由于国民党的欺骗宣传，使我对他有过怀疑，怀疑他究竟具备了什么条件能够做共产党的领袖。但是从1945年8月我第一次到延安与他会面之后，他给了我深刻的印象，以后多接触一次，印象就更加深一层。”

1945年8月28日，毛泽东、周伯伯、王若飞等在父亲、赫尔利的陪同下飞抵重庆。8月31日至10月11日，毛泽东率中共代表团和国民党政府进行和平谈判。

毛泽东到重庆后，一下飞机，蒋介石侍从室第一处主任周至柔说，

1 张治中 . 张治中回忆录 . 华文出版社 .2007：425.

已经准备了接待美国客人的招待所让其入住，并介绍说地方好、设备全。

毛泽东不同意："我是中国人，不是美国人，不住美国人的招待所。"

据余秘书回忆，周伯伯曾想让毛泽东以红岩八路军办事处做起居、工作、活动的中心，但一住下来就感到不合适。红岩不仅地方较偏，且路不好走，上下山石阶太多，周围又特务密布，对来客不方便，对毛泽东也不安全。至于曾家岩50号他自己的住处周公馆，地点较好，但地方狭小局促，且二楼是国民党人居住。唯一比较合适的是上清寺桂园中山四路18号父亲官邸。那里的房舍虽不大，设备也一般，但还合用，而且距离曾家岩50号和红岩新村都不远，又在马路旁边，地点适中，汽车进出也很方便。周伯伯一开口，父亲便答应了。

父亲陪周伯伯到桂园看房子。那时，年幼的一纯非常好奇，跟在他们身边边走边看。在看房过程中，父亲告诉周伯伯："为了保证毛先生的安全，我决定派政治部警卫营的一个手枪排担任警卫工作。"

周伯伯听后略做沉思，说："这样一来，发生任何事情，责任都是你张治中的。我建议，你把这个责任推给重庆的警备司令。你的人可以换成便衣，做内部保卫。"

正如一纯所回忆的那样，父亲深感这位老朋友的信任和良苦用心，采纳了周伯伯的建议。

父亲带着秘书、参谋、副官和厨师搬往梅园暂住，让母亲迁往乡下。一纯和素久是我们家年纪最小的两个孩子，他们正在桂园附近的德精小学上学，因学校就在桂园附近，所以没有搬走，就让他们与工勤人员一起住在桂园里面的平房里。

那时我的妹妹素央、素初都在重庆郊区上学，住在学校的宿舍里。父亲要她们周末也不要进城。

父亲在安排了毛泽东、周伯伯住到桂园的当天，让家人去见了面。素初是第一次见到他们。素初说印象最深刻的是毛泽东的身材高大。素久对毛泽东在桂园的进进出出记得很清楚，还记得理发师傅来给他理发，他在那儿说着幽默话。

毛泽东以浓重的湖南口音问孩子们在哪个学校读书。当素初说刚从南开中学毕业时，周伯伯说："咱们还是同学呢！"

虽然毛、周两位伯伯的身份特殊，但是他们与随从人员的衣着是完全一样的，一身蓝布制服、一双黑布鞋，与国民党将领一身笔挺的呢子军服和一双油黑锃亮、走路叮当响的皮鞋形成鲜明的对比。

除调来一名厨师外，其余都是桂园原有人员。毛泽东来到桂园，先在客厅休息。当时四川的习惯，待客饮茶用的是黄铜托底的盖碗茶，服务员何守源向毛泽东敬茶时，由于紧张，不慎将茶杯碰倒，把地毯弄湿了。何守源慌忙道歉，毛泽东微笑着说没事。

毛泽东在桂园期间和周伯伯住在楼上，王炳南则住在楼下客厅后面一小间里，外人进楼、上楼，都需经王炳南安排和陪同。

在父亲身边的工作人员只有一个人在世，他叫张立钧，今年（2011 年）95 岁，是我的亲表妹夫。他先是当副官，后来当参谋。

张立钧回忆说："蒋介石和毛泽东会谈多次，曾亲临桂园拜访毛泽东并在楼前合影。这期间，各界知名人士来访频繁，有时要临时加客饭，桂园的工勤人员就去附近餐馆购买，附近餐馆、商店都知道桂园是张治中的官邸，都不敢怠慢。……桂园也是国共双方代表的谈判地，除了白天谈，更多的是在晚间谈，还经常谈到午夜。到了深夜，就需要吃一些夜宵充饥。我们虽然偶尔有所准备，但更多的是措手不及，只得临时上街追赶卖夜宵的小担，买些汤圆或是江米煮藕之类的甜食给代表们吃……"

重庆谈判历时43天，多次濒于破裂边缘。国民党张群、王世杰、张治中、邵力子四代表中，父亲最为积极、活跃，每到关键时刻尤为卖力。他在整个谈判中，时而在办公室内彷徨行走，时而沉思不语，显得忧心忡忡，以致饮食无心、坐立不安。

国共谈判基本达成协议，而外间谣言纷传，说军统特务将有不利于毛泽东的行动。民主人士以“重庆气候欠佳，不如早返延安”“三十六计走为上”等相劝，周伯伯与父亲商量，请求提前签署协定，并暗示如让毛泽东一人独返，放心不下。

《双十协定》签订后，基于毛泽东回延安的空中安全，父亲又亲自伴送毛泽东坐专机回到延安。

素初曾回忆说：“后来听说路上曾出现险情。（我）来美后，（20世纪）80年代任职于纽约《中报》，该报社长傅朝枢先生告诉我，他曾当过山西省军阀阎锡山的机要秘书，见到一份机密文件，计划在毛回程路上经过西安时，对他下手，后因父亲陪同未能执行。”

这是父亲第二次到延安，此后他每次到延安时，毛泽东都亲往迎送，并为他举办盛大的欢迎晚会。父亲回忆说：“1945年10月11日，我坐专机送毛主席回延安。下飞机时，飞机场上黑压压地站满了人。干部、群众、学生；男的、女的、老的、少的，在他们的表情里，充分流露出对领袖的最大欢悦与关切。那种情形看了真叫人感动！其后，我还常常和朋友们说起，认为这是解放区一种新兴的气象。”

第二天，父亲等人飞返重庆时，毛泽东亲自送行。在去机场的路上，毛泽东和父亲同乘一辆汽车，毛泽东说：“你对和平的奔走是有诚意的。”

父亲问：“怎见得？”

毛泽东说：“有几件事情可以证明：第一件是你把《扫荡日报》

改为《和平日报》；第二件是康泽办的一个集中营被你撤销了。”

毛泽东还送上延安特产：皮筒、精毛线、粗呢、红枣等，并风趣地对父亲说：“我在重庆做过调查研究，发现大家都说你在政治部和三青团能做到民主领导，干部都表示愿意接受你的领导。”

父亲后来回忆说：“我三到延安，他每次都亲到机场迎送，和我恳切谈话，还举行欢迎晚会，请我讲话。”据余秘书叙述：

1946年1月10日，国共双方签订了《停战协定》。2月25日，张治中与马歇尔、周恩来在重庆签订军事方案，在讨论的过程中，出现一个小插曲。在整编数字方面，中共初步要求16个军48个师，而蒋介石则始终坚持“12师之数，乃中央所能允许之最高限度”。最后中共让步，希望整编成24个师，最少20个师。张治中特别同蒋介石做了长谈说：“中共本来拥有正规军100万，民兵200万，现在愿意从48个师的要求降为24个师，最少20个师，是很大的让步，我们是可以考虑接受的。”还特别指出：“国民党军队整编后缩成50个师，仅指陆军，此外还有海军、空军，陆军中还有其他兵种如宪兵、工兵、炮兵、辎重兵等，中共是没有的，我军始终占极大优势，希望到此达成协议吧。”

两人正争得面红耳赤，蒋介石的随从参谋皮宗敢陪同马歇尔进来。马见状甚为惊讶地问：“到底发生了什么事？”

蒋介石气愤地说：“我正在和共产党代表谈判！”[1]

---

1 余湛邦．我所亲历的三次国共谈判．中国社会科学出版社．2004.

为军队的多少的问题，张治中很头疼。当然很多的人并不赞成和谈，但父亲这个人是主和的，他说我们国家不能这样子办，我们一定要和平。那个时候和平就是国民党、共产党两党和和气气的。可是不行。张治中说：“我祝愿国共两党过去的一切芥蒂、一切误会、一切恩怨，永远结束。我们还是愿意重新团结合作，来共同担负复兴中华民族的重任。重新合作，这才是国家民族之福。”

为了贯彻停战协定、执行整军方案，由中共代表周恩来、美方代表马歇尔、国民党代表张治中组成最高军事三人小组，先后到北平、张家口、济南、武汉等地视察，然后访问延安。1946 年 3 月 4 日下午，马歇尔、张治中、周恩来组成的军事三人小组从绥远乘飞机抵延安。

在延安机场，毛泽东陪同马歇尔、张治中、周恩来一起检阅延安卫戍司令部仪仗队。在当晚的欢迎晚会上，张治中对毛泽东说：“将来你们写历史的时候，不要忘掉写上一句，张治中三到延安。”

张治中讲完话走下台回到座位时，毛泽东对他说：“你将来也许还要四到延安，怎么只说三到呢？”

他说：“和平实现了，政府改组了，你们就搬到南京去。延安这地方不会再有第四次来的机会了。”

毛泽东说：“我们将来是要到南京去的，听说南京很热，我怕热，希望长住在淮安，开会再到南京去。”

1949 年后，毛泽东有一次请张治中吃饭，他对同桌的人笑着说：“他是三到延安的好朋友。”

父亲被称为“和平将军”，还有件事是在新疆，把关押的大批共产党人士释放并护送到延安。

抗日战争胜利后，国民党被迫答应释放在押的“政治犯”。中共非常珍惜这个机会。1946年3月，父亲被任命为西北行营主任兼新疆省主席。在父亲第三次飞往迪化之前，周伯伯和周伯母来到上清寺桂园：“我们来看望您和夫人，一是送行，二是有件重要的事相托。我们有一大批党员在新疆被盛世才关押，处境危急，情况欠明，想拜托您到新后调查处理。”

周伯伯嘱托把新疆被盛世才囚禁的中共人员全部释放。事情的原委要从抗日战争时期说起：

抗战期间，盛世才在新疆执行亲苏政策，中共为了支援盛世才，曾先后派了以陈潭秋、徐杰、林基路、马明方等为首的党员赴新疆，后又派了许多青年干部去新疆乌苏学航空，再加上由苏联疗养治病留新工作的人员，共达100多人。他们帮助盛世才制定六大政策，改革政治、经济、教育、财政等，甚著成效，得到盛世才的倚重。到1941年太平洋战争爆发后，希特勒全力进攻苏联，斯大林格勒和莫斯科危急万分。盛世才错误估计形势，认为苏联必败。于是，由亲苏转而反苏，在省内大搞白色恐怖，肆行镇压，在1942、1943两年先后把中共在新人员逮捕拘禁，进行疯狂的迫害，100多位共产党人处境十分危急艰难。[1]

---

1 余湛邦.忆邓大姐.中央文献出版社.1994.

周伯伯还特别让了解一下毛泽民的情况。他还说，考虑到由新疆到延安路途遥远，情况复杂，如释放后让这些人自己回延安，恐怕不行，还得请你们在释放后派人和交通工具护送到延安才行。这些人里有瞿秋白的夫人杨之华。父亲在上海大学时还与她是同学。4 月上旬，父亲到迪化后，即遵照周伯伯的嘱托行事，派屈武去看望杨之华，了解了一下基本情况。父亲了解到毛泽民已被盛世才杀害，监狱里还关着 131 名中共的干部和家属。为此，他和狱中人员直接联系，会见杨之华、高登榜等 6 位代表。经过一个月的准备，父亲让余秘书写电报给蒋介石，并为他们安排专人、专车，还带上医务人员护送，同时电告沿途各省负责人妥善接待。据余秘书的回忆：

4 月上旬，张治中飞抵乌鲁木齐后，就派屈武去看望杨之华，了解了基本情况。张治中下手令给省警务处整饬监狱改善生活，并嘱我马上调阅案卷。警务处处长胡国振说：案卷早被盛世才毁掉，送到我手上的仅仅是一份新疆桑皮纸写的花名册。上写姓名、年龄、籍贯、职业、民族、逮捕地点，非常简略，看不出什么问题。事后才知道，这些人的姓名许多都是假的。

张治中要我写电报给蒋介石。据我的记忆，电文三次都是我亲办亲自保存的。电中强调：（1）主要负责人已于 1943 年 9 月被盛世才杀害，剩下的大多是老弱妇孺。（2）释放政治犯是两党谈判协议，早已见报，众所周知，应主动办理。（3）在新疆特殊条件下，释放中共政治犯非执行不可。我离渝时，周恩来夫妇已到我家亲自提出，如延搁不办，周将对外公布，对我很不利。经过两个多月的电文往返，蒋介石才勉强同意张治中立即派我和党必刚（当时西北行营驻迪化办公厅二组组长）去看望关押在监牢的中共人员，宣布正式释放并护送回延安。[1]

父亲指定新疆警备总部交通处长刘亚哲负责武装护送。临行前，他对刘亚哲说："这个任务很重要，是一个政治任务，你要努力。新疆境内很复杂，要注意安全，对他们的生活要照顾好。"

考虑出新疆后便不能使用新币，父亲又改发给每人3万元法币，以应路途急需。从迪化到延安，父亲始终是在关切着他们的行踪。

6月10日，8辆大汽车从迪化出发，于7月11日安全到达延安。7月12日，朱德总司令给父亲去电致谢，护送人员回迪化时还带回毛泽东赠送的延安土特产品。

后来，周伯伯当着父亲的面对高登榜说："文白先生是你们的救命恩人。当年释放在新疆的共产党人是文白先生做的一件好事。这在国共关系史上是空前的，绝无仅有的。"

记得1955年国庆节举行授勋典礼，父亲和陶峙岳将军都被授予了一级解放勋章。原因在于新疆的和平解放：

1944年11月，由于民族矛盾激化，伊宁、塔城、阿山三个专区发生了革命暴动，表示要实行民族独立。日本投降后，新疆的局势进一步恶化。蒋介石甚为焦虑，即派张治中为全权代表前往迪化。1945年11月14日，张治中第二次飞抵迪化，准备与三区代表谈判，而三区代表已先两天到达。当时他们都佩戴着"东土耳其斯坦共和国"

---

1 余湛邦．忆邓大姐．中央文献出版社．1994.

的证章，并声言他们是代表东土耳其斯坦共和国政府来和中国政府代表进行谈判的。张治中在知道这一情况后，第二天就立即约请苏联驻迪化代总领事叶谢也夫谈话，严正指出：自己只能以中央政府代表的地位接见三区代表，“不能接见所谓东土耳其斯坦共和国的代表”。并请叶领事把他的意思转告给伊方。三区代表经叶领事劝告，最终放弃了他们原来的态度。这样谈判才得以开始举行。这说明张治中的政治解决底线，就是必须以国家统一为前提条件。张治中将军为了维护祖国的统一，从1945年9月到1946年6月，曾三飞迪化，在苏联驻迪化总领事、驻伊宁领事的调停下，历时一年八个月，经过做工作，避免了分裂，伊宁事件终于获得和平解决。1946年7月1日，正式成立了各民族联合的新疆省政府，张治中兼任省政府主席。1947年5月19日，麦斯武德接任新疆省主席后，又逐渐执行反共反苏政策，新疆警备总司令宋希濂在暗中又对张治中的和平政策实行反对和抵制，新疆的局势又趋于紧张，张治中“为了保障全省和平，维护国家统一，实行民主政治、加强民族团结的既定政策不致破坏”，在经过努力，征得蒋介石同意后，断然撤换了麦斯武德和宋希濂，而以包尔汉和陶峙岳分别继任。这是一个非常重要的措施，因为，“如果不调走宋希濂，陶峙岳不能到新疆，则在顽固反动力量的控制下，策动起义是很困难的。如果不撤换麦斯武德，包尔汉就不能接任主席，麦也不会同意起义的”，历史已经证明这一人事安排为扭转新疆的分裂局面铺平了道路，为1949年新疆的和平解放打下了基础。[1]

1949年9月8日，毛泽东约见张治中，对他说，解放军已经决

1 张继山．张治中赢得中共尊重原因浅析．安徽农业大学学报（社会科学版）．2002.

定由兰州和青海分两路向新疆进军，希望你去电给新疆军政负责人，要他们起义。还说，从新疆了解到的情况，只要张治中去电，他们一定会照办的。张治中说："我早有此意，不过新疆和我通信早已中断，不知怎样才能和他联系上？"毛泽东告诉他："我们已在伊宁建立电台，你的电报可由伊宁邓力群转到迪化。" 父亲听了毛泽东的吩咐，立即给中共在伊宁的负责人邓力群打了电报，请他转告陶峙岳将军和包尔汉主席，要他们正式宣布与广州政府断绝关系，归向人民民主政府。那时候，国民政府已节节败退到广州。张治中曾在新疆任职多年，对那里的情况十分了解。经过反复思考，他将和平解放新疆的意见书提交毛泽东。9月10日，张治中致电新疆警备司令陶峙岳、省主席包尔汉。第二天又就起义的具体问题单独致电陶峙岳。9月21日，毛泽东再次就新疆和平解放问题致信张治中。张治中接信后第二天，又致电陶、包，嘱其立即与彭德怀接洽宣布起义，要陶峙岳以张治中的名义电令在河西的周嘉彬、黄祖勋两军接受陶的命令，与前线将领接洽表示诚意，不应再犹豫顾虑。那时，张素我和丈夫周嘉彬在甘肃生活已有三年时间。9月25日陶峙岳通电起义，26日包尔汉也宣布起义，新疆和平解放。[1]

自1950年初至1954年秋，父亲被任命为西北军政委员会副主席，其间父亲也多次来往于西安、北京之间。在西北时，父亲和西北的党政负责同志，如彭德怀主席，习仲勋、马明方、杨明轩三位副主席等许多中共朋友都相处得很好。

---

1 李涛.肝胆相照：毛泽东与国民党爱国将领.长征出版社.2011.

在新疆的国民党军队起义之后，由新疆军区司令员王震直接指挥，父亲对王震极为佩服，常常说起他艰苦奋斗建设边疆的功绩，又说彭德怀是如何心直口快，平易近人，还说他的生活朴素，始终保持解放军的优良传统。父亲被任命为新设立的西北军政委员会副主席，协助彭德怀指挥进军大西北时，毛泽东说："你过去是西北四省的军政长官，现在去做彭德怀的副手，委屈了吧？"父亲则不在意，他说："革命者是向来不会也不应该计较地位的，我听命令，听吩咐。"

抗美援朝之战开始，彭德怀调往前线，习仲勋继任西北军政委员会主席。周伯伯特地问父亲："习比你年轻些，你做他的副手有没有意见？"父亲回答："总理放心，我毫无意见，我一定会和他好好合作的。"后来他们相处无间，愉快地一起工作。父亲称赞习仲勋能干、有魄力、有主张。

最关心父亲，最了解他，平时接触最多的，就是周恩来伯伯。

在父亲逝世前的20多年中，最关心父亲，最了解他，平时接触最多的，就是周恩来伯伯。我和弟妹们见到周总理称"周伯伯"，称邓颖超为"周伯母"。父亲有事就去找周伯伯，也经常和周伯伯一起进餐。从大革命开始到1969年父亲逝世，周伯伯和周伯母与父亲有长达40多年的交往。

早在战争时期，父亲就落下了个腿部神经痛的毛病。1949年后，父亲的腿疾一度加重。周伯伯知道后，亲自把军委卫生部副部长傅连暲带到家里，为父亲安排治疗。随后，傅连暲请来了三位专家长期为父亲治腿疾。

周伯伯几次出国回来，都带回特效药，托人送给父亲。1961年10月12日，周伯母还给父亲写了一封信：

文白兄：

恩来告我，你需要虎骨胶治病，现将尚存的两盒送上，以供应用。这种药品是去年他访问柬埔寨时华侨所送的。另送你燕窝一斤，请哂收。即祝健康！

嫂夫人前问好。

邓颖超

1961年10月12日

一次，安徽的一个黄梅戏剧团来京演出。周伯伯知道父亲是安徽人，便请我们全家去看戏。我们先在周伯伯家中吃了饭，然后去政务院礼堂看戏。

周伯伯的车先到礼堂，他竟站在门前等着我们，还亲自上前打开车门，然后一同走进剧场。

周伯伯也关心我们当子女的成长和进步。1945年10月10日，国共两党签订了《双十协定》。10月11日上午，父亲亲自陪同毛泽东返回延安。那天晚上，周伯伯在桂园宴请为毛泽东服务的桂园工作人员。周伯伯代表毛泽东向大家表示感谢，并向每一个人敬酒。

吃完饭，人都走了。周伯伯拉住一纯说："咱们谈谈好不好？"

一纯一听，高兴极了，说："怎么不好呢？"

当时客厅里就一纯和周伯伯两人。周伯伯问他："你在哪个小学上学呀？"

一纯说：“就在旁边的德精小学。”

“几年级了，功课怎么样？”

一纯回答说：“功课不行！”

周伯伯又问：“什么功课不行？”

“数学不行。”

“那你有没有行的呢？”

一纯说：“有的。我的语文、作文行，国民教育（政治）行，地理常识也行。”

周伯伯听了说：“没关系，今后你只要有一门专的就行了。”

周伯伯还详细地问了学校的一些情况。谈话中，一纯问周伯伯：“我很想到延安去玩玩，不知道能不能去？”

他想了一会儿，说：“能去。但现在不行，现在条件还不具备，你去很困难。将来我一定请你去。”

最后，周伯伯说：“我给你题几个字好不好？”

“当然好。”一纯赶紧跑去拿了本纪念册。

周伯伯在上面写道：

一纯世兄：

光明在望，前程万里。新中国是属于你们青年一代的！

周恩来

卅四年十月十一日

那年一纯才13岁。一纯就问他：“你是我的老伯啊，怎么叫我世兄呢？”

周伯伯说：“这表示我是你父亲的弟弟。”

时隔四年以后，在母亲带着家人离开上海到达北平的当天晚上，周伯伯在六国饭店设宴招待。他一见到一纯，第一句话就说："没想到形势发展得这么快，没来得及请你到延安，却请你到北平来了。"

一纯心里很激动，四年前跟一个小孩讲的话，他也记得那么清楚。

周伯伯又对他说："你要和你的父母一起长期在北平生活。我会很快安排你上学。"不久，一纯上了北平二中。

1954 年的一个星期天，周伯伯约我们全家去北海公园游玩。那时，一纯已入团一年多，并在北京电力学校担任了团干部和班上的学习委员。

见到周伯伯，一纯说："我入团了。"

周伯伯听了非常高兴。他问："做没做社会工作？"

一纯告诉他："当了团干部，又是班里的学习委员。"

周伯伯对他说："你做团干部，应当注意的一个最重要的问题，就是团结班上所有的干部一道工作。你不是团小组长吗？你不要怕其他的团员、班干部超过你。人家超过你，你要高兴。"周伯伯的这几句话，成为一纯工作和待人接物的准则。

周伯伯每次来看望父亲，都要同几个老服务员握手，向他们问好。有一次他和父亲谈完话后，把一纯叫到身边，他问："你那位在重庆给毛主席洗过衣服的奶妈现在哪里？"

一纯说："就在这儿呀。"

周伯伯说："我要见见她。"

一纯马上让人到后面把奶妈请来。周伯伯见到她，赶忙站起来和她握手，说："在重庆的 40 多天麻烦你了。"

周伯伯还说了许多感谢的话，并请她坐下，问她："现在你有什么困难，有什么事要我帮助吗？”

奶妈说：“总理，我儿子参加了新四军，到现在还没有下落。”

周伯伯问：“在哪儿参加的？什么时间？”

奶妈说：“是皖南事变前在安徽参军的。以后就再没消息了。”

周伯伯马上叫秘书进来，让他详细记录了奶妈儿子的姓名、年龄，并指示秘书，一定要认真查一查。

一个多月后，总理办公室来了电话，说：“张先生家奶妈的儿子找到了，现在是解放军的一个排长。周总理特别关照，征求奶妈的意见，是让他转业，还是继续留在解放军中当军官？”

奶妈知道消息后，又激动又高兴，十分感激周伯伯的关心和帮助。

当时一纯曾劝她，让儿子留在解放军里当军官多好呀。可奶妈舍不得家里的几亩地，执意让儿子回去种地。

周伯伯知道后说：“好，那就让他回家务农吧。”不久，她儿子就转业回乡了。

1959年国庆节晚上，我们在天安门城楼看完焰火，周伯伯对我们说：“走，到北京饭店跳舞去。你们全家都去，我和邓大姐也去。”

到了北京饭店，人已不少了。周伯伯拉着一纯和他坐在一张圆桌旁。他们俩聊天时，他忽然看着舞台旁边的一位女同志，问我：“一纯，你看那是张权吗？”

一纯说：“我不认识她。”

他说：“我要过去一下，和她打个招呼。”一纯想去把她请过来。

周伯伯说：“不行，我应该过去。你要懂得这个道理，是我们党把她的问题搞错了。现在给人家摘了‘帽子’，我应该过去。”说着，他站起身来向张权走去。我也跟着他一同来到张权身旁。

周伯伯和张权握了手，并交谈了一会儿。回到座位上，周伯伯对一纯说："我们党应该实事求是。搞错了就要承认错误，还要尊重人家。人家唱歌很出名呀。"

嘉彬 1949 年在甘肃会同新疆部队起义后飞往香港。1950 年 9 月，我由香港回到北京，有幸在北京饭店的阳台上观看了国庆一周年游行，我非常高兴能有机会看到如此壮观的大庆典，甚感兴奋也很激动："新中国刚成立一周年就有这样的成就，真是前途无量。"

有一次周伯伯来看父亲，我在门口迎候，周伯伯一见面就叫出我的名字："你是素我吧！"

我仅见过周伯伯几次，他老人家为国操劳日理万机，还能记住我的名字，可见周伯伯对人的关心。母亲有时在总理面前抱怨父亲，说他不注意自己的身体，家务一概不管。周伯伯笑着劝解说："张大嫂，你是贤妻良母，他哪能不听你的！"这句话既恳切，又风趣，逗得大家都笑了。

后来，父亲带我拜谒周伯伯、周伯母。周伯伯问我："素我，我知道你教过书，又做过妇女工作，现在你打算做什么工作？"

我想了一下即回答说："我愿意教书。"于是周伯伯将我推荐给王炳南。王炳南介绍我去找由延安搬迁到北京的外国语学校的校长戴维·柯鲁克，谈了半个小时。

这样，我就从 1951 年春季开学前就在北京外国语学校教英语了。上课不久，好像是教务处就安排我举行了一个公开课。但我毫无经验。记得那是上午 8 时，课堂后面坐了两排来观摩的老师们，我心情有些紧张，还好按照教案一一讲完了。后来，老师们是否召开了评述会，我记不清楚了，似乎给大家的印象还可以，我能当一名教师。我从一年级到四年级都教，包括口语课和阅读课，至今对讲课记忆犹新。我是教师，同时感到自己从学生身上也学到不少东西。我每天备课与教学，力求将50分钟的课教好。

我在学校期间有多位英文文学有造诣的教授，如王佐良、许国璋等，我离校后听说他们竟然英年早逝，很是惋惜。

三年后的1954年，院系调整，我被调到对外贸易专科学校。1984年，学校更名为对外经济贸易大学。2004年，我在对外经贸大学教授任上退休。

记得20世纪60年代的一天，周伯伯授意父亲在颐和园请客。

那是因为中共中央做出重大决策，分批释放在押的原国民党高级战犯，其中许多是黄埔同学。周伯伯授权父亲以黄埔军校教师的名义请学生吃饭。我和丈夫周嘉彬也应邀出席。

我因为有课迟到了，走到园里正好碰见周伯母和几位同志在聊天。在慌乱中，我向周伯母打声招呼，叫了一声“邓伯母”后感到有点窘。周伯母说：“不要紧，叫周伯母和邓伯母都可以嘛！”我才感到坦然。

走到宴会厅，周伯伯及来宾等都已经就座，父亲用责备的口气说：“你来晚了！”

我解释了一下：“因为上午有课，公共汽车又挤……”

周伯伯解围说：“她上课重要，不要说她了！”

自1980年我被增补为政协委员后，我在开会时会经常看到周伯母。一有机会我就上前去问安，周伯母总是笑眯眯地问我：“身体怎么样？”有一次，她听说我患有胆结石，便让秘书赵炜转告要赶紧请医生检查，如果需要立即动手术就不要迟疑，并送给我珍贵的食品作为手术后补养用。

1986年3月，在全国政协第六届四次会议上，周伯母有一天来到第十四和十五组（妇联组）联组讨论会，她和大家一起讨论了当前的教育问题。她听大家发表意见后说：年轻时我当过小学教师，但很不受重视。现在不同了，我们女教师一定要重视自己的工作，热爱自己的工作，要自尊、自重并激励他人。

在一次与我、二妹素央及二弟一纯见面时，周伯母询问我们每人的情况。她还风趣地讲起了一段往事：早在 1925 年，她在广州与周伯伯结婚后，在一次宴会上父亲和周伯伯相见，但未见到邓颖超的踪影，就再三要周伯伯去接新娘子来见面。等周伯母到了后，父亲又要她站在板凳上演讲。那都是五六十年前的事情了，周伯母说起来娓娓动听，我们都被逗乐了。在我的记忆里，父亲生前每次见到周伯母，都要提及年轻时在广州的生活和一些有趣的往事，然后大家大笑起来。

1988 年 2 月 10 日，全国政协举行春节茶话会，慰问已故政协委员和知名人士的夫人，我也应邀参加。周伯母出现在大家面前的时候，受到大家的鼓掌欢迎，还未坐定，很多大姐走到邓颖超主席前面握手致意。在致辞时，周伯母首先说："今天看到各位很感高兴，同志们都很健康，越活越好……"然后说，"今天我是以两种身份来参加这个会的，一是作为已故政协委员周恩来的夫人，一是作为全国政协主席，同大家见面感到十分亲切，在这里祝大家身体健康、精神愉快、阖家快乐！""由于历史的原因，今天我们妇女仍面临破除封建思想残余的问题，我们中国妇女历来有自己的人格、能力、才华、理想、工作。在目前改革中，我们妇女应更新观念，并尽自己所能为社会主义事业贡献力量。"

1992 年 2 月，周伯母病中，我去医院看望她，想不到那是我与周伯母的最后一次见面。望着她那清瘦、疲倦的面容，我真不忍心打扰她，但周伯母却问这问那，还惦记着大弟妹的身体好了没有，当时她虽然被疾病折磨得很虚弱，但语调还是很亲切，笑容还是很慈祥，我望着这位一生都在忘我地关心他人的长者，眼睛湿润了。

我父母在世时，他们与周伯伯、周伯母时常有馈赠和酬答，父母去世后，周伯母对我也很关心，她曾派赵炜带了兰州百合看我，有一次还将日本友人送的一个吉祥物给了我。

在周伯母辞世后，赵炜按照周伯母的意思，将她的一些遗物送给我留作纪念，那是一套外国友人送的非常精美的人工编织餐具垫，是在薄如蝉翼的麻纱交织品上刺绣着各种图案的抽纱制品。我珍藏着这些纪念品，它们的珍贵不仅在于物品的名称，而更主要的是我时时从这些纪念品中感受到交织在这之中的关爱。

1948 年，张治中在兰州西北行辕主任任上。

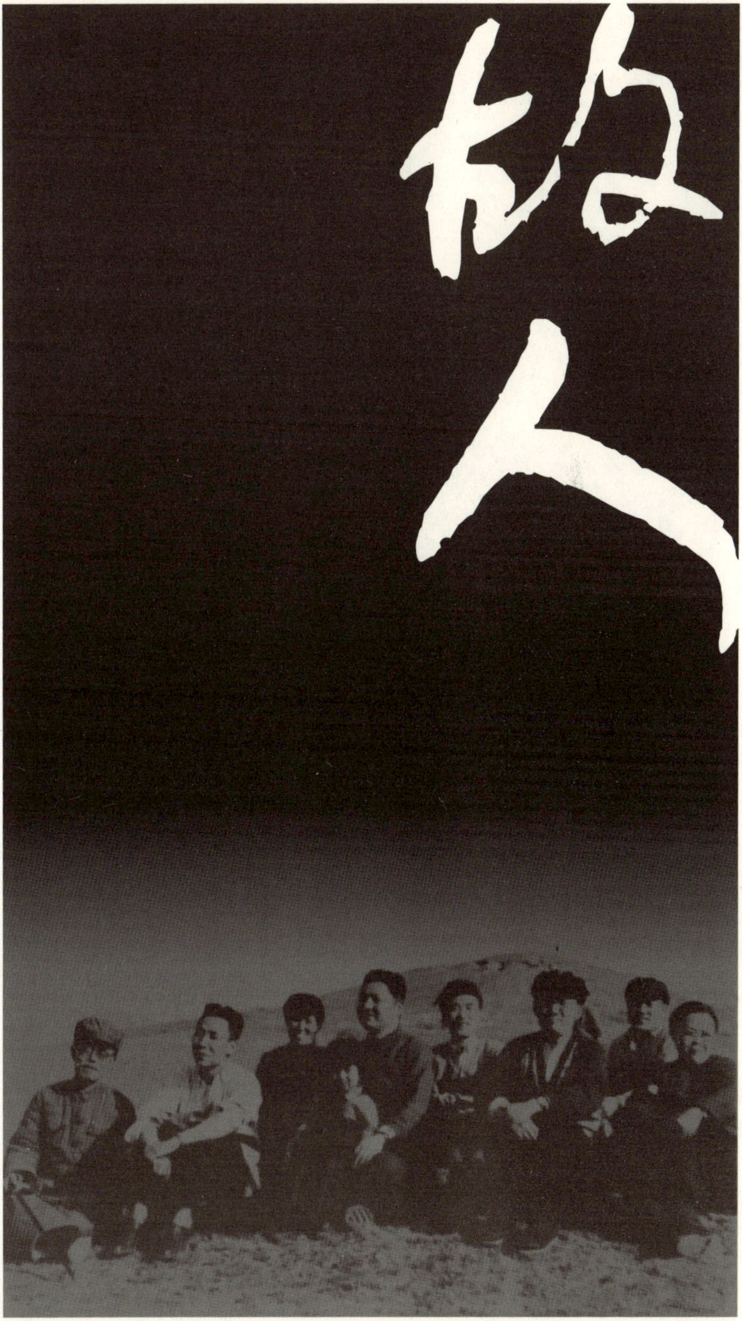
的人

张治中（左）与蒋介石。

1932 年，张治中（后）与蒋介石、
林森在一起。

1938年，武汉，中国战时儿童保育会正副理事长宋美龄、李德全同部分常务理事负责人合影。前排左起：赵一恒、吕晓道、陈纪彝、沈兹九、徐镜平、钱用和、陈晓云；中排左起：张蔼真、安娥、庄静、宋美龄、李德全、谢兰馨、杨崇瑞、吴贻芳；后排左起：孟庆树、刘清扬、唐国桢、沈慧莲、曹孟君、郭秀仪、史良、邓颖超。

20世纪30年代，张治中（前排左）与蒋介石等人合影。

抗战期间，张治中（右）与何应钦在重庆。

1949 年，张治中（右）到北平车站迎接邵力子前来参加政协第一届全体会议。

1950年，张治中夫妇（前排右一和右二）在陕西与贾拓夫（左二）、习仲勋（左四）、张稼夫（左五）、杨明轩（左一）等人合影。

在北京颐和园石船上，张治中（后排右二）、郑洞国（右四）、侯镜如（右二）、李嵩云（右三，侯镜如夫人）、唐生明（唐生智弟弟）、覃异之（后排右四）等人在一起。

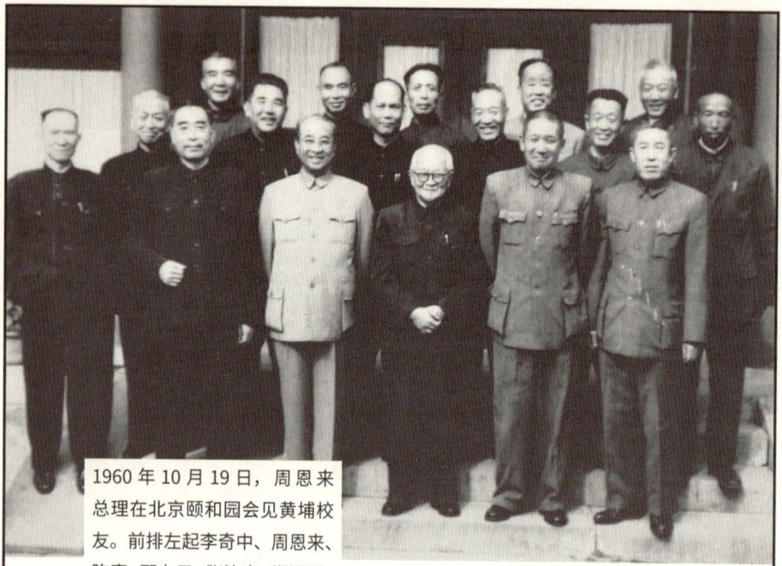

1960年10月19日，周恩来总理在北京颐和园会见黄埔校友。前排左起李奇中、周恩来、陈赓、邵力子、张治中、郑洞国。中排左起黄维、唐生明、覃异之、侯镜如、杜聿明、周振强。后排左起王耀武、杨伯涛、郑庭笈、周嘉彬、宋希濂。

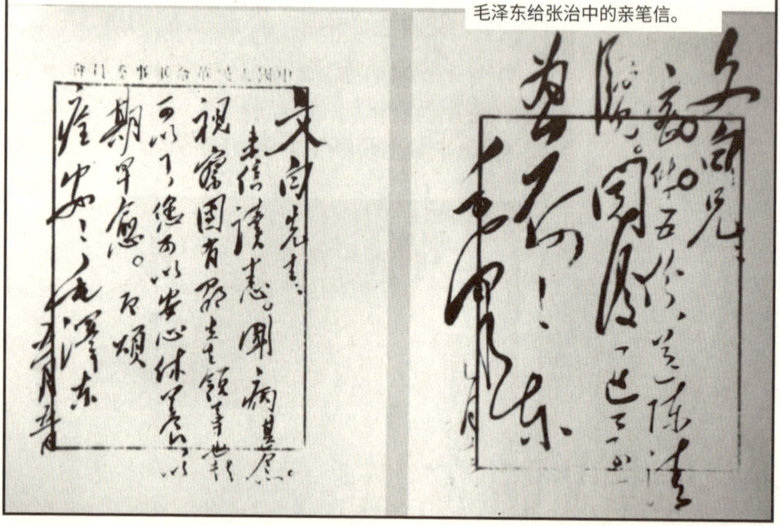

毛泽东给张治中的亲笔信。

张治中（后排右三）与家乡父老合影。

20世纪30年代，张治中在南京参加熊式辉女儿熊明惠与高荞苍的婚礼。前排右起：熊式辉、高荞苍、熊明惠、张治中；二排右起：刘峙、王世杰、何应钦。

20世纪40年代，张治中（右一）与友人在甘肃嘉峪关留影。

1962 年春节，周恩来与张治中（二排左一）、傅作义、屈武及家人合影。

黄埔军校校友及家属合影。前排右起李嵩云（侯镜如夫人）、张晓梅、徐来（唐生明夫人）、傅学文（邵力子夫人）、洪希厚、邓颖超、张素我、顾娴娟（郑洞国夫人）；二排右起：傅涯（陈赓夫人）、邵力子、张治中、郑洞国、陈赓、周恩来；三排右起：童小鹏、周振强、杜聿明、侯镜如、覃异之、唐生明、黄雍、屈武；四排右起：高登榜、宋希濂、罗青长、周嘉彬、郑庭笈、杨伯涛、王耀武、平杰三、李奇中。前面的男孩为张治中的孙子张皓霆。

1938年，左起：洪希厚、张治中、熊式辉、张学良、赵四、熊夫人和她的两个女儿。

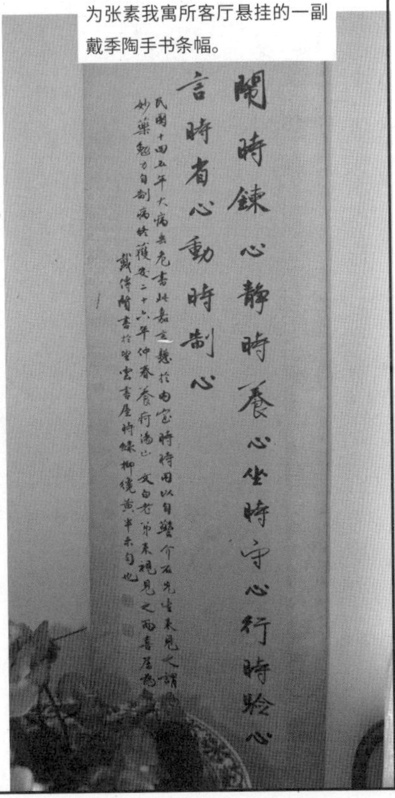

戴季陶与张治中私交不错。图为张素我寓所客厅悬挂的一副戴季陶手书条幅。

1947 年 10 月，张治中（右三）去台湾在中山公园孙中山遗像前留影。

第五章

蒋介石身边的谏臣：“台湾一定要解放”

父亲曾说过，在蒋介石面前肯说话和敢说话的人很少，而在军人当中，父亲算是最肯也是最敢说话的一个了。

从大革命时期到全国解放，父亲有两大箱原始资料，有的还是原始档案。1949年夏，父亲就授意机要秘书余湛邦为他写一本自传式的回忆录做准备，把他毕生经历的重大事件记述下来。

余秘书在刘孟纯、王次青等人的帮助下用了半年的时间，细细地阅读了一遍资料，分门别类地初步整理出个头绪。先写下一篇长达一万多字的《六十岁总结》，父亲毕生的亲身经历、政治主张、政治活动、思想倾向有了粗略的记录。

余秘书以它为蓝图，分出章节条目，逐一列出写作提纲，经父亲反复审阅，才正式动笔。从1949年至1960年，历时11年，三易其稿，字斟句酌，反复推敲，终于定稿。这一年，父亲正好满70岁，因而取名为《七十回忆录》。

1959年，周伯伯发起撰写文史资料活动，在全国政协成立专职机构，号召全国老人撰写回忆性资料。余湛邦将书稿送到全国政协文史资料研究委员会负责人申伯纯处。全国政协文史资料研究委员会经过多次反复研究并报中央统战部、中宣部审阅，但没有让出版。

父亲没办法，只好请文史研委会打印100多份，分送各有关方面提意见，并首先专送周伯伯夫妇一份，请他们审阅。周伯伯表示：希望书早出来，以先睹为快。

1978年后，这部书稿才送由全国政协编印出版，书名改为《张治中回忆录》。周伯母为书作序。

回首往事，如烟如云，但有两段话我却记得特别清晰，至今不忘。一段是毛泽东的话，一段是父亲的话。

1945年重庆谈判结束时，10月8日，父亲为毛泽东、周伯伯等举行大型欢送宴会，重庆文化、新闻、军政要人500多人出席，盛况空前。席间，毛泽东有一个简短讲话，他说："中国今天只有一条路，就是和，和为贵。其他一切打算都是错的。"他又说："困难是有的，现在有将来还会有的。但是中国人民是不怕困难的。"

另一段话是父亲所说的。1949年4月15日晚，国共和谈代表团在中南海勤政殿举行第二次会议，双方对《国内和平协定草案》的立场基本趋于一致。会后，周伯伯表态：我们面对中国人民，面对历史，应有很好交代。作为国民党和谈代表团首席代表，父亲也即席发表了感想。他说："我祝愿国共两党过去的一切芥蒂，一切误会，一切恩怨，永远结束。我们还是愿意重新团结合作，来共同担负复兴中华民族的重任。重新合作，这才是国家民族之福！"

这两段话应该是对过去历史的最好总结。现在中共提出"和平统一，一国两制"的方针和国共两党对等谈判的主张，得到了海内外越来越多的人的赞成。台湾当局应顺应这一历史潮流，以民族大义为重，为发展两岸交往、促进祖国统一多做些实事。以我的年龄来说，我是希望尽早看见祖国统一，而不是更晚。

父亲从 1924 年开始追随蒋介石，在长达 25 年的时间里，他除了在经济、军事等方面多次提出意见，更是为中共的问题、对苏联的问题与蒋介石有过争论。

他曾经说过，在蒋介石面前肯说话和敢说话的人很少，而在军人当中，我算是最肯也是最敢说话的一个了。

蒋介石喜欢兼职。抗战中期，一度兼了行政院长，后来四川地方派系闹纠纷，出了问题，蒋介石又要兼四川省主席。

父亲力言不可，说："第一，做得好，是应该的，做得不好，有损威信；第二，你是行政院长，又是省主席，主席决定的事要不要行政院长同意？自己指挥自己，不成体制；第三，中央人才多，物色一两个省主席，应不成问题。"

蒋介石说："因为没有人。"

父亲与陈布雷都认为不可，向其条陈利弊无效，他还是自兼四川省主席。蒋介石每次去成都，他和陈布雷都要随同，实在名不正，理不顺，以致闹到他和陈布雷要"同盟罢工"的地步。去了成都两次之后，蒋介石也意识到大家对他主川的态度，就辞掉了。

抗战时大后方交通业务庞杂重要，尤其是滇缅路通车后，缺少一个统一的领导机构，大家建议在军委会下设置一个交通运输统制局。主管人事部门请示局长人选时，蒋介石在签呈上写下"自兼"。

父亲见了不客气地签上一条："这个运输统制局，以最高统帅兼任，实在不成体制，可由何总长兼之。"

蒋介石无言以驳，批了一个大大的"可"字。

蒋介石性格急躁。一次外出，蒋介石见 4 个人坐一辆军用三轮车，其中一个是穿便服的，蒋介石命令：“把那个人抓来！”侍从副官奉命办了。蒋介石批示：“将那个搭三轮车的人枪毙！”副官将那张批示送给父亲看，问父亲怎么办。父亲说：“我负责任，把那张批示交给我吧。”父亲在蒋介石的批示后加上一批：“此人有无死罪，应交军法执行总监部依法审讯。”同时，他电告军法总监说：这不过是委员长一时动了气，非了不得的事，“关几天就够了。有什么事我负责任”。过了两天，宋美龄请父亲去，一见问他：“文白兄，听说委员长要枪毙一个人，这个人是遗族学校的学生，并没有犯罪呀！你想想办法，好吗？”父亲笑着把处理经过告诉了她，她欣然表示同意。

这些事情都是父亲担任侍从室第一处主任期间办的。侍从室有三个处：第一处主管军事机要，第二处主管党政，第三处主管人事，不少人说第一处的工作为重中之重。

父亲“既不愿站在国民党立场来反共，也不愿站在共产党立场来反蒋”，他至少四次上书蒋介石，为国共合作问题不惜大胆在蒋介石面前直言利弊。

我和张自忠将军的女儿张廉云很熟悉，我们父亲的名字很接近，经常被人弄错了。张自忠将军殉国后，抚恤的唁电就是父亲拟写的。前方电话打到侍从室，说：张自忠阵亡！父亲为了争取时间，稳定军心，替蒋介石拟了电稿，蒋介石只改了一两个字就签发出去了。

父亲“既不愿站在国民党立场来反共，也不愿站在共产党立场来反蒋”，他至少四次上书蒋介石，为国共合作问题不惜大胆在蒋介石面前直言利弊。

第一次上万言书是“皖南事变”爆发后的1941年3月2日。

父亲向蒋介石上万言书，痛陈对中共问题处理的失策，尤其是皖南事变是招致两党破裂的开始，关系甚大。他在万言书中建议：“为保持抗战之有利形势，应派定人员与共党会谈，以让步求得解决”，“若犹是听其拖延，其结果将对我无利而有害”。[1]

可惜，蒋介石并没有接受建议，一任问题之越拖越坏了。

第二次是父亲二到延安之后的1945年11月，重庆正在准备召开军事会议，为发动内战做准备。父亲在新疆再写万言书，通过郭寄峤带给蒋介石。父亲在信中力言对中共问题采取政治方式解决是独一无二的途径，反对重起内战。他在万言书中说：“我国经八年之长期抗战……民穷财尽，无日不在水深火热之中……倘战争再度爆发，必益增人民之痛苦，违反人民之愿望。”[2]

此后两党关系日益恶化，国民党军队对中共部队发动了全面进攻。1947年2月，父亲给蒋介石写了一封长信，详细分析政府威信之低落，其错误的根源是国民党不革命，不实行三民主义，请蒋介石务必改弦更张。

但父亲那时所做的一切努力都是徒劳的。张群当上了行政院长，竟无视对他“力谋恢复和平”的劝告，下了“戡乱”的命令。最严重的是南京政府勒令中共驻京办事处撤回延安。同年3月7日，董必武率办事处人员飞离南京，父亲和邵力子到机场送别，心情非常沉重。

---

1 张治中．张治中回忆录．华文出版社．2007：424.

2 张治中．张治中回忆录．华文出版社．2007：456.

第三次是在1948年5月5日，此前的5月1日蒋介石和李宗仁分别当选为总统、副总统。父亲在西安给蒋介石写了一封长信，认为当前大局已经到了最严重的阶段，提出补正之道是：执行亲苏政策、和共政策、农民政策，改革土地制度。

蒋介石对这封信很重视。5月12日，父亲就收到了蒋介石的回电。蒋介石在回电中说："来函与意见书今始详阅，应再加研究后另行电告。"[1]但是，此后蒋介石对此并无下文。

第四次是1949年参与北平和平谈判时，父亲给蒋介石写过长篇改革建议。这封信由屈武带回南京托吴忠信转交。此前，父亲在溪口劝蒋介石出国未成，在北平更是感到蒋介石留在国内是对和平的最大障碍，所以在万言书里痛陈利害。父亲后来回忆起自己最后一封万言书时说："不知蒋介石看后反应如何，事实已经说明他是不会接受的。"现摘录如下：

……默察大局前途，审慎判断，深觉吾人自身之政治经济腐败至于此极；尤其军队本身之内腐外溃，军心不固，士气不振，纪律不严，可谓已濒于总崩溃之前夕。同时在平十日以来所闻所见，共方蓬勃气象之盛，新兴力量之厚，莫不异口同声，无可否认。假如共方别无顾虑之因素，则殊无与我谈和之必要，而具有充分力量以彻底消灭我方。凡欲重振旗鼓为作最后之挣扎者，皆为缺乏自知不合现实之一种幻想！此非怯懦自卑之言，实由我方党政军内腐外溃之情形，积渐所致，由来已久，大势所趋，大错铸成。尤其既失之民心，今已不可

1　张治中 . 张治中回忆录 . 华文出版社 .2007：476–477.

复得。纵以钧座英明，亦万难将此腐朽集团重新提振有所作为也。倘吾人知彼知己，即以吾党北伐时期北洋军阀腐溃失败之经过事实而益可证明。职是之故，唯有钧座痛下决心，放下一切，毅然决然放下一切。能如是，则腐朽集团经受剧变之深刻刺激，唤起淘汰作用，产生新机，将来尚有重新提起之一日。而不然者，将使失败之中遭受更大更惨之失败，而无复再振再起之可言。此实从任何方面冷静观察，皆为必然之情势与现实，摆在吾人面前，显而易见，绝非夸大其词、危言耸听之意也！

前与吴礼卿先生到溪口时，曾就两个月来大局演变情形加以研究判断结果，认为无论和战，大局恐难免相当时期之混乱，而钧座虽引退故乡，仍难避免造成混乱之责任，此最大吃亏处，亦即最大失策处，唯有断然暂时出国，摆脱一切牵挂为最有利。当时亦曾面陈钧座，未蒙示可，谨再将其利害列述如下：

甲　出国之利

（一）不做反对者之攻击对象——反对者以“天下之恶皆归焉”之存心，任何问题如不能解决时，即认为钧座所操纵，所阻挠，横施攻击，无法剖白。

（二）对人民表示赞成和平，转移人民观感，以恢复人民之怀念与信仰。一年来国人怨声载道，对于钧座之信仰，可谓低落至无以复加，甚至认为钧座如不远离国门，不但为和平之障碍，亦为战争之障碍，且为美援之障碍，此种众怒难犯之严重压力，何必负担？故钧座为恢复信仰计，自以及时摆脱为宜。

（三）避免和谈失败之责任，与在和谈中提出有伤尊严之要求，并免将来遭遇进退两难之窘境——证以共党迩来之态度，可知如钧座仍留国内，则共方及反对者必将发动更大规模之攻击，极端难堪，殆无疑问。

（四）避免再负战争之责任。盖如和谈成功，则归功领袖下野出国所促成；即如再战，亦不负任何责任，而可引起军民之回忆，并可转变友邦之观点——今日之情势，如和谈成功，自是幸事；倘不幸而和谈失败，亦唯有将党政军大权，尤其军事上之全权，交与李、何[1]两同志负责，乃为最明智之做法。盖若继续战争，而钧座或在幕后或径出面指挥，则桂系必掉头而去，引起内部之分裂，危险孰甚，真毫无是处也。

（五）对党政军干部之麻木情绪、腐化生活及依赖心理，予以刺激，唤起觉悟，并恢复其对领袖之信仰——现时吾人所感失望者，厥为党政军人员之麻木情绪、腐化生活及依赖心理为主要因素，而尤使吾人最感失望者，乃为党政军一般干部对于领袖貌似恭顺，实则背后均多怨言，牢骚满腹，皆谓今日之失败，乃由钧座领导错误所招致，尤其黄埔系高级将领，多认为钧座之指挥方法太过陈旧，认为钧座以数十年前之陈旧方法指挥新的军事，太不合原则，必然失败。在此种生活与心理状况之下，焉有恢复信心挽回颓势之余地？故为钧座将来革命大业计，目前唯有放下一切，飘然远引，静观大家之如何作为、如何应付，使之重受刺激，从而引起觉悟，恢复对钧座之信仰。

（六）在个人方面，增强将来革命事业种种有利因素，如广益见闻，结交国际朋友等——钧座曩者虽曾留学日本、游历苏联，然而时代转变甚速，阅时既久，自有孤陋寡闻之感。尤其欧美方面由于科学与工业进步，一日千里，时代之转变益剧，新的事物与新的潮流有不

1 即李宗仁、何应钦。

可想象者，倘能在欧美做一番游历考察，广交游而益见闻，则对将来之事业将有极大之裨益，盖可断言。

乙　出国之害

（一）在国外安全问题不无顾虑，但可设法防范维护。

（二）军事力量顿失维系中心，但只需付托有人，似无可虑；且现在军队腐败已极，不足珍惜，何况今后领袖事业，只有恢复信仰，争取政治上领导之胜利，而不在能否保有若干军事力量为转移。

（三）党的领导，一时远离，不免更形涣散，但如能组成干部会议，亦可维持现状，何况本党早已解体，尚须彻底改造，始可复兴，然此非待大局明朗时莫办。

根据以上各项分析而言，钧座倘能毅然出国，将有百利而无一害，盖甚显然，甚愿钧座再作一切实周详之考虑而及时采取行动，且愈早愈好愈有利。

抑更有陈者，此次到平以来，所受刺激之大，非可言喻，真是万感交集。倘使三年以前，甚至去年六月在西安时钧座采纳职之建议，则绝不至有今日如是之惨败，职亦可免今日在北平写此一篇忍辱受气一言难尽之痛史也。职素以吾人应拥护领袖成功不应拥护领袖失败为言为志，倘今此建议仍不蒙钧座采纳，而仍听信拥护领袖失败者之言，留居国内，再起再战，则非至本党彻底消灭钧座亦彻底失败不止。今请再将往者一切失败经过作一检讨，昔日一切建议献策者孰是孰非，无不晓然，目前之情势，岂非铁的事实证明乎？[1]

1　张治中．张治中回忆录．华文出版社．2007：496–498.

父亲觉得，这才算“尽到作为一个故旧在道义上的责任”。

父亲与国民党有着长期的联系，加上他与蒋介石的特殊关系，使其在国民党内有较大的影响力和较高的声望。他是1949年后两岸对话的牵线人。多年来父亲耿耿在心的，就是祖国统一的问题。他曾为两岸统一做了大量工作。父亲病中一直念念不忘在台湾的老朋友和故旧。

从1949年到1965年，他付出了大量的时间和精力，参加对台广播、给台湾故旧去信，分析国际形势，介绍祖国建设，详陈利害得失，希望两岸统一，但他却无法看到这一天了。这对一生致力于祖国统一事业的父亲来说，是最大的遗憾。如今我们兄弟姐妹六人，还有父亲的孙辈，依然秉承父亲爱国爱家的精神，无论是加入民革，还是加入中共，还是无党派知识分子，无论我们在北京、在上海，还是在纽约、在洛杉矶，甚至去台湾，我们心怀父亲的遗愿，始终心系祖国统一、祖国昌盛的大业，贡献一己之心力。

据素初说，1950年初，父亲以到广州接返国的她为名，实际上负有特殊使命，乘船去某一个地方与国民党代表进行密谈。对方究竟是何人，已成了永久的谜。

不过，所谓的历史之谜在一纯看来，只是自己儿时的一场惊心动魄的往事。“周伯伯安排父亲，跟蒋经国、陈诚见面是在广东的一个小岛上。这个小岛在广东番禺，从番禺可以坐船过去。我们就住在岛上。这个岛叫什么名字，当时就不知道，我们是秘密过去的。”“有个重要情节是，我们住的是个两层楼，在夜里快两点钟的时候，叶剑英叶老帅说你们要赶快搬家，国民党特务已经知道你们住在这里了，赶紧离开这里。我们连夜就离开了那个地方。第二天果然被情报言中，国民党的飞机就把我们住的楼炸掉了。叶老帅救了我们。”[1]

这件事情我并不知道，当时我还在香港。需要指出的是，我们几个姐妹都没有前往广州。

据童小鹏回忆：

此次之行实是遵照周恩来总理的指示，率领由屈武、李俊龙、余湛邦等人员组成特别工作小组，通过香港的旧识友朋对逃台的国民党政要做劝说开导工作，达到促成两岸和平统一的目的。[2]

为何父亲会成为国共密派特使?

父亲早年一直受到蒋介石的信任与重用，在台湾的国民党政要和军事将领中，学生、部属和故交好友非常多。因此，他担负的一项重要任务，是以各种方式对昔日的故旧、部属、学生做一些开导、解释、说服的工作，以唤起他们的回归之心，完成祖国的完全统一。

1949 年以后，他与蒋介石、陈诚保持通信往来，直到“文革”。

父亲受周伯伯委托，在 1950 年 6 月初以个人名义给蒋介石写信，劝其放弃反共立场。此后朝鲜战争爆发，形势发生变化，争取蒋介石的计划暂停了下来。

抗美援朝战争后，父亲又特别选派老部属张樨琴专门负责两岸高层意见沟通，双方对此事均绝对保密。1954 年，蒋介石在高雄接见过他。初期的联系方式是通过游艇在公海上秘密进行，双方按照事先

1　周海滨 . 我们的父亲：国民党将领后人在大陆 . 华文出版社 .2011.93–94.

2　童小鹏 . 风雨四十年（第二部）. 中央文献出版社 .1996.

的约定交换信件物品。

1954 年，一则题为《告逃在台湾的人们》的对台广播在中央人民广播电台播出。父亲在广播里对在台的老友、部属、学生及其他旧政府的人员发话说："主动地尽自己一切可能靠拢祖国和祖国人民，"在此重要关头，"为国家、为人民、为自己和子孙着想，你们都应该听从我的忠告"。父亲的广播讲话，是大陆对台广播中较早的一篇原国民党高级官员的讲话。

英国《经济学家》曾评价："在台湾的许多中国国民党人，无疑觉得听听前国民党政治军事家张治中——他告诉他们，与人民在一起的生活是多么美好——的讲话，要比阅读最近国民党报纸或其他'谍报机关'所创造的消息更有兴趣一些。""所有流亡在台湾的人都希望返回大陆，现在他们愈来愈觉得复兴和恢复世界知名的最伟大的一个民族的任务，正在没有他们参加甚至受到他们损害的情况下进行着，因此，在国民党的讨伐性干涉主义后面的情绪，现在正在开始找到新的出路。"1955 年春节，父亲再次在中央人民广播电台作对海外侨胞的广播，对"反攻大陆"进行了驳斥。

1956 年，周伯伯代表中央人民政府宣布，争取用和平方式解决台湾问题。

就是在这一年，父亲公开表示：和平解决台湾问题是有可能的。他是在接受《团结报》记者采访时说这话的，他非常期待第三次国共合作。在同年 11 月 2 日，纪念孙中山先生 90 周年诞辰的文章中，父亲再次呼吁国共再次合作。他在对台广播中再次指出："过去国民党曾和共产党有过两度的合作，在历史上写下了光彩的一页，现在仍然存在第三次合作的可能。"

1957 年 1 月，父亲在广州接受香港《大公报》记者采访时表示，台湾是必然要回到祖国怀抱的，和平解决台湾问题的可能性正在增长，并具体分析了有利于和平解决台湾问题的各种因素。

2月，父亲出任民革和平解决台湾问题工作委员会主任。在3月召开的民革三届二中全会上，父亲再次在讲话中强调和平解决台湾问题的正确性，并指出这一方针顺应民心，已在海内外产生了很大影响，特别是台湾内部和华侨反响热烈。关于实现这一方针的条件，父亲分析后认为，和平解决台湾问题的道路会反复曲折，不会是直线，但仍然有实现这一方针的极大可能，民革更要认真研究台湾情况，打好基础，做好对台宣传，多讲道理，争取实现通信与交往，并配合政府做好其他工作。

1956年到1958年间，蒋介石派宋宜山和曹聚仁回大陆打探情况，父亲将二人引荐给毛泽东，并经常参加毛泽东、周伯伯等领导与二人的会谈，解释协调、介绍情况。毛泽东在会见曹聚仁时曾明确表示台湾回归后可以保存军队。在双方真诚的交流中，虽未形成统一方面实质的推进，但有效地实现了在关键的问题上的合作，使得两岸共同打破了美国分裂侵占台湾的图谋。

“你们离开祖国九年了，人寿几何，经得起几回沧桑巨变？”1958年10月，父亲在短文《台湾应主动抛弃美帝》中写道：“鸟倦且知还，人情谁不思乡？每当春风桃李花开日，秋雨梧桐叶落时，翘首北望，宁不神伤！你们回来吧！家人亲友在盼望你们，祖国人民在召唤你们！”

这才算“尽到作为一个故旧在道义上的责任”。他自己觉得。

1957年到1958年，父亲又在两次广播讲话中指出：“现在和平解决的可能性越来越大，方针是整个争取，以上层领导为争取对象。”

1958年12月，父亲在民革四大上再次重申争取和平解决台湾问题的方针的正确性，更加利用各种机会来进行对台工作。他认为以蒋介石为对象，争取和平解决台湾问题是完全英明、正确的。此后，他利用各种机会，做演讲、发表文章、做广播讲话，呼吁台湾当局“爱国一家”，“争取通过和平途径，早日回到祖国的怀抱来”。

1959年国庆十周年时，父亲再次敦促台湾方面“有爱国思想的中国人到大陆上来看看”，特别指出“辞修[1]、经国或亲来，或派人来，我想你们也一定会把成见与偏见丢开而额手称庆的”。“恳切希望你们团结一致，统一领导，毅然决然，争取通过和平途径，早日回到祖国的怀抱来。”

但是，三年自然灾害后这项工作被迫中止下来。

1960年春，台湾进行“总统”改选，毛泽东说，台湾宁可放在蒋氏父子手里，也不可落到美国人手中，对蒋介石我们可以等待，解决台湾问题的任务不一定要我们这一代完成，可以留给下一代去办，现在要蒋过来也有困难，逐步地创造条件，一旦时机成熟就好办了。当蒋介石想连任总统时，毛泽东、周伯伯派人捎过话去，表示支持蒋介石，赞成他连任总统。为了继续维持海峡两岸之间的联系与对话，并把中共领导人对台湾问题的新意图传递到海峡对岸，父亲义不容辞地成为传递信息的关键人物。

父亲在民革中央座谈和平解决台湾问题和毛泽东、周伯伯让他给蒋介石捎信赞成蒋连任总统时，曾有这样一段话：“现在台湾掌握权力的是蒋介石、陈诚、蒋经国这三个人。如果把他们三个人比作一个等边三角形的话，蒋这一角在上，蒋经国和陈诚两角在下，都是蒋领导的，而陈诚和蒋经国又有矛盾。但是我们已经表示过了，希望他

1　即陈诚。

们内部团结，一致反对帝国主义，不要互相摩擦斗争，以致中了美国人的诡计。这一点他们是知道的。”“我们还要看到一点，就是陈诚、蒋经国两人无论怎样都不能脱离蒋的领导。”

1961 年 8 月，美国试图通过邀请陈诚访美，打破蒋氏父子和陈诚之间的团结局面，实现分裂中国的图谋。在陈诚访美时，美国国务卿把 1955 年以来中美大使级谈判的记录给他看，幻想以此进行拉拢。陈诚看后对人说：“中共拒绝美国的一切建议，而坚持把美舰队及武装力量退出台湾的做法，不受奸诈，不图近利，是泱泱大国的风度。”陈诚还表示他们也要向历史做交代。

由于陈诚思想的转变，中共中央决定加紧争取台湾的工作，由父亲致信陈诚、蒋介石、蒋经国，阐述台湾的处境和前途。信中将台湾对美的关系和台湾对大陆的关系进行了对比，说明今日反台者并非中共，实为美国，而支持台湾者并非美国，实为中共。中共这样做是为了维护国家主权与领土完整的不可侵犯性，对台政策是毛泽东提出并由周伯伯归纳的“一纲四目”。一纲是台湾回归祖国，其他一切问题均尊重蒋介石与陈诚意见妥善处理。四目主要是：台湾统一于祖国后，除外交必须统一于中央外，台湾的军政大权、人事安排等悉委于蒋介石；台湾所有军政及经济建设一切费用不足之数，悉由中央拨（当时台湾每年有 8 亿美元的赤字，毛泽东表示，8 亿美元我们可以给）；台湾的社会改革可以从缓，必俟条件成熟并尊重蒋介石的意见，协商决定后进行；双方互约不派遣特务，不做破坏对方团结之举。

周伯伯比较赞赏陈诚的民族感情，请父亲捎信，提醒陈诚与蒋氏父子团结，即蒋氏父子和陈诚之间的团结，把军队抓在手里，美国就不敢轻举妄动了；并多次请有关人士向他表示：两岸的团结统一工作要认真地做下去，台湾如果有朝一日回归祖国，我们仍然坚持以前所谈的“一纲四目”原则……我们希望在我们这辈子看到中国的完全统一，不过我们并不想包办革命的事业，可以留给后一辈去完成的，只要他们一天能守住台湾不使它从中国分裂出去，那么我们就不改变目前对他们的关系。希望他们不要过这个界限，我们是不会动的，可以耐心等待，直到他们在有利时机归还祖国，实现第三次国共合作。周伯伯特别请人转告台湾方面：张治中、傅作义的信虽是个人给朋友写的，但是得到了政府的支持。

有一次，周伯伯看过父亲写给蒋介石的信后，归纳了四句诗加在上面：“局促东隅，三位一体，寥廓海天，不归何待。”这些工作对台湾当局深有影响，他们曾明确表示：“只要一息尚存，决不会接受‘两个中国’。”

据童小鹏回忆：

1962年，周恩来邀请张治中、傅作义、屈武等在钓鱼台吃饭。席间谈到台湾问题，周恩来希望他们写信给台湾当局，告诉他们不要轻举妄动。后来，屈武给于右任写了信，张治中、傅作义给蒋经国和陈诚等人分别写了信，转达了周恩来的意思。1963年初，周恩来请张治中、傅作义致信陈诚，阐明台湾的处境与前途，说明今日反台者并非中共实为美国，而支持台湾者并非美国实为中共。中共这样做是为了维护国家主权与领土完整之不可侵犯性。谈到对台湾的政策时，信中除重述过去对台湾回归祖国后的建议外，还对这些建议作了更具体的说明。[1]

---

1 童小鹏 . 风雨四十年（第二部）. 中央文献出版社 .1996.

陈诚辞职后，周伯伯和父亲分析这不外三个原因：美国压力、内部矛盾或真的生病，说“不管台湾形势如何，我们的政策是要老小合作”。

后来，周伯伯出访非洲 14 国期间，绕道广东，会见准备去台的有关人士，希望转告陈诚及台湾当局，美国正采取更多的阴谋活动，要把台湾从祖国分离出去，而国共两党可以在反对“两个中国”前提下形成统一战线，我们不会因自己强大而不理台湾，也不会因有困难而拿原则做交易。

1965 年 3 月，陈诚病逝前曾捎信给周伯伯和父亲，要他们相信他的人格，他不会违背民族大义。同时他还向蒋介石建言不能为外国动用台湾兵力，不能信任美国等。陈诚在遗言中，既没有提“反共”，也没有提“反攻”。

周伯伯将这一切都归于四五年来与台湾交流沟通协商的结果，也是对父亲对台工作的高度肯定。

“文革”爆发以后，这项工作再次被迫中止。

父亲曾说：“台湾一定要解放。至于怎么解放，何时解放，且待将来的事实来证明吧。”[1]

1969 年父亲去世之前，除了口授政治遗嘱外，还念念不忘“对台工作希望大家继续做下去”。他在病逝前仍挂念台湾的回归和祖国的统一大业：“我再不能为促使台湾回归祖国而尽力了。解放后十七八年来，我所念念不忘的是台湾这一片祖国的神圣领土，在这段漫长的时间里，我曾在毛泽东、周恩来的直接领导下做了好些工作，

1　张治中．解放十年来点滴活动．中国人民政治协商会议全国委员会文史资料研究委员会 1963 年 3 月印：152–192.

付出许多心血，事终未成，问心无愧。当然，台湾是迟早一定要回归祖国的，是任何反动力量所不能阻挡的。”

父亲有很多的学生在那边，很多的老朋友在那边。所以最后他最大的愿望就是台湾回到祖国的怀抱，那他就放心了。他去世时有这样的一个遗憾，就是这个事情还没做到，他声音很虚弱地说：“这一天我看不到了！”如果那个时候蒋家还有人在，比如蒋经国在、蒋纬国在，也许还能够恢复跟大陆联系，因为我们都是同宗同文。

在美国，素久不忘促进和平统一。2004 年初，针对陈水扁等“台独”势力搞的一系列诸如“320 公投”等“台独”活动，素久发起并建立了“为了一个中国”的网站，号召全美华人华侨积极签名，短短几天里就有两万多华人签名，他们将所有签名打印出来寄给美国国会参众两院亲台的 15 名议员，表达反对他们支持陈水扁的正义态度。

我都活了这么大岁数了，能够看到我们的祖国富强起来，人民都过着好日子，在外国人的面前能够感到自己作为一个中国人的自豪，这是我感到欣慰的，如果在有生之年看到祖国的完全统一，那就没有什么可遗憾的了。

民国人物，我最念宋美龄。

宋美龄身跨三个世纪，是近代中国最有影响的女性之一，也是我非常崇敬的长者。有学者总结宋美龄一生，说她在和平解决西安事变、为抗战胜利争取外援、亲上前线鼓舞士兵、推动中国航空发展、坚持反对“两个中国”五件大事上为中国人民做出了贡献，我以为这是不全面的。

我从自己与她的交往中深知，她为中国的妇女和儿童事业做出了杰出的贡献。一个民族，妇女是它的半边天，儿童是它的未来。当国家和民族遭受外来侵略，面临危机时，组织动员妇女参加抗战，保护民族的幼苗——儿童，是民族自救的根本。对此，她的博爱和远见卓识，是我们永志不忘的。

我是在1937年认识蒋介石夫人宋美龄的。那年上半年，我还在英国读书，夏天中国的抗日战争全面爆发，因父亲的召唤，我中止了学业，回国投身抗战。我还没有毕业，父亲就发了多封电报要我回国。他说，中国已经到了生死存亡的紧要关头，你要迅速回国投入抗日救亡运动当中去。

我当时想，我怎么也得读完我的学士学位再回来。可是父亲一定让我中断学业，回来参加抗战。

我一回国就听母亲说，宋美龄8月1日召集国民党要员的女眷们在南京成立了中国妇女慰劳自卫抗战将士总会，通过了《全国妇女参加抗战工作计划纲领》，我感到特别振奋。记得当时报上登载她在会上讲的这样一段话："这将是一场消耗持久战，大多数人对迫在眉睫的战争规模和意义还不甚清楚。国家领导人在指挥作战的时候，在座的妇女应该教育她们的姊妹们什么是爱国主义的原则以及卫生和耕田的重要性。"我对她的政治远见深为敬佩，为全国妇女有这样一位领袖而高兴。

还是在这个8月的一天，宋美龄邀我去总统府面谈，我一见到她就喊"蒋伯母"，她待人和蔼，我们家孩子都喊她"蒋伯母"。虽然当时她已经40岁了，但是很年轻很漂亮。她见到我就说："素我，你回来就好！"然后又谈了些抗战的事情，具体谈的什么我不记得了。

1938年3月，宋美龄、沈钧儒、郭沫若、李德全、邓颖超、郭秀仪等20余人联名倡议成立中国战时儿童保育会。母亲洪希厚是农村妇女，原先不识字，在父亲的熏陶下懂得了许多道理，但不善言谈交际。她要我代表她去开会，因此也成了发起人之一。会长由宋美龄担任，邓颖超、史良、沈兹九、安娥等担任理事会常委。后来邓颖超、李德全又担任了副会长。

保育会总会设在汉口，总会下属24个保育分会场、60多所保育院，分布在全国凡有难童的省市与地区。由宋美龄担任会长的保育会将很多儿童从战区抢救到了后方，并通过募捐、筹款、办保育院等形式救济和抚养难童，仅重庆就有十多个保育院，前后收容和保育了3万多儿童。通过这种抢救和保育儿童的工作，不但患难中的儿童又有了自己的新家，正在前方杀敌的将士心有所定，而且调动了数百万妇女为抗战贡献绵薄之力的主动性，加深了各界妇女之间的感情。

早在1928年，宋庆龄、宋美龄就在南京创办了国民党军队遗族学校，专门招收为国捐躯的先烈后代。富有政治家眼光的宋美龄深知，只为孩子们提供衣食是不够的，她倾注了大量心血，采用了许多新式的方法和教材教育孩子们。抗战开始后，遗族学校分散搬迁，宋美龄要求交通部优先安排船只，将遗族学校学生疏散到后方继续学习。我有两个表妹就是遗族学校的学生。在遗族学校，学生称呼她为“妈妈”。

我参加了1988年在全国妇联倡导下举行的战时儿童保育会50周年纪念大会，规模很大，再次看到了国内的原保育生们，很有感慨。这些当年的苦孩子们在战火的磨炼中成长，陆续成才，无论在国内还是在国外，此后的几十年，都为祖国做出了贡献。当时的两三万名保育生的足迹已经遍布港澳台和国外各地。

2003年9月18日，老保育员和当年的难童共聚一堂，纪念战时儿童保育会成立65周年。我因腿伤，没能参加。

在北京的保育生发起每年举行一次聚会缅怀宋美龄。2004年和2005年两次组团经香港、泰国赴台北参加联谊活动。他们回来时带来近百张照片并制作DVD盘给我看了。两次都是由辜振甫夫人接待的，场面很热闹。2006年的联谊会于九一八这天在南京举行，既是六朝古都又是民国时期的首都，是个聚会的好地方，700多人参加了聚会。

据统计，抗战时期参加过抢救、保育工作的人成千上万，大多为女性，且绝大部分是20岁上下的年轻人，当中又数知识分子最多。她们不图报酬，甘做奉献，付出了极大的牺牲乃至生命的代价，为祖国保护和培养了一代新人。而当年的苦孩子们在抗战结束后走出保育院，有的升入高一级学校深造，有的参加工作，各自走上人生之路，成为中华民族的有用之材。聚会时，无论是当年的保育员还是当年的难童，都已是耄耋之年的老人了。他们都忘不了当年，忘不了宋美龄。有些人还到美国宋美龄的家中为她的百龄祝寿。

2008年4月15日，全国妇联筹办了战时儿童保育会70周年纪念大会，100余名老保育生在北京参加大会，我也应邀参加并发言。9月18日，保育生约400人组织去延安聚会，我因为年纪大了，没有参加。

1938年5月，我又参加了由宋美龄组织召开的庐山妇女谈话会，这是一次全国性的妇女会议，有全国各阶级、阶层的妇女领袖50多人，其中有中国共产党代表邓颖超、孟庆树。为进一步推动妇女界参加抗战，会后成立了全国统一的妇女组织——中国妇女指导委员会。委员会下设九个部门：总务部、训练部、宣传部、生活部、生产部、战争救济部、战争地区服务团、难民儿童委员会、协调委员会，宋美龄担任指导长，我在妇女指导委员会里担任训练组大队长，我在其麾下进行救助妇女、儿童工作。我们的具体工作有援助孤儿和受伤的难民、宣传抗战、鼓励生产、慰劳前方将士、教育农村妇女。妇女指导委员会还举办了妇女干部培训班。

宋美龄常亲自到课堂去演说，她亲切、诚恳地鼓励年轻妇女，走出小屋，投入抗战。在她的领导下，年轻的女性，特别是知识女性纷纷行动起来。宋庆龄曾赞叹：宋美龄将中产阶级的代表大家闺秀们转变成年轻的文明战士。

作为当时中国的第一夫人，宋美龄是出色的。为了鼓励将士们，宋美龄冒着枪林弹雨，多次到前线。武汉会战前后，湖南各医院住满了从前线下来的伤兵。父亲当时任湖南省政府主席，因此，宋美龄到湖南各医院慰问伤兵就由我陪同。她不但带去了最急需的武器弹药和补给，还带去了蒋介石的亲笔信和自己对将士们的真情。在慰问淞沪抗战前线时，宋美龄的肋骨折断了几根，但仍坚持视察伤员；在慰问武汉保卫战前线时，宋美龄五次遇险，将士们非常担心她的安危，而宋美龄却在阵前说："这是中华民族的生死存亡之战，我正该上火线。"

1940 年我同周嘉彬在重庆结婚，蒋伯母送给我一张红色条幅，上面是她亲自用毛笔所写的四个楷体字：宜尔室家。同时送的还有红皮包、衣料和手表。最有意思的是，1947 年在南京，我去她府上，她还特地叫厨师给我做了一个大蛋糕。那时我已 30 多岁，可在她眼中我还是个孩子。

蒋伯母给我的东西早已不见踪迹了，但我一直珍藏的还有一本她用英文写的战时文集《蒋介石夫人在战争及和平时文电》。在这本书的扉页上，她用毛笔竖写了“素我妹妹惠存，蒋宋美龄 汉口二十七·九·十五”。这本书集录着抗战期间，宋美龄通过通讯社向全世界揭露日军的暴行，批评西方国家对日本的纵容政策，同时展示中国将士英勇抵抗的决心，争取美国朝野对中国的支援和同情的广播讲话、信件、报道和其他文章摘选。从这本书中可以略见抗战中她对外宣传、交往之一斑。

“文革”期间，这本书在抄家时，不知道被哪一批人抄走了。1980年，我的大女儿周元敏在工作单位人民日报社回到家对我说：刚刚回国的驻美记者张允文发现一本宋美龄写的英文书，上面有宋美龄赠送你的亲笔签名，1979年6月1日由人民日报图书资料室收藏。已经沉入大海的失物重又现身，我十分高兴，忙对女儿说：“不论花费多大的代价，也要把这本书讨回来。”周元敏将此书的原委告诉人民日报社领导。1981年，这本书重新回到我身边。原本鲜亮的封面绸布暗淡了，书名脱落了，装订线磨断了，书脊松动了，但我还是爱之如宝贝一样。2007年，我将这本书捐赠给了中国妇女儿童博物馆，在捐赠前，我将每篇文章题目翻译成中文。

在南京时，蒋伯母在一次对美广播讲话中说道：“美国的朋友，祝你们早安。我只用几分钟的时间讲这段话，是要请一切爱好自由的人们知道中国应该立刻得到正义的援助，这是中国的权利。诸位，你们在无线电中，或许可以听到大炮的声音，但是这里受伤者苦痛的叫喊，以及垂死者弥留的呻吟，我虽希望你们能想象得到，但是听不见的。”

她的广播讲话很有感染力。蒋伯母在美国用流利的英语在各大城市进行演说，就更为出色。她聪慧灵敏，辩才出众，获得美国民众的种种好评。特别是在美国国会的一次演讲，宋美龄落落大方，仪态从容，时而侃侃而谈，时而激昂愤慨，一直掌握着听众的情绪，赢得国会议员热烈的掌声，一时佳评如潮。演讲结束时，罗斯福总统夫人把蒋伯母拥入怀中，喜不自胜，并当场赞誉她是中国女性在美国国会讲台上发表演讲的第一人。

蒋伯母因通晓国际政治，特别是对美国政治、文化的了解，影响了蒋介石在外交政策上的决策，也影响了美国的对华政策。

抗战胜利之后，我一直没能再见到蒋伯母，那时候我在西安、兰州，宋美龄在南京。

1980 年，我去纽约探亲，同时想去探望蒋伯母，于是我就找到了蒋伯母的外甥女，我在南京金陵女子文理学院读书时的同学孔令仪。孔令仪与我同岁，都是 1915 年出生，她被人称为“孔大小姐”。孔祥熙与宋霭龄共有四个孩子，孔令仪最受宠爱。

我到她家里去探望她，大家以前的关系都很好，所以见了面嘘寒问暖，非常高兴。

我说：“我想去见见蒋伯母。”

孔令仪就问：“你还回国吗？”

我非常肯定地回答：“当然了，我现在还在教书呢。”

没有想到的是，这句话让我失去了与蒋伯母见面的机会。我当时在对外经济贸易大学教书，肯定要回去的。没有想到，政治上的因素仍然是我与蒋伯母见面的一大障碍。

从那年开始，我几乎每年都要给孔令仪寄去一张贺卡，并托她向蒋伯母表示问候，但是却从来没有得到任何的回音。

1990年，我第二次到美国探亲，又找到了孔令仪。可当我又一次提出想见蒋伯母一面时，孔令仪面露为难之色，她告诉我，蒋夫人有皮肤病等若干病症，不方便见人。

1999年1月21日，我给孔令仪去信一封。

亲爱的令仪老友：

时序如流，自1990年秋趋府拜访瞬已八载，我们都已进入80岁了，我们的友谊已超过半个世纪。1980年我赴美探亲也见了一面，每次都受到你的款待，深情厚意永志不忘。贤伉俪近来身体想必很好？颇为惦念！

闻蒋夫人伯母已移居Manhattan，你可就近照顾她老人家，真是幸事。夫人已逾百岁高寿，福星高照令全世界生辉。夫人伯母的修养是我们后辈们学习的榜样，我时刻想念着她：1938年在湖南陪她去慰问伤兵，并参加她组织召开的庐山妇女谈话会；1939年在妇女指导委员会和夫人领导下工作，时常聆听教诲；1940年我结婚，时承夫人亲笔书写的“宜尔室家”红色条幅及礼品……1947年秋，蒙夫人在南京接见并特命厨师为我做了一块蛋糕……至今犹历历在目，我还珍藏着一本夫人用英文写的战时文集，扉页上有夫人的签字，每念及往事，感触甚多。

1998年初，在纽约市居住的舍妹托人带来一本原遗族学校学生为夫人庆贺百年华诞的画册，我如获至宝，将永远珍藏。又看到友人带回一本很精致的《蒋夫人》，内容是图片及蒋夫人的字画，精美高雅无比。

在抗日战争中，夫人伯母为国家做了很多贡献，成立的战时儿童保育会，如今在大陆、台湾及世界各地仍有许多当年的保育生在工作。

他们组织了联谊会，出版刊物，互相联系。最近，在保育会成立六十周年之际，北京《中国妇女报》刊出一篇文章，内有多处提及夫人，我感到欣慰，想夫人伯母见此亦会感到愉快。

因年老体弱，我以后可能没有机会再远涉重洋去探亲了，盼给一回音，谢谢。

素我

1999年1月21日

这封信，孔令仪没有回音。

2003年10月24日，我在家里接到几个电话，他们说蒋伯母去世了。跨越3个世纪的蒋伯母在美国纽约长岛的家中逝世，虽然享年106岁，但是我还是沉浸在悲痛中。我到电报局想给蒋伯母遗属发一封电报，但是价格太贵了，我只好放弃，于是我找到了孔令仪20多年前留给我的一个电话号码，没想到拨通了。我遗憾的是，54年来，我没能再见蒋伯母一面。

我印象中的蒋伯母是一个非常爱国的人。虽然她是一个虔诚的基督教徒，受的也是西方的教育，但是，她对中国的传统文化非常精通，书法、绘画样样在行。不管走到哪里，她都是一身传统的中式服装。她优雅的气质、美丽的容貌、流畅而悦耳的英语讲话以及永远着中式服装的身影，都深深地印在了我的记忆中。她出生在东方、在中国，但从小就在西方、在美国上学，她在文化、思想和理念上接近了世界上较先进的教育；她出身于中国近代有名望和财富的宋氏家族，嫁给了民国最有权力的蒋介石，在中国的历史舞台上扮演了举足轻重的角色。

孔令仪没有子女，她于2008年去世。我听在美国的朋友，也是遗族学校的学生说，她身后草草就葬了，我很难过。想起 70 多年前我们同在南京金陵女子大学的同窗情谊，想起分别多年后她在美国两次盛情招待我，我真的很难过。

第六章

三访张学良：“我们对不起汉卿”

父亲想去新竹市井上温泉探望张学良，台湾警备司令不敢答应，父亲表示："一切由我负责。"

1947年10月20日至11月1日，父亲带我们到台湾休假。台湾警备司令彭孟缉先生是父亲当年的学生，父亲向他提出去新竹市井上温泉探望张学良的要求。彭司令不敢答应。父亲表示"一切由我负责"后，彭司令才勉强同意。

这是抗战胜利后，我最高兴、最感愉快的一件事。我最爱旅行，凡国内名城和名胜大都曾涉足，这次能到光复后的台湾做十日之游，这次旅行也永远地记在我的心里。游台期间，我写下了日记，回到兰州后在《和平日报》刊登。现可择要叙述如下：

10月20日

台湾地区在我的想象中是多么遥远的地方！往年谁会梦想到台湾去！没有看地图以前，我以为台湾离南京较新疆离南京远得多；事实上，从上海到基隆乘轮船只要42小时。

有人向父亲建议乘飞机来，坐船回上海，这样可以多带点台湾的土产，但我们仍然决定乘船去。自海外归来后，我有十年多没有见过海，这次能乘船饱览海景该是多么愉快的事！遗憾的是，二妹、五妹及二弟都在上学，三妹又远在美国，不能参加这次旅行，要不然整个的舱面都被我们所占据了。

我万万没有想到当时有那样舒适的船位。一真大弟夫妇1946年圣诞前夕自美返抵上海市，所乘美国总统轮船公司的“戈登将军号”还是16个人住在一个大统舱里：这可苦了有孩子的太太们，她们的先生们另住一舱，一切照护孩子的苦差事都堆在她们的身上。钱妩妹那时带着一岁半的家华侄且又怀了孕，加之晕船，真是难受万分！谁会料到现在中国轮船的设备会这样好。

这“中兴”轮是中兴轮船公司的第一只船，特等舱每个小房间有上下两个小钢丝铺，桌椅、挂衣架、小洗手间一应俱全，舱门朝两面开，一面开向过道，一面开向甲板，出入非常方便。船的另一端是公共起居室、客厅及饭厅。客厅布置很讲究，有沙发、窗帘、各种花草，还有一架钢琴，可惜有几个键不发音了。餐厅在底下一层，相当大，像布棋子一样摆了许多小圆桌，每张桌上都铺了白底蓝格的台布，既整齐又美观。

我们是今天下午3时上船的，一阵铃声将送客的人催下船后，“中兴”即于4时启碇，在黄浦江中徐徐前进，我们坐在甲板上欣赏两岸的景色。下午的阳光特别好，望着蔚蓝的天，使人心旷神怡。我们不知不觉中发现江面越来越宽起来。船走出吴淞口后，这时看见的就是海。碧波荡漾、风平浪静，但渐渐地离岸远了，再过一会儿，四顾茫茫，什么也看不见了。6点钟晚餐时，船开始摆动起来，我不知怎么的，看见菜就饱了，父亲和母亲的胃口也不太好。我们将牛排都送给妩妹吃，大概一共有5块，她真的津津有味地吃下去。一真的食量还不差，但远不如妩妹。

晚餐后天渐渐地黑了，天边出现一弯明月，照在海面上闪闪发光。我倚栏看了许久，不觉已是9点钟，于是进舱准备就寝。

10月21日

今天船整天在大海中破浪前进，摆动得相当厉害。早餐我们和母亲竟一点也没有吃。中午，餐厅里特别为我们准备了中餐，我跟着母亲勉强下去吃了一点。一真弟最有意思，他说愈觉难受就愈该多吃，将胃塞得饱饱的就不难受了。妩妹去冬返国时，晕船晕得厉害，这次居然能大吃而特吃，我很羡慕他们的口福。

父亲睡了一整天未起床，一方面想趁机多休息休息，一方面为了防止晕船作呕。

大概是离海岸不远了，下午3时起，海面上出现了许多帆船，到太阳西下时愈来愈多，远看就像是无数海鸥，夕阳照在它们的翅膀上，反射出金色的光芒。

忽然，我们的船从几只帆船中穿过，我才知道那些尽是渔船。听说不分昼夜，不管浪涛如何的大，渔夫们照常撑着他们的船在海里工作，吃这一行饭的人可真不容易。

10月22日

大概是夜里三四点钟的光景，船的机器声慢慢地小了，我忽然被人声惊醒，从上铺望出去，果然看见对岸有灯光，真的进基隆港了。但不知怎么的，我又蒙眬地睡了过去。不久一阵敲门声："快到了，有许多人要上船来接。”我连忙起床梳洗完毕，帮母亲整理了一些零碎东西，船就靠岸了。那时父亲早已在甲板上和来欢迎的各位官员握手寒暄。

下船时我的表是7点整。基隆港码头的设备太好了，从特等舱面的一边搭了一块跳板，就到码头的上层了。我们一直走出来，经过一个水泥做的长廊，下了几十级阶梯就到码头的出口，那里停了几部小轿车供我们乘用。

基隆市面积不大，但有许多高大的建筑物，使整个市容显得那么美丽。间或看见几个小学生背着书包上学去；他们赤着脚，戴着草帽，蹦蹦跳跳的，好不高兴！

8点钟到达台北市，最先入我们眼帘的是高大的房屋和宽敞而整齐的街道、柏油马路，两旁满植棕树。这儿已不见美国飞机在战时轰炸的痕迹。但不久穿过背街就看见一所饱受炸弹轰炸的巨大建筑，仍然狼狈不堪，轮廓犹在。一问才知道是日人统治时代的总督府。现在外面放了许多砖瓦，好像在准备大兴修筑。

几分钟后就到了延平南路，车子立刻开进一个黑色的大门内，这就是台湾地区政府为我们准备的住处。这是一所西式房子，楼下有一个客厅和一个饭厅，楼上仅两间卧室和一个书房。

据说这所房子原先的主人是一个日本医生和他的德籍太太，台湾光复后，给陈公洽做了官邸，待魏主席在台时即作为主席公馆，但魏主席现却住在台北宾馆（前总督官舍），这里仅作招待宾客之用。

我们稍事休息时，父亲却接见了许多客人。9点半钟了，我们都喊饿，可是这所招待所的早餐还没有预备好。台湾全省警备司令彭孟缉先生、副司令钮先铭先生和师管区司令刘司令仲荻就说有一个地方可以吃小笼包子，于是全体出发去吃早餐。真想不到台北还有这样好的江南点心：小笼包子、台干菜和鸡丝面。

饭后我们去参观台北市博物馆，在这里使我丰富了不少知识，至少对台湾地区的历史、地理、矿产、林产、动植物、人种及其他有一个概括的认识。我觉得如果到一个陌生的地方，想了解该地各方情形，最好的办法就是先去参观博物馆，可惜在内地这种设备很少。记得英国除伦敦博物馆外，每个城市都有一个小的陈列馆，凡是有关于该城历史的一纸一片莫不一一收罗，以供人民参考。我国有这样悠久的历史，如果把一个朝代的文物有系统地陈列在全国性的博物馆里，让人民随时浏览，同时让研究历史的人多有学习的根据，那是多么有价值！

从博物馆出来，看见左边有一个门通到公园，我们就顺便走进去。里面栽植着椰子或棕树。最靠近博物馆的一边有一个长形的荷花池，中间跨过一道小桥，池边还有两三株垂柳，池面上浮着一朵朵红色的莲花，艳丽极了。在内地就没看见过这类植物。

中午应黄议长邀宴于新生活俱乐部，筵席非常丰盛，像是福建口味。

饭后回住处稍事休息，即出发参观台北市动物园。该园的布置是按那儿的地形设计的，全园共有170余号大木笼，以前世界各处的特产的动物都有收集，可是战时怕遭轰炸竟将危险性较大的狮子、老虎、豹子枪决了，而做成标本陈列在特制的笼子里。我们按照规定的路线前进，看见许多木笼都是空的。有一处住了一头大象，许多游客围在旁边逗它玩，看上去那象很瘦，好像缺乏营养。又有一个笼子里关了两只毛驴，我看了禁不住笑起来，在西北驴子到处皆是，不以为它是奇兽。

顺便去看了忠烈祠，这就是日本人统治时代的“神社”。门前有一个日本式牌楼，房子都是木头拼成的，外面不加油漆，屋顶上以棕皮做瓦，既简单亦美观，可惜东洋气太重。我以为房子的外表稍加油漆，牌楼稍加整理，将那横梁两端向上翘的木头去掉就合适了。

从忠烈祠出来，车向北投温泉开去，沿途风景美丽极了。北投温泉是离台北市区最近的游憩地，所以去游览的人很多。车行约20分钟的样子就到了，远远地看见一块牌子竖在路旁，车子就顺那牌子上去。一看两边都是大大小小的旅店。最后我们到了北投宾馆的门前停下了。这是一座日本式房子。一进门就有女侍应生在那里等着叫我们脱鞋子，换上她们预备好的拖鞋。这一套在上海吴淞路日本馆子“纱笼燕集”和“文明小憩”我都经验过了，所以不以为奇。日本人最爱清洁，进屋子就脱鞋，这在他们穿木屐时是很方便的。他们穿上结带子的皮鞋，一会儿脱一会儿穿是多么不方便的。但是我们不能不承认这是保持住室尘丝不染的最好办法。平时我最不爱穿拖鞋，现在穿了怪不舒服，我又怕拖鞋会把袜子擦坏，提心吊胆地不敢走路，后来索性不穿拖鞋了。穿袜子走在榻榻米上（铺着席子的地上，晚上铺起褥子就是床）倒挺舒适。

这宾馆一共有两个浴室，我们去了一大群人，只有轮流等待，于是，我们在那间客室里静静地欣赏室内的布段和窗外的风景。日本式的室内装饰简单、明了、精巧，差不多是千篇一律的，不过有些房间考究些，像这一间就很讲究。室外有假山、小溪，溪中间跨过一个小桥，大松树和小宝塔松遍种假山旁，令人有幽静之感。这间房子的两边墙由上至下是玻璃窗门，所以从室内向外看得特别清楚，就像两张大的壁画挂在我们眼前。

浴罢赶返城内赴魏主席之宴，与宴的人除我们全家外，有钮先铭夫妇、彭孟缉夫妇和刘仲荻夫妇。

魏主席住的地方就是前日本总督官舍。这所房是西洋式的，可惜天黑了，看不见它的外观，不过从内部可以看出它的豪华。我和母亲到楼上去参观了一下。有一间卧室和一间起居室，窗纸讲究得很，有些椅子是黄色缎子蒙成的，真像是皇宫的陈设。

这餐晚饭吃得很好，先上一个拼盘，六样大菜一起拿上来，再加一大盆汤和几样魏夫人亲手做的小菜。我在日记里感叹说，这种方式很好，既可口又实惠。我国的筵席实在太丰盛，真需要大大地改良一下。当时上海在提倡节约，每菜不得超过20万元，但是这能叫节约吗？

10月23日

钮先铭副司令为父亲拟定了一个参观日程，预定25日在台北参加台湾光复纪念会后，往台中、台南等地，所以我们这两天要用来游览台北附近的名胜。

离台北40分钟路程的地方有草山温泉，是个不可不到的名胜。于是，父亲决定带我们到这儿来住两夜。早餐后就赶忙动身了。出城不远，我们先去参观士林农林试验场。那里有2000多种洋兰花，正开着花的100多种则另外陈列在一个花房里供人参观。花的颜色非常多，有深浅不同的红、黄、白、紫、绿等，各色缤纷，令人流连忘返。听说这种花很难培养，空气、日光、水分都要调节适度，否则，不是长不好，就是开出花来颜色不鲜艳，真比养育一个初生的婴儿还难。最奇怪的是这种花不是生长在泥土里而是生长在某种树干里（名字我忘记了），根本不用花盆，只要将那树干切成一段一段的，或用刀剜成三只脚，就可以放得稳。据该处的主持人说，台湾气候温暖，湿度大，最适于这种兰花的生长。

离农场不远，看见路旁有所私立中学。父亲说：“我们停车下去看看。”车子就停在操场上。一下车就看见许多男学生打着赤膊在做体操。他们有的翻铁杠，有的跳木马，精神非常好。四叔曾在日本习军事多年，他说，这就是日本式的教育。我想日本最会仿效别人，也许这是学德国的吧。

这个学校的建筑相当好：操场的一边是一大幢两层楼的房子，内有办公室及教室；另一边是几间平房，也做教室，光线都不坏。我们看见每个教室都坐满了学生，他们没有一个人留西装头，个个都是剃得光光的和尚头，既整洁又显得精神。

原先在日本人统治时代，日语为必修科目，现在不准用了，教员皆以国语教授；有些台湾人光复后才开始学国语，但都能说得很好。

走出学校，继续前进，在半山上看见一所国民小学，我们又停车下去看看。一进门就看见一排高大的棕树，棕树的后面就是红色的校舍。校舍是马蹄形的，中间是操场，旗杆上正飘着一面鲜红的国旗。小学生们正在上课，有一位先生看见我们立刻跑来打招呼，通过他的热情介绍，我们才知道一些大概：这类国民学校完全不收学费，有些家长知道学校经费困难，特组织家长会来帮助维持学校，这种义举颇令人钦佩！台湾小学教育极为发达，高年级没有特别大的学生，个子高矮也差不多。在当时，西北的小学竟有十五六岁的大孩子，这是不合理的。离开该校时，父亲命张参谋送2000元台币给小朋友们作糖果费。那位先生欢喜地代表学校收下了。

从小学到草山温泉只有15分钟，车子慢慢地爬上一个高坡就到了省政府办的草山的第二宾馆。一下车就忙着换鞋，这次我可不上洋式的房间，一进门是个大的门厅，左边是一个餐厅，右边是楼梯，楼上是4间西式的房间，一间满装玻璃的起居室、一间小餐厅、一间卧室和一间梳洗室，其余都是大小相等的日本式房间。据省府派来招待我们的杨先生说，蒋介石及夫人非常喜爱这个地方，上次莅台时，曾在此住过几天，现在给父亲和母亲住的房间，就是以前为蒋介石和夫人预备的，布置得简单、美观、舒适。

午饭后我们找到一个安静的房间，两面是窗，窗外景色宜人，近处有树，远处有山，正好靠向南的窗下有一个大写字台。我高兴极了，立刻坐下写信给嘉彬。

10月24日

按照日程，10月24日早晨是去参观基隆要塞。我们很早就起床了。说实在的，昨夜我简直没有合眼，白天这儿真是风和日暖，谁知到夜里刮起大风来。风大不要紧，但是它会使玻璃窗格棖棖地作响，吵得人心神不安。毛病大概是这些窗子不是装成固定而是可以随便拉动的，大约是日子久了，木框干了，到处都松动起来，稍有风吹就大摇大摆地响个不停。母亲说她和父亲都没有睡好。

8时半，我们动身下山，9时10分到台北的“主席公馆”。恰巧预备去参观要塞的几位先生和他们的太太都到了，于是我们浩浩荡荡一大群人，坐上车子向基隆开去。40分钟以后，就到了基隆要塞司令部，由史宏嘉司令招待参观。最先人们在该部操场上看游动探照灯的使用，以后看了三个炮台：绿丘台、社春台和旭丘台。在几个高低不同的山顶上，炮多半支在掩蔽体内，每一炮台有一班炮兵在那里，那班长就担任报告炮的种类、性能、射程等，他们能有条不紊地说出来，真不愧是懂炮的炮兵。在炮台上远眺，令人心旷神怡，那美丽的海湾、那港口的小岛、那波涛，多有诗意！

参观完毕，史司令约在要塞宾馆午餐。这所房子最近才修好，有走廊的一边面向海港，风景好极了。一真忽然瞥见我们乘来的“中兴”轮船远远地停在那里，真的，“中兴”轮还没有回上海。

吃完午饭，稍休息一会儿，即动身回台北。我们的计划是今晚仍住草山，所以在车上我和一真夫妇商量好，让父母亲先回草山休息，我们趁这个空上街一趟，看看有没有什么东西可买。

台北的街道有点像香港，两旁人行道缩在里面，下雨天倒给行人方便不少。商店里的东西多半是内地来的，有时也看见一些东洋货，但是我们所注意的是台湾的特产——珊瑚、蚌壳及蚌壳所做的小玩意儿。我看见地摊上有一个日本铜瓶子，瓶口上又加上像一个帽子一样的铜盆子，这两层皆能插花。那商人开口就要4000元台币，我还他2100元，他就卖了。假使不还价岂不吃亏？听说从前台湾的商店及摊上卖东西都是不二价，如果有人去讲价，商人倒认为对他是一种侮辱，可是现在就慢慢地变了，故意将价格提得高高的，反复还价，才卖出去。

10月25日

昨天照常刮大风，虽然想尽办法将窗子塞好，仍然无用。草山真是个怪地方，风神总是在夜间降临，摇撼人的神经，幸而温泉引人，否则太煞风景了。

我们清晨7点半就匆忙下山，因为父亲被邀请参加9时举行的台湾光复二周年庆祝大会。到了台北，只见街上行人特别多，更有一队一队穿着制服的男女学生拿着各种小旗子向会场走去。今天街上特别热闹，商店、学校及各工厂、各机关都休假一日，家家悬灯结彩，人人皆笑容满面，为台湾归复祖国的怀抱而欢乐！

父亲去参加庆祝会时，我和一真弟及妩妹到街上巡视了一下，在偏僻的街道上行人极为稀少，但在几个主要的街道里是一片人潮。我们走到一个街口上，正有一队化装游行的行列经过，两旁观众如堵，我们无法挤入，只得折回。

等父亲开完会，就去参观台湾大学。只怪我们事先没有通知该校当局，恰巧又碰上一个放假的日子。我们到了那里，看见巍峨而坚固的校舍和夹道而植的整齐高大的棕树，但是如入无人之地。到了该校门口，只见栅门紧紧地关着，司机按了几次喇叭也不见传达室走出一个人来。不得已，司机下车将门推开，一直开进去，一个人也未碰见。到了一所大房子前车子停下了，刘司令下车去找人，等了半天才走出一个人来。

逢假日，全体教师和学生整个离开学校，连校门也关起来，这是在内地很少见的事。在内地的大学，假日虽然也有很多学生外出，但校门总是开的，至少还有担任传达的工友在那里管事。可见台湾真正能做到“工作时工作，游戏时游戏”。

中午在史文桂家吃饭，史文桂时任马公要塞司令，他和他的夫人都是合肥人，特做些家乡菜来款待我们。在台湾能尝到家乡风味真不容易，可惜父亲去参加魏主席之宴没有吃着。

下午3时半，父亲、大弟一真、四叔，我们几个去参观自来水厂。到了那里也是一个人都找不见，好不容易找到一个工役，请他做个向导，可是他不懂国语。幸喜黄国书同去，他是台湾人，于是权且担任翻译。我们最先看的是滤水池，那里有8个水泥做的大池子，其中有3个水蓄得满满的，另外3个正在修理和铺沙。据说水需滤过3次才能送出，我看池子的水碧清的，就以为是很好，其实那水还未经过滤。对机器我简直是个外行，看送水机器时，只见3个大轮子不停地转动，那就是“磅扑”，将蓄水池的水打上来，经过大的管子送给市民使用。像台北这样的城市人口40余万，竟有这么大的一个自来水厂，真令人羡慕。

魏主席夫人昨天回到了台北，恰巧我们在草山未能见面，所以25日下午5时母亲特带我和妩妹去看她。魏夫人是鼎鼎大名的郑毓秀博士，民国二十七年初夏在宋美龄所召集的庐山妇女谈话会中我曾见过。她的风度仍不减当年，为人非常和气、热闹，且极健谈。她的年纪总在50岁以上了，但看起来不过40多岁。颈背后低低地垂下一个面包形的发结，耳朵上戴了一对大如小铜钱一样的绿翠耳环，身上穿了一件黑底印着一朵一朵大花的绸旗袍，外穿白色短外套，足蹬两寸多高的高跟鞋，更显得身段苗条。当她陪着我们看花园时，走在石子路上，我问："魏伯母，你这样的鞋走路不方便吧？"她说："我穿惯了，不要紧。"

这台北宾馆的花园布置得很像欧洲皇宫别墅的花园，有假山洞，有各种树木，有如丝般的草地，还有一个大的池塘，池塘中间有两个喷泉。魏夫人说："我预备去置几个橡皮船，将来可以在池子里划船。"

10月26日

今晨我们按日程去台中。铁路当局特为我们挂了一辆二等车，这辆车里一共有3个对面座，座位是弹簧的，外蒙绿丝绒，每座可容4人。除我们一家人外，同行的人很多，所以座位正好分配，大家可以坐得舒舒服服的。听说头等车厢只有五六个沙发座位，那就不够了。

沿途看见车站的建造和设备都很好，那是京沪路中途站所赶不上的，甚至于过道上或上下天桥的两旁都是用白瓷砖砌成的，既整洁又漂亮。

下了火车承陈市长招待我们在台中宾馆午餐。因为今天我们的目的地是"日月潭"——远东第一个水力发电所，所以丢下饭碗就赶忙上汽车，希望在天黑前赶到山上。这一路，前一段车行速度很快，后半段是上山的路程，加之路面是碎石子铺成的，车子的速度就慢了不少。

沿公路风景极为引人，上山时就看见路旁有果实累累的橡胶树。那长而宽的叶子在微风中摇曳，是多么美丽！有一段路旁是高大的松树和潺潺清流。再看那远山及田野的颜色又是何等悦目！

日月潭招待所的房子也是日式的，我们住的几间房子面对着“潭”，真是最理想的看风景的所在。我们将落地窗拉开，整个画面就呈现在眼前。那窗子的木框就像是特为这幅画做的。池子在暮色中波平如镜，对面重重的山峰倒映在里面构成一幅极美丽的图画。我恍如登上了天堂！

我虽曾三度天山，但没有一个机会去游天池，真是憾事，因为到迪化去有一次是初春，两次在冬天，都不是游山的天气。父母亲及弟妹们去年夏天去游览时，及今夏父亲去重游时我皆远在兰州，错过机会。可是，我常听见父亲和母亲说天池是如何如何的好，脑筋里早就有一个天池的轮廓画。到了日月潭，我想这不是天池吗？然而母亲说：“这里只能抵天池的一角！”这样说来日月潭还是赶不上天池的。

不过，天池是天然的，日月潭是人工筑成的工程，也够伟大了！据说很久以前这山谷里有两个小池塘，一个是圆形的，一个是半圆形的，储水很少。后来有一个日本工程师测量的结果认为将山谷的一端打起坝来，再由山谷的另一端开凿隧道，可将山外河流的水引入蓄积起来，用来发电。这个建议立即被当局采纳了，于是聚集了许多人力来开发这个伟大的工程。其中最艰巨的工程要算凿 15 公里长的隧道和安置一个 15 公里长直径 4 公尺半的钢筋水泥管。这个工程做了好几年，加上山下发电所的建造，到 1934 年才开始发电。

10月27日

晨曦初上时，我们一家都起床了，吃过早餐开始游日月潭。从招待所下一个坡便到了上汽艇的地方，汽艇正好能容我们这一行人。要不是因为赶时间，我情愿坐着小划子游湖，就像游西湖时一样，那是多么安闲舒适！不过汽艇也有它的好处：速度快，容人多。

离岸后不到10分钟，汽艇经过水源，那就是从15公里的钢筋水泥管引入的水，我们只见水花直向上涨，形成一个水球，突出在碧绿的湖面上。

过了一会儿，汽艇在一个小渔村旁停下，这儿就是高山族居住的地方，也是每一个来日月潭观光的人必游之地。我们上岸后，看到许多游客已先我们在那儿等着看高山族妇女的歌舞。高山族的男子多以打鱼为生，妇女们则以她们原始的歌舞来娱游客，借机赚点生活费。大概高山族的少女们看见观众愈来愈多了，立刻聚集了十几个人，每人手里拿着长有8尺的大竹筒（这就是她们的乐器）走到一块嵌在土里的圆石旁，围着石头以竹筒的一端笔直地打在石头上叮当作响，声音倒也还清脆，这是第一个节目。第二个节目是跳舞，那些少女牵着手形成一个圆圈，左边跳几下，右边跳几下，一面唱着山歌，旁边还有些年老的妇女和小孩手里拿着一尺来长的短竹筒在地上敲着为她们伴奏。她们那样跳下去后，就算完了。新疆歌舞已够简单了，但高山族的舞实在太原始了。我相信幼儿园的小朋友也会那样跳几下，而且跳的花样要多得多。

高山族妇女的服饰有点像贵州的苗族女子，短裙的外面套上一个宽边的短背心，非常好看。她们头部的装饰也比较进化，竟个个电烫了头发擦胭脂涂口红，可是底下却赤了一双大脚。如果她们换上衣服鞋子，谁会知道她们是住在深山里的人？

在那些少女中，有两个最漂亮，其中一个叫“大公主”，是前酋长的女儿；另一个较小，长得很伶俐，被称为“二公主”。这两个“公主”的职业除跳舞外，是专陪来宾照相留念，我和妩妹与两位“公主”照了一张。父亲说：“好！你们4个公主合照。”大家都笑起来了。照了相得给几个酬劳费，给少了“公主”会生气，有时还要搭搭架子不愿拍照呢。

临走的时候，我到“大公主”的家里去看了下。她的父亲现在是保长，一栋草屋，里面收拾得干干净净的，门牌上写着台中县新高照鱼池乡水社村×保保长宅。

登舟后开足了马力向湖中的孤岛驶去，大约10分钟就到了。这是一个魅力的小岛，上岸处有一个霓虹灯做成的“光华岛”三字挂在日本式的牌楼上。岛的四周种了很多冬青树和松树，中间原有一个日本式的亭子，被拆除后尚未兴建。我们在此休息了一会儿，一真弟却跳下水去围着岛游了两圈。水既碧且清，谁看了不爱？善于游泳的人，见到这样的水哪有不跳下去的？

今天是父亲的寿辰，早晨忙着出去玩，未及给父亲拜寿，午餐时趁别的客人未到之前，我们一家围着桌子，静悄悄地举杯祝父亲福寿无疆。我相信父亲的心境应该不错，这么多人陪他在山明水秀的日月潭过生日。

午餐后我们忙着下山参观两个发电厂。2时半动身，下山车行较快，不一会儿就到了我们上山时所见的一个香蕉园。忽见父母亲所乘的车在前面停下了，原来母亲想买挂在树上的一大串香蕉，那些香蕉全是绿色的，根本没有成熟；有些上面正包了厚的牛皮纸，大概是长到那个程度就不需要阳光了，但是还要让它在树上吸收养分。这样的香蕉，一旦摘下难免先天不足，同时再也不会变成黄色，即使变色，也是不青不黄，吃起来涩嘴。所以我恳请母亲不要买，因为像这种香蕉在上海、南京的大水果行里准能买到。可是母亲说："上海、南京哪有这样大的一串，不管怎样，我要买两串带给你外祖母看看。"至此我只好不说话，遂看见两大串20余斤的生香蕉从树上割下来。上车的时候母亲喜欢得不得了，特意把一大串香蕉放在她的身边。

我们原定要参观两个发电所，一个叫"钜工"，一个叫"大观"，前者为蒋夫人所题，后者为蒋主席所赐。但是今晚要赶回台中，为节省时间，我们只去参观了"大观"。这个发电所曾在美机轰炸时被破坏，不久以前才修复。门外有一排一排的钢架子，一真说那就是大型变压器。一进门看见好几个发电机，那些轮盘不断地在转动，声音震耳欲聋。楼上是放送"电"的部门，那些机器可惜我叫不出名字来，据说发电量已达12万千瓦，真是"大观"！此时，台湾还有许多工厂没有复工，所以有多余的电力供人民使用，连最偏僻的农村都有电灯，乡下姑娘也电烫头发，可见电力普及之一斑。

回到台中已是傍晚，6时应各机关首长公宴，餐毕参加党团联欢文化晚会。今晚的节目非常精彩，有女学生的歌舞，并有一个小音乐队伴奏，那情景有点像上海阿根廷舞场：音乐队高坐在台上，礼堂的四周摆着许多小桌子，来宾围桌而坐，中间算是舞池，跳舞者旋转其上，同时由楼上的一角射出灯光来，跟着她们跳的多半是西洋舞，穿古典式的长裙子，在柔和的灯光下充分地显出舞姿和色调的美丽。

10月28日

按照日程，今天下午1时去台中参观制糖厂。该厂规模宏大，机器的分工极为精细，从榨甘蔗到出糖、装包共需18道工序。厂内通到各处甘蔗田，有轻便铁道的设置。可惜我们参观的时候正值停工，不能一一看到。通常一个制糖厂在一年中只做半年工，甘蔗出田时是他们最忙的时候。这时最闲，只是修理修理机件，整理整理锅炉而已。该厂附近有许多小房子，那都是员工的宿舍。我相信一个工业区里，员工福利事业一定要办得特别好，方能使他们安心工作。这个制糖厂当不能例外。

我最感兴趣的是参观一所女子中学。这是台湾地区第一中学，接收后才改为这个名字。这个学校共有学生900余人，有一个设备极完善的烹饪实习室，一个大房间里造了十几个固定的用白瓷砖砌成的炉灶，各种用具一应俱全，同时可供十几组学生实习。又有一个缝纫实习室，里面有十来架缝纫机。据那位余校长告诉我，她身上穿的衣裙就是学生替她做的。足见该校对家事教育的重视。走出缝纫室，余校长引我们去看游泳池，那是个相当大的游泳池，池水碧清。台湾气候温暖，盛行游泳，所以各级学校都有游泳池的设备。

我们又去参观学校的膳厅和寝室。这两处都是最不容易保持清洁的地方，但是这里却是特别的清洁。膳厅的桌子下面有一层板子，上面放学生的餐具。学生采取分食制，每人有一个小方盘子，盘子上放一双筷子、一只碗和两个小碟子，吃完饭自己洗好放回原处。在日记里，我建议这种办法内地的学校大可效仿，可免“抢饭吃”的风气。记得去台湾的前几年在重庆时到北碚复旦大学去看志复表妹，她曾带我去参观她们女生食堂。我忽见墙上有一张纸条上写着“请勿到他桌游击饭菜”。如用分食制，就不会有这样的顾虑了。

学生的寝室是日本式的房间，每间住六个人，一进门就要脱鞋。房间里除有三张小书桌和凳子外别无他物。被褥枕头都放在壁橱里，到晚上临睡时才拿出来，多么简单、干净！

其他物理、化学及生物实验室的设备都很完备。生物实验室有一个人体解剖模型，做得真精巧。人体的四肢五脏皆可一一取出。如讲人体时教员就可一样一样地指点给学生看，使学生容易明了人体的构造。无论学生物和理化，大部分的时间都要用在实验上，最重要的是要学生能对所学的东西有一个深刻的、真实的印象。但这种印象从何而来？那当然是靠看真实的事物了，所以单拿学生物来说，标本实占极重要的位置。

参观完毕，母亲说：“这个学校真是太好了，将来最好能送素久来这里读书。”在当时，即便是京沪一带，也很少见到如此完备的学校。南京的中华女子中学、上海的中西女塾，在教会学校中算是最有规模的，然而在各种设备方面真是望尘莫及。

写到这里我不禁为当时我们女子教育的前途发愁。国家对于女子教育根本就没有确定一个目标。在一个纯粹的女学校里就很少有适合女子个性的课程，或女性所必需的家事课程；在一个男女合校的学校里更是用不着说了，顶多教教手工，讲讲看护学而已。此外简直没有实习家事的机会，以致一般女学生一旦结束了学校生活，结了婚，有了家，对家事难免大感头痛。

我还忘记提一提台湾地区第一女子中学的音乐设备。全校共有3架钢琴，15台风琴，差不多可让每一个学生有学一种乐器的机会。

这一切都令人羡慕，如果有一天凭借上帝的大力，我能退回到中学生的年龄，我愿再进一次这样理想的学校以补以前所学之不足。

离午餐时间还早，于是去看看台中市的中山公园。这公园不大，树木倒很多，且有一个小湖可以划船。一真弟立刻租了两只船和妩妹悠闲地划起来。那时母亲和他们走在一起。我因跟父亲走在另一边，父亲就催一真停舟上岸了。

最后几分钟我们用在拜望陈市长夫妇。市长官邸是一座半西半日的楼房，非常精致。在二楼的平台上有一个小型的花园，还有假山石。那些小树木是用自来水引上去浇灌的。最有意思的是那个小喷泉，我想无论谁见到都会喜爱得不得了。我们在那里流连了许久。母亲希望回南京后能照样在家的凉台上安置一个小花园。

1 时整离开台中乘火车南下，3 时 50 分到达新营站。我们从这里换乘汽车去参观嘉南大圳。这也是用人工修造的一个大蓄水库。一到那儿，父亲说："这儿真好，比日月潭又好多了。"的确，嘉南大圳水面广阔，一望无际，对岸的树好像离我们很远似的。听说有许多支流，可乘船去游览，可惜我们没有时间了，仅有几分钟去看看放水闸。多么伟大的人工！放水时也是用电力，水闸管理员特为我们放了一次水。我们在外面只见从三个大管子里吐出巨量的水来，波涛汹涌如万马奔腾，真是奇观。在水闸旁的一个草坪上，有一个圆形水池，中间"竖立"一个笔直的、有一丈多高直径一尺半的大水柱。水从顶端掉下来，仍旧落在水池里，同时水沫四溢，在夕阳中变成美丽的虹。我没有问那伟大的喷泉在那里有什么作用，但是，单就点缀风景来说，真够人欣赏的了。

10 月 29 日

早餐后的第一个节目是去延平郡王祠献花圈。这是台湾地区唯一纪念民族英雄郑成功的专祠，其外观及内部的布置和内地的庙宇差不多。祠内正殿崇祀郑成功的塑像，东西两院安置明季诸神位，后殿祀郑生母翁太妃神位。一个小小的院落倒也整洁雅致。

听说台南的名胜古迹很多，可惜因时间限制，不能一一去瞻仰；同时郊外工厂林立，真不知道先看哪一个好。结果决定去参观我们感兴趣的纺织厂。在西北我们用来装米的麻袋多半是手工织成的，但是在台湾都是机器织的。这家纺织厂的规模相当大，我们去参观时正在织麻袋，不一会儿就织成了。当时我觉得，机器真是宝贝，我国要想富强，非提倡生产强国不可。

下午，父亲应青年军二〇五师师长刘树勋之请，到屏东去向该师官兵训话。父亲原不要我们同去，可是我们不愿意错过这样好的机会去看看驻台湾的国民党军队。尤其是妩妹，她从未见过军队是什么样子，又听说二〇五师将请父亲“阅兵”，她更想一看。于是全体通过“去”！父亲也只好笑眯眯地撤回他的原意了。

车行 40 分钟到达屏东飞机场，二〇五师的官兵就在这里等候父亲。他们真的搭了一个阅兵台，大概昨天行政院张院长曾在此阅兵吧。父亲一下车，军乐大作，站在一边的青年军行立正礼，他们站成一排，然后立刻聚拢在台前成集合式，聆听父亲的训话。父亲很抱歉，他穿的是便装。说因为这次来台湾完全是私人游览性质，未想到会来看部队，所以未带军装。继而勉励青年军发扬过去的光荣，尽力爱护台胞，保卫台湾。

妩妹看“阅兵”及青年军的跑步集合，很感兴奋。立时嘉彬在西安王曲中央军校第七分校某一次阅兵场上任指挥官的情形，和他驻军固原大湾时校阅部队的情形，一一涌现在我的脑际。“阅兵”对长官是一种礼节，同时对部队本身是一种考验；部队是否训练有素，就可以从阅兵时看出。我最爱看阅兵，因为看到那严肃的场面和军人威武的英姿令人有崇高之感。

离开屏东机场，我们折返回台南的路上，到高雄去参观要塞。这要塞司令部的入口处是一个炼油厂的大门。进去后，车子转了许久，经过许多废墟，约半个小时后才到司令部。这一所三层楼的大建筑孤单单地耸立在那里。听说，当两年前美国飞机轰炸时，这所房子就是日本海军指挥部。那时在屋顶上大大地写了“女子学校”字样，竟将美国飞机骗住了。旁边许多房子被炸得精光，而这座房子独存。在屋顶瞭望台上极目四望，一边是伟大的海，另一边是连绵不断、起伏不定的丘陵，形势非常险要。以前这里规模宏大的海港，造船坞及码头等设备应有尽有，并有油管自炼油厂一直通到码头，省去运输上的许多麻烦。我们进门时所见的炼油厂就是隶属高雄港的。

10月30日

天还未亮就到了新竹市，列车被留在站上，等到天亮我们才起床。新竹市长及黄国书先生等来接。汽车很快地一直开入市长官邸。市长为我们预备了丰富的早餐。我们这次到台湾来，到处受到招待，心里感到万分的不安，但台地情形独特，如不受招待的话，交通工具、食宿都成问题，有什么办法呢？

吃完早餐即登车上山。这一路在山谷中蜿蜒而上，风景别具一格。刚走不远就有一个宪兵分驻所，走出几个宪兵来“盘问”。我们一共有3辆车，第一辆车已先过去，当然已经告诉他们车中是何人，但他们仍要“盘问”一番，可见尽忠职守。不久，车在一个大木桥下停下，司机说“到了”，我们非常诧异，怎么，这样快？因为动身时有人说从新竹到井上要走三个半小时，但我们看看表才走了两小时，谁相信？然而实在是无路可走了，上面仅有一条小路，再跨过一个长约150公尺的空中吊桥，就到高山族的住处。至此我们只有下车，走过大木桥，上一个小坡就见一个大木牌，上书“井上温泉”四个大字。再上一个石级便是张学良先生的住处。张先生早已站在屋子里迎接我们这一大阵客人。当父亲和他握手时，他满脸笑容，充分表现着他内心的愉快。

这是一个美而幽静的所在，有山林之胜兼有清泉之雅，真是修身养性的好地方。张先生的生活极有规律，每天多半的时间花在读书上，晚间则做笔记，因目力使用过度，现在目光较以前差得多了。他说除他自己和赵四小姐之外，全家皆在美国，他的儿子已经添了孩子，所以他已做了祖父。张先生一面说一面叫赵四小姐拿小孙女的照片给我们看，觉得很得意。从他的谈话中，我们知道他的个性非常豪爽，但也很任性。

赵四小姐一看就知道是一个贤淑而温柔的女子，人也很直爽，可惜身体不大好，瘦得可怜。她穿一件藏青呢的旗袍，一双自己做的和衣料一样料子的鞋子。她见今天有这么多的贵宾来，才穿这样讲究的服饰。像她那样衣着合适而爱漂亮的人，这10年来居然能过这样俭朴的日子，也真难得。她告诉我们，她“年轻”的时候是怎样因爱漂亮而拔去几颗牙齿以致口腔发炎，弄得没有办法，竟将牙齿完全拔掉镶上假牙。那次所受的痛苦真不小，同时也影响健康匪浅。她有一个儿子，还在10年前自己赴贵州之前，就考虑到儿子的教育问题，于是就把儿子送到张先生的美国朋友那里上学。我见到她的时候，这个孩子已经在美国上大学了。毕竟在美国的营养好，她的大学生儿子可比妈妈胖很多。

今天可说是我们到台湾后最悠闲的日子。当父亲和张先生畅谈时，同去的人，各玩各的，打网球、沐浴、爬山或聊天。我和一真夫妇、四叔打了好一会儿乒乓球，真有趣，打得一身是汗。

吃过午饭，母亲、妩妹、赵四小姐，我们沿着小路上山散步。我们沿着小路上山，走到空中吊桥，在桥头一看，噢哟！好长一个吊桥，跨在两山之间！怪不得在山下向上看时，有人挑担子在上面走，就像马戏团走绳索一样。我们初在桥上向下看也有些胆寒，但妩妹和我毫不在乎地放大步子走过去。以后我们又来回走了两次。母亲看我们走，她也跟着走过去，真是奇迹！赵四小姐有心脏病，简直不敢动一步，慢慢地叫一个人扶着，走了一截就头昏眼花，心跳不止，只得缩回去。休息了一会儿，看见母亲很平安地走了过去，于是她还是鼓足勇气，仍令人扶着勉强走到桥头。她说在井上温泉已经一年多了，从未去看吊桥，今天非常兴奋，竟然能走过去，在她自己认为是很足自慰的一件事。

没一会儿工夫就到了当天下午4点钟，是下山的时候了，我们还要赶6点钟由新竹开的火车回台北。于是父亲一行起身告辞，与张先生及赵四小姐握手告辞。当张学良拉着父亲的手时，他的眼泪几乎夺眶而出。这是很令人感动的一幕。

在车上，我们对西安事变开了个小小的辩论会，未待有结论，已经到了新竹。市长早已预备好了晚餐。餐毕上火车时，离开车时间只有3分钟了。

11月1日

昨日在台北休息了一个上午，整理行装。下午父亲到台湾大学去演讲，我和母亲则上街买买东西，一真夫妇去看他们的朋友。到台湾后只有这一个下午是由自己支配的。晚间魏道明夫妇约吃便饭，我们借机告别，并谢谢他们诚挚的招待。

今天一早大家就起床了，行李理好后，都急着不知道飞机什么时候才有消息，一直到10时半才知飞机已自上海起飞。我们于午后1时赶到机场，很多朋友已在那里等着送行。飞机起飞前魏主席夫妇也赶到了。这些可贵的友情，我们将永远珍藏在心的深处。

飞机慢慢地升空了。我在飞机内从小圆窗口和送行的人打招呼。

再见了，美丽的台湾！

张学良曾托父亲向蒋介石、蒋伯母提出两点要求。

父亲是在张学良 1928 年“易帜”后才和他相识，并彼此成为知心朋友的。父亲钦佩张学良的胆量和义气，也很同情他的遭遇。

西安事变发生后，当时南京国民党首要对事件主张用军事解决的占多数，父亲是主张政治解决的少数人之一。父亲当时任中央军校教育长，并秘密兼任京沪分区负责长官，正在筹划加强建设上海抗战防御之事。张学良“扣蒋”后，父亲在京沪的三十六、三十八两师被调到西北“讨逆”，只剩下八十七师，父亲一定担心日军借守备空虚而入，但是日军这时候也是选择了观望。何应钦在事变之后即约父亲商议“讨逆”，让父亲与刘峙、顾祝同分别统领三路大军进攻西安，父亲当时拒绝任命，认为军事行动不能“救蒋”。

自 1936 年张学良被拘禁，到 1947 年间，父亲私下一共去探视了三次。除了台湾这次外，第一次是张学良 1936 年底护送蒋介石到南京，住（软禁）在南京鸡鸣寺宋子文公馆时。第二次是 1938 年，抗战已爆发，父亲任湖南省政府主席，张学良被拘禁在湘西沅陵一个寺庙里。父亲看他时，张学良托父亲代转一封信给蒋介石要求恢复自由。

第一次访问是在 1936 年 12 月 28 日，也就是西安事变后他送蒋介石到南京。父亲得知张学良被幽禁在鸡鸣山宋子文公馆，便前往宋公馆探望。张学良向父亲表示想“早点回西安”，并希望父亲向蒋介石转达。当时的形势下，父亲没有到蒋介石面前提及此事。父亲后来曾说：“我们对不起汉卿！当时除在蒋面前做落井下石的人外，同汉卿平日私交最好的也不敢为他说话。当然，说也无用。我每想起那次的会见，心中就深感内疚。因为我当时从有关方面已知蒋介石不会放汉卿回西安去，不过在那种情况下，我又不能对他明言。”

父亲于1937年底由淞沪前线转任湖南省主席。1938年9月间，他由长沙赴湘西视察，得知张学良被幽禁在凤凰山，便专程到沅陵拜访。

张学良被幽禁在远离城区的凤凰山顶的一座寺庙里。那里十分僻静，房舍和设备也都十分简陋。张学良住在那里，只有小范围的活动自由，打打篮球，划划小船，看看旧书，生活极为单调。按照蒋介石的授意与命令，凤凰山被划为禁区，国民党的一些军政要人，未获得蒋介石的亲自批准，是不允许探望的。为监护张学良，蒋介石颇费苦心，军统派有特务队，共有40多人驻扎在凤凰山上，以及宪兵第八团三营七连约160人。但是，父亲没有顾忌蒋介石，一是他有湖南省政府主席的身份；二是与蒋介石良好的私人关系，决定不请示去看望张学良。

听说，父亲是第一个看望张学良的军政要员。那天，张学良找出多年未穿的西装穿上，系上领带，早早地站在凤凰寺外等待父亲的来临。父亲登山，只带了卫兵以及湘西行署主任陈渠珍给他派的两名随从副官，大批的随从人员则在沅陵行署等候。

父亲去，特务队队长刘乙光和宪兵连连长童鹤早早站在山门前迎接，把父亲送到张学良处，刘乙光和童鹤站在门外守候，不准任何人接近。此时，张学良已经等候多时了，他感叹道："总算把你盼来了。"

张学良尽管与外界少有接触，但他始终关心着抗战局势。他向父亲表达了自己想参加抗战的急切心情，对国家正在危难，自己却无法出力很遗憾，并请父亲务必向蒋介石转达。父亲建议他写封信自己代为转交。回到长沙后，父亲派人将信送给蒋介石，结果大家很清楚。

这次父亲与张学良在台湾相见，我给他们照了两张相，就是现在流传很广的那张张学良与父亲张治中的合影照片以及父亲、母亲与张学良、赵四小姐的众人大合影照片。他们两人一别10年。他说，张学良的脸上皱纹比以前更多了，内心也蒙上了惨苦的伤痕。

我后来从父母《三访张学良》的文章中获悉：张学良曾托父亲向蒋介石、蒋伯母提出两点要求：一是希望恢复他的人身自由，不一定要做事，蒋先生住在哪里，我就住在哪里；二是不想与护卫（监视）他的刘副官（少将刘乙光）一家同住，希望刘副官一家搬出去，以保持一定的自由和距离。

回到南京后，父亲去总统官邸向蒋介石报告他在台湾看望张学良的情况，并转达了张学良的两点请求，“希望总统予以体恤”。蒋介石听了，只是“啊，啊”地不接话，对张学良的请求不置一词，即谈起别的事情了。父亲又去找蒋伯母。蒋伯母觉得愧对张学良，并说：“我们对不起张汉卿！”她认为两点要求中，第一点不容易做到，第二点可以帮忙解决。后来，蒋伯母就跟蒋介石再三商量，她说我们在那里要给他住得舒服一些。少将刘乙光不久被调走。但是蒋介石对父亲去看望张学良很不满意。他下手谕要求以后任何人未经他批准，不准去见张学良。

离台的时候，父亲看到张学良难过，只得勉强安慰他：“我相信国内总是要和平的，只要有和平的一天，也就是你恢复自由的一天，将来国家还是需要你的！”

晚年的时候，父亲说，现在看起来，这话对他实在太残忍了！早知道这样，我不应该说这种话！

在交谈中，张学良说看了不少历史书，有时候还做些旧体诗。此次探望，张学良赋诗一首赠给父亲。诗曰：

总府远来义气深，
山居何敢动佳宾。
不堪酒贱酬知己，
惟有清茗对此心。

在我的卧室里，墙上挂有一幅字，就是张学良的秘书王益知用篆书写的这首诗。

第七章

北平往事：“文白先生也太天真了！”

对于蒋介石的“戡乱”，父亲不愿意：“我绝不能担当这个任务！如果你愿意和平，我愿当一个参军供奔走。”

1945年下半年的中国，抗战算是胜利了。但是国内问题仍然是危机四伏，一触即发，不能不使人有忧虑之感。举国上下都在期盼一个和平的环境。为使国家避免再次陷入战争之中，父亲也为此而积极奔走着。

从1948年7月开始，国民党军事形势吃紧了。

素久回忆说：“（在新疆时）记得父亲有时带我到郊外去，他常会站在高处极目远望，陷入沉思。后来我才知道，因蒋介石要选大总统，多次催父亲回南京，父亲十分犹豫。每当有重大事情使父亲难以决断时，他总是喜欢到大自然中去，厘清自己的思绪。”

1948年8月14日，父亲在西安收到蒋介石的电报，“兄可来京一叙”，专机都派来了。父亲又接邵力子电报，知道他也在邀请之列，认为蒋介石真的要考虑他们的建议了。

父亲本想17日动身，16日却收到蒋介石的电报，要父亲暂缓启程。后来才得知，蒋介石到牯岭后，头脑冷静下来，起了“和”的念头。后来，上牯岭的人多了，有人力言金圆券发行能改变财政经济问题。蒋介石信以为真，认为还可以打下去，于是不让父亲去了。可见，蒋介石在当时的摇摆不定心境。

此后，形势恶化。整个东北、华北绝大部分解放了，天津、北平吃紧。

11月2日，蒋介石又电召父亲去南京，并且要求行动保持机密。4日，父亲到达南京。同日到的还有傅作义。这天下午国防部召开军事会议，在座的有何应钦、林蔚文、刘斐等，顾祝同去了徐州。一片悲观失望情绪充满了会场。有资料记载：

那晚傅作义的表情，张治中记得很清楚，露出一副焦虑不安的神情。蒋介石问傅作义的意见，他连说：“很困难，很困难！”再无他话。

张治中则一声不响。蒋介石看这情形，就散了会。临散时，蒋介石对张治中说：“你明天上午来谈。”

蒋介石找张治中去谈话，见面就问：“你看现在局势怎样，有什么意见？”

张治中说，现在的情况比几个月前差得多了，这个仗绝对不能再打下去了！接着，他从军事、外交、经济、民心、士气各方面加以分析，认为应该立刻放弃“戡乱”，恢复和谈。

经过一番交谈，蒋介石坚持他的“戡乱”，并说他想叫张治中担任行政院长。

张治中说：“如果‘戡乱’政策不变更，在目前情形下，我绝对没法担任！”

“那么，你先当副院长兼国防部长好了。”

张治中还是不愿意：“我绝不能担当这个任务！如果你愿意和平，我愿当一个参军供奔走。”

蒋介石的脸色很严肃，说：“你要好好地考虑一下！”这个持续两个小时的谈话没有结果。

张治中说，这时候的蒋介石还没有主和的意思，因为如果要“和”，那蒋介石就要下野。

3年后，张治中和傅作义在北京聊起这件事。

傅作义说：“我从那天就转变了念头，只想和而不想战，特别是你给我的启示很大。”

张治中说：“那天我一言不发，怎么给你启示。”

傅作义说：“进门的时候，你不是一定要让我走，并说‘你们主战的请先走，我们主和的在后头’吗？”当时张治中一心想着和，他们谈的什么也是心不在焉，自己说的什么话也忘记了。[1]

对父亲来说，1949年是更为忙碌的一年。这一年局势发展变幻莫测，父亲兰州、西安、南京、溪口、北平奔波不停，往年我们全家都在一起过春节，这一年却没能在一起。

此时的形势对国民党军队越来越不利。1948年底，在东北战场上，国民党军队遭受重创。黄百韬、黄维两大主力兵团在徐淮地区被围歼；北平、天津等已成孤城。为挽救经济而实行的金圆券改革又以失败告终，物价狂涨，财政崩溃。空气中弥漫着一个王朝要覆灭

1 尹家民 . 国共往事风云录 3. 当代中国出版社 .2012.

的气象。

此时，淮海战役正在酝酿，蒋介石将全部希望寄于此役，将全部精锐集中在徐、淮一带。可淮海战役开始没多久，黄百韬兵团便在徐州以东被歼灭，黄本人阵亡。再加上金圆券的贬值，翁文灏内阁支持不下去，孙科被蒋介石提名继任。

蒋介石和孙科都坚决邀请我父亲参加新内阁，又让担任副院长兼国防部长。他还是不同意就任，挂了个政务委员的虚衔，要求回西北去。后来，孙科内阁曾要求美、英、法、苏调停中国内战，但被拒绝。

此后时局变化很快，淮海战役国民党精锐部队几乎全军覆灭。1948 年 12 月 24 日和 30 日，桂系将领白崇禧先后两次致电蒋介石，力言大局至此，实不能再战，应“迅作对内对外和谈部署，争取时间”。同时向记者透露：非蒋下野不能谈和，应该让别人来谈。白崇禧的电报是给父亲和张群两人转蒋的。

白崇禧的用意非常清楚，就是逼蒋下野。在这种形势下，蒋介石不得不考虑下野，争取“光荣的和平”。

父亲和张群约了吴忠信，三人研究，认为蒋介石确非下台不可。便拿了白崇禧电报和蒋介石谈，一连谈了 10 天，每天有谈一次或两三次的，最后蒋介石同意下野，由副总统李宗仁继任，于是就有了 1949 年蒋介石的《元旦文告》。

1949 年元旦，蒋介石发表求和文告，宣布“引退”。父亲也同时接到不少朋友的提醒，说强硬派将不利于他。上海警察局长、京沪杭警备司令部二处处长毛森扬言：“凡是主和的都是秦桧，都要清算，我要准备用手枪对付他。”父亲还听说，邵力子常常不敢回家去。

针对蒋介石在求和文告中所提出的诸项和谈条件，1 月 14 日，中共中央主席毛泽东发表了《关于时局的声明》，针锋相对地提出了和谈的八项条件，完全否定了蒋介石的条件。1月21日，蒋介石发表下野文告。蒋介石下野后，副总统李宗仁任代总统。22日，李宗仁表示接受以毛泽东所提出的八项条件为和谈基础，并希望早日开始和谈。

李宗仁上台后就想改组内阁，多次表示要父亲担任行政院长，父亲一再拒绝。父亲深感对大局已无能为力，认为全局无望，不如退保西北，1月底便回到兰州。父亲认为，除新疆有相当把握外，宁夏、青海两马[1]是棘手的，甘肃也得下功夫。在2月7日甘肃省党部纪念周上，父亲发表了长篇的《三年来和运的回顾与展望》讲演，暗示将来西北非和不可，为此后西北的和平转变做了思想准备，对社会人心具有强烈的安定作用。没想到7个多月后，父亲的和平转变便得以实现。

父亲的心情十分复杂，精神上也十分痛苦。他一方面已经断定国民党政权必败，战与和都已无济于事；但另一方面他又和蒋介石的关系太深，如果撒手不管，于情于理说不过去。一种感恩知遇的旧伦理观束缚着他，一时不易解脱出来。因此，明知“形势太险恶”，但“由于自己20多年来对和平的痴心梦想”，只能“知其不可为而为之”。

父亲在李宗仁的不断催促下，2月22日飞回南京。那一天，天气异常恶劣，细雨蒙蒙。当时，何应钦、白崇禧、李汉魂等到机场迎接父亲，白崇禧还说：“我听到半空飞机声音盘旋了半小时之久，尚在替你祷告平安哩！”

1　指时任宁夏省主席马鸿逵与时任青海省主席马步芳。

蒋经国对屈武说：“文白先生也太天真了！现在还讲和平，将来是没有好结果的，我看他会死无葬身之地的！”

为了摸清蒋介石对中共所提八条的态度，父亲在率和谈代表团赴北平之前，曾两次去溪口晋谒下野的蒋介石。

3月3日，父亲和吴忠信飞到宁波。蒋经国在机场接人，乘车到了溪口。没想到蒋介石劈头第一句就是：“你们的来意是要劝我出国的，昨天报纸已登出来了。”“他们逼我下野是可以的，要逼我‘亡命’就不行！下野后我就是个普通国民，哪里都可以自由居住，何况是在我的家乡！”这样一来，父亲只好不提出国之事，只好跟蒋介石汇报一些和谈的情况。

当时蒋介石和父亲等人都住在溪口雪窦寺妙高台，一住就是5天，后又回到溪口住了3天，早晚起居都在一起。上午谈，下午也谈，吃饭也谈，逛山也谈，晚上围炉也谈，这8天中，真是无所不谈。父亲等人用尽种种委婉的言辞和蒋介石谈，培养大家的感情，后来蒋介石的态度就和缓多了。临别还送父亲下山到溪口，并一直送到宁波机场上飞机，欢然握别。

3月12日，何应钦组阁。何应钦内阁成立第一件事就是和谈。26日，国共双方正式公布和谈代表名单：中共首席代表周恩来，代表林伯渠、林彪、叶剑英、李维汉、聂荣臻（4月1日加派）；南京政府方面首席代表父亲张治中，代表邵力子、黄绍竑、章士钊、刘斐（后发表）、李蒸。

父亲第二次到溪口面见蒋介石，是3月29日，在南京政府接到中共中央关于和平谈判事宜的决定后，南京国民政府代表团启程前往北平前夕。前往溪口的目的是向蒋介石“请求指示”，同行的还有屈武。

外界传言“奉李宗仁、何应钦之命”的说法与事实不符，这是父亲自己个人的决定。在飞机上，父亲对屈武说：“你同蒋经国是同学，什么话都可以谈得的，到奉化后，我同总裁谈，你就同蒋经国谈，我看他对他父亲还是有影响的。”

到了溪口，父亲拿出准备参加和谈的草案稿给蒋介石看。草案要求和谈开始前，双方就地停战，双方军队分期分批于驻在区域就地自行整编。还有好几条，没有写在书面上，是腹案。蒋介石把草案从头到尾仔细看了一遍，然后又很认真地听取父亲将腹案陈述一遍。父亲汇报完毕，蒋介石笑道：“我没有什么意见。文白，你这次担任的是一件艰苦的任务，一切要当心哪！”

父亲陪同蒋介石来到蒋母墓道，行完礼，由墓庐的山径边走边谈。蒋介石对父亲再度表示：“文白，我是愿意和平，终老还乡。”“总裁这句话对和谈很重要，也可以消除党内的分裂。”父亲信以为真，于是高兴地又问道：“总裁，不知是否可公之于报端？”蒋介石说：“你斟酌吧。”

父亲等人离开溪口的时候，由蒋经国陪送到笕桥机场。蒋经国与屈武同车。分手时，蒋经国对屈武说：“文白先生也太天真了！现在还讲和平，将来是没有好结果的，我看他会死无葬身之地的！”蒋经国这最后一句话，是蒋介石近几个月的口头禅。在飞机上，屈武把蒋经国的话告诉父亲，父亲呆了一下，生气地说：“你为什么不早告诉我？我要当面质问他，教训他！他父亲说一切要当心，他却说我死无葬身之地，这像什么话！”

30日，父亲回南京后，马上把溪口之行写成新闻稿发表，并应邀于31日在立法机构演说。父亲的演说词慷慨激昂，博得了全场不断的掌声。4月1日，父亲等代表团成员飞北平的那天，立法机构特别休会半天，全体委员到明故宫机场送行，由此可见当时大多数人心里的趋向。

父亲的内心陷于极度的苦恼与矛盾中："不回去吧，自己是南京政府首席代表，和平破裂，理应回去复命；回去吧，中共的挽留是诚意的和善意的，而且一旦解放军渡过长江，协定还是有签订的可能。"

1949年4月1日上午，以父亲为核心的国民党政府和谈代表团一行20余人，乘"空中行宫"号飞机由南京飞抵北平。在机场，父亲发现中共和谈首席代表周伯伯没有来迎接，来接机的仅是中共和谈代表团秘书长齐燕铭、北平市政府秘书长薛子正、第四野战军参谋长刘亚楼等人。

父亲看此情景心里很纳闷。屈武记得父亲对他说："看来中共对我们的诚意是有怀疑的。"

父亲一行走进下榻的北京六国饭店时，他们抬头见到一幅大标语："欢迎真和平，反对假和平！"

当晚，周伯伯在六国饭店宴请代表团全体成员。宴会结束后，周伯伯、林伯渠和父亲、邵力子谈话。周伯伯首先提出质问，认为父亲来北平谈判之前不应该去溪口看望蒋介石，认为这是加强蒋介石的地位，证明蒋介石仍有力量控制代表团，并说"这种由蒋导演的假和平，我们是不能接受的"。此后周伯伯又提过两次，父亲加以解释，双方为此还有争执，到谈判快结束时才被中共所了解。父亲当初的用意是：

1. 蒋虽退到溪口，但到底力量还在他手上，如果得不到他的同意，即使商谈得到协议，也没有用。这是一种现实的做法。2. 那时候，京沪的顽固分子气焰嚣张，常有对父亲不利的谣言。溪口之行，我认为对他们有一种镇压的作用。3. 蒋当时还是国民党的总裁，在党的体系上，代表们除了章士钊外，都是党员，应有向他请示的必要。4. 在礼貌上说，也有去看蒋的理由。[1]

从 4 月 2 日至 7 日，双方代表就“八项条件”所涉及的各种问题个别交换意见，主要议题是“战犯”及“渡江”两项。李宗仁的意图是“隔江而治”，想保住江南半壁江山；中共方面坚决表示“无论和战，均须过江”。这就使李宗仁“划江而治”的意图成为泡影。为此，双方原拟 4 月 5 日开始的正式和谈，不得不向后推迟。

4 月 8 日，父亲在周伯伯的陪同下来到双清别墅会见毛泽东。毛泽东亲自出门迎接，他对父亲的情谊记忆犹新，与父亲谈话加上吃饭，一共相处近三个小时，周伯伯也在座，谈话内容很重要。

余湛邦那时在父亲身边担任速记工作，据父亲向他口授的记录，这次在香山的单独谈话内容大致如下：

毛（泽东）一见张（治中），就马上起立紧握张的双手，满脸笑容地说：“谢谢你在重庆谈判时的殷勤接待，照顾得无微不至；不过

1　张治中 . 张治中回忆录 . 华文出版社 .2007：493–494.

我很抱歉，当时你用上等好酒席招待我，而你后来三到延安，我没办法，只好用小米招待你，很抱歉咧！”毛的态度有如老朋友久别重逢，使张感到十分亲切友好。“不敢当。当时从谈判到事务，一切都是和恩来先生商量好的，是他想得周到，我不过略尽地主之谊而已。”张谦逊地说。

“到这里后生活怎样？住旅馆方便吧？有什么需要和意见，请随时告诉接待同志。”毛诚恳地问。

“没有什么，很好，很好。”张说。

“这几天大家谈得怎样？”毛不多寒暄，直接进入本题。

“我已经和恩来先生谈了不少，涉及各个方面。同来的代表也和中共代表个别谈了很多。当然，分歧还是有的，需要慢慢来谈，好好协商。”张答。

“是的，国共两党从第一、二次合作到现在，经过无数次的商谈，有些问题当时得到解决，有些得不到解决就暂时搁下，有的当时解决了但事后又有反复，是需要耐心地慢慢协商的。不过，主要的是双方要有诚意。现在中共方面已经表示诚意，因此事情就有了50%的把握，只要你们也有诚意，事情就比较好办了。”毛说。

“李代总统早就公开表示过以您在1月14日所提八条为谈判基础，我们当然以此为依据来谈，但事情总是复杂的。”张治中到北平前，曾两次到奉化溪口，就毛所提八条请蒋介石表示意见，进行了摸底。在南京时又由何应钦主持研究出《和谈腹案》九条，胸中早有成竹，现在是想先听取毛的意见。

“当前核心问题是和谈，和为贵，但我们不是为和平而和平，我们有其远大的目标，就是为着中国人民的解放和中华民族的独立，为着早日结束战争，恢复和平，以利在全国范围内开始生产建设的伟大工作，使国家和人民稳步地进入富强康乐之境。我们所提的八条也是环绕着这个远大目标而设想的。”毛对和谈做了一个概括。

“要和，也不能回避历史问题。国共两党的斗争已二十多年，谁是谁非也一时难以算清。为了实现和平，我们得现实些，战争罪犯问题和战争责任问题，看来是和平的两大障碍，我已和恩来先生、中共其他代表谈过，是不是可以暂时搁下，静待历史公断？历史终必会做出结论的，人民也终必会做出结论的。”张直接提出他最关心的问题。

“重庆谈判以及随之而来的政协决议、停战协定、整军方案等都是你亲身参与缔结的，谁撕毁这些协议，谁首先发动战争，你比别人都清楚，这不是我们要提的要求问题，而是客观历史自行鉴定的问题，完全否定它们，全国人民是不会同意的。”毛坦率坚定地表示。

“国内的情形您是清楚的，国民党内部的情形您也不比我们知道得少，战犯名单和首恶元凶这些具体字样，希望所有的人都加以接受是很难很难的。主观要求是一回事，客观现实是另一回事，现实障碍不去，是根本无法获致协议的。”张委婉地加以解释，事实上是为蒋介石争些面子。

“原则上可以灵活些，我们是对具体的人作具体的分析和处理的。不问是谁，只要他能认清是非，幡然觉悟，出于真心实意，确有事实表现，因而有利于中国人民解放事业的推进，有利于用和平方法解决国内问题的，都可以给予宽大的待遇。至于文字规定，等到双方谈判得到协议，是可以量情斟酌的。”毛的话含有暗示性和伸缩性。

“希望形式上不提名单，对人则作具体处理，那么协议就比较容易达成。”张似乎不大放心，再补充了这两句，然后又说，“恩来先生对我提道，由于国民党违背了孙中山先生的革命三民主义与三大政策，也就是背叛了孙中山先生的遗教，所以兵联祸结。对此，我们感到满怀惭愧，国民党的失败，确实症结在此。多年来人民处在水深火热之中，渴望和平能够实现，现在是双方隔江对峙，人民希望流血惨剧到此为止，希望国共双方约束自己的部队，化干戈为玉帛。”张希望宣布停战，划江而治的话，险些脱口而出。

“革命是必须进行到底的，不然人民不会同意。国民党二十多年的反动统治，人心失尽，必须引咎自责，以谢国人。至于何时渡江，如何渡江，双方代表团是可以协商研究的。”毛明白了张的用意，委婉地关上大门。

“从目前情形看，国民党的失败已成定局，国共两党的斗争亦将结束了。谁胜谁负，谁得谁失，谁是谁非，当然有事实作证明，将来亦有历史作评判。孙中山先生去世二十四年了，我们还没有把中国变成自由、平等、独立的国家，我们的同胞，在国外受人的轻视鄙视，我们实在感到惭愧和耻辱！作为一个革命党人，我们有诚意承认错误，有勇气承认失败，今后是你们执政了，你们怎样做？”张坦诚地说出了心里的话。

“不，不是的！是我们大家来做的，是靠大家合作来做的。我们知道，国民党内部也不是清一色的，其中有不少开明进步分子是不赞成独裁的，我们希望他们能和我们合作，一切真正主张和平的人，我们都欢迎和他们合作，而且希望他们多出主意，多提意见。”毛也坦然地说。

“今后怎么办？我倒有一个意见，不知您可愿意听？”张说。

“那很好，那是我们求之不得的。”毛说。

“抗日战争胜利后，在国民党政权中占统治地位的是亲美派反动集团。他们的一面倒亲美、死硬反苏的错误政策是一个致命的孤注，给国家民族带来严重的灾难，不仅危及国家民族的命运，而且影响到远东的和平，因此我坚决反对一面倒亲美，主张美苏并重，就是亲美也亲苏，不反苏也不反美，平时美苏并重，战时善意中立。我是一生坚持孙中山先生三大政策的，但在亲苏联共的总方针下，不妨在外交策略上美苏并重，保持同等距离。我曾经向蒋委员长反复建议过，可惜他犹豫不决，不能实行，不知您以为如何？”张试探地说。

“二次世界大战后，国际上分成以苏美为首的两大集团，互相对立，剧烈斗争。以苏联为首的是社会主义集团，以美国为首的是资本主义集团，前者是革命的、民主的、要解放全人类的，后者是垄断的、侵略的、压迫剥削穷人的，我们只能倒向以苏联为首的集团，而不能倒向以美国为首的集团。”毛扼要说明。

“我的设想是从全世界局面出发的，现在中国在远东处在举足轻重的地位，成为美苏争夺的对象。如果我们能够采取善意的中立，那么对苏有利，对美也有利，对中国更有利。相反，如果中国不能采取善意的中立，联合美国以对付苏联，以军事观点说，美国必须调动大量的海陆空军横渡大西洋来协助中国，中国便成为美国一大负担；如果中国联合苏联来对美作战，苏联也必须从遥远的西伯利亚出动大量陆空军来协助中国，而且形成两面作战，在战略上说，是顶不合宜的事。所以我说，中国如能保持善意的中立，对美有利，对苏也有利。还不止此，中国善意中立之后，如政治上运用得宜，还可以通过国共合作以促进美苏协调，通过美苏协调以加深国共合作。这一长远的战略政略如运用成功，还可以保证远东的和平，进而有利于世界的和平的。”张具体地、详细地阐述自己的观点。

“必须从根本上看到，两大集团的冲突，是根本的冲突，两大集团的斗争，是你死我活的斗争；一边是社会主义，另一边是帝国主义，当今之世，非扬即墨，不是倒向苏联一边，便是倒向美国一边，绝无例外，骑墙是不行的，第三条道路是没有的，我们反对倒向帝国主义一边的国民党反动派，也反对第三条道路的幻想。我准备写一篇专文，与你以及和你具有类似观点的人进行辩论，我们准备为此辩论一百年！”毛最后幽默地说。

“如你刚才所说，结束战争恢复和平之后，就要开始生产建设的伟大工作，使国家和人民稳步地进入富强康乐之境，就是说要进行全国性的建设，以中国之大，人口之众，建设不可能只靠自己，还得向外寻求援助。我认为，光靠苏联援助不够，还得向英美等国去争取援助才行，光靠任何一国都是不行的！”张换一个题目继续发表意见。

“在目前，这是一种幼稚的想法，英美统治者现在还是帝国主义，他们会给我们以援助吗？从鸦片战争以来一百多年的历史告诉我们，帝国主义只会侵略、压迫、剥削我们中国，谁曾见过哪个帝国主义者援助过我们？孙中山先生一生中向资本主义国家吁请过多次援助，结果落空，反而遭受打击；所以他临终总结经验，谆谆嘱咐大家要把目光转向‘以平等待我之民族’，而不要再上帝国主义者的当。我们在国际上是属于以苏联为首的一边的，真正的援助只能向苏联一边去争取，而绝不能把目光投向帝国主义的一边。”毛温和而坚决地向张解释。

“但是，我们还是要做生意。现在世界交通日益发达，各国人民贸易往来，有无相向，是正常的事，我们要和所有的国家做生意，尤其和发达的苏、美、英等国做生意，而不能像清朝时代那样闭关自守，一律排斥外来的东西。”张从问题的另一个角度提意见。

“是的，我们要做生意，完全正确，生意总是要做的。大家须知，妨碍我们和外国做生意以至建立邦交的，不是别人，正是帝国主义及其走狗、洋行买办等人。我们要团结国内外一切可以团结的人击破国内外的一切反动派，我们就有生意可做了。”毛进一步说。

“我们既然主张和平，既然要和各国建立邦交和做生意，那么我们就得注意态度，不一定对别人采取敌对或刺激的做法，例如我们最近对沈阳和上海的美国领事的态度，是不是会引起刺激？”张具体地提出问题。

“首先，我们要区分反动派与革命派的界限，对于国内外反动派不发生刺激与否的问题，你刺激它是这样，不刺激它也是这样。在武松看来，景阳冈上的老虎，刺激它是那样，不刺激它也是那样，反正它要吃人。我们或者把老虎打死，或者被老虎吃掉，二者必居其一。”毛没想到张治中对敌友界限一时还不易区分清楚，所以严正地说明。[1]

谈话至此，父亲告辞，毛泽东握手道别。

从4月13日开始，双方进入正式谈判阶段。国共和谈虽多曲折，但也有收获。父亲在北平与中共代表进行了20多天的密切磋商，终于形成了《国内和平协定》8条24款。父亲认为这个定稿已经接受了南京政府代表团所提修正意见40余处，被中共方面接受过半数。其他人也表示应以诚心承认错误，以勇气承认失败；如果能了然于“战败求和”“天下为公”的道理，只有欣然接受。

16日，父亲派黄绍竑、屈武带了文件回南京，劝告李宗仁、何应钦接受。20日深夜，父亲得知南京方面拒绝接受，并要求订立临时停战协定。代表团即刻将复电抄送中共，请他们再加考虑，这是21日上午9时之事。不久，北平街上到处是“号外”：百万雄师渡

1 余湛邦．我所亲历的三次国共谈判．中国社会科学出版社．2004：123-129.

过长江了！毛泽东、朱德已经命令解放军进军江南了。

此时，李宗仁、何应钦电催国民党代表团速返南京，23日派飞机到北平，24日回南京。父亲本打算24日回南京复命。

当天，周伯伯去看望父亲，说解放军渡江准备已经完成，随着形势的推移，仍有恢复和谈的可能；并说代表团回去后国民党的特务是会不利于他们的，甚至诚恳地说："西安事变时，我们已经对不起一位姓张的朋友[1]，今天不能再对不起你了！"

但父亲的内心陷于极度的苦恼与矛盾中："不回去吧，自己是南京政府首席代表，和平破裂，理应回去复命；回去吧，中共的挽留是诚意的和善意的，而且一旦解放军渡过长江，协定还是有签订的可能。"父亲决定留在北平了。

4月23日，从上海起飞的接和谈代表的专机飞到了北平上空，请求降落。周伯伯指示机场指挥台回话："飞机跑道正在修理，无法停机，过两天后再来。"飞机在北平上空盘旋几圈后返回了。

一纯回忆说："我们全家这次安全转移，是在周伯伯的亲自指挥下进行的。"

4月19日，素久正在南京明德女中上课，突然家里来人把她接了回家，原来是蒋经国通知母亲立刻乘坐他的飞机去上海，因为和谈破裂，南京即将失守，在北平的和谈代表会直接飞往上海。她曾回忆

1　指张学良。

说："我记得那架飞机上的人特别多，在飞机上我头晕恶心，难受得很。"由于上飞机很匆忙，没通知钱妩来接机，而是蒋纬国夫人石静宜来接机，蒋纬国就让接他的小轿车把母亲等人送到钱妩家。

上海虽尚未解放，但是一些重要部门已在中共地下组织控制中，对于一切情况，了如指掌。他们对母亲等人的行程，十分关注，并将情况随时通报当时接待南京代表团的北平军管会交际处处长王拓。王拓即随时电话告诉张立钧，张立钧以代表团随员的名义，将获悉的情况随时告诉父亲。在母亲来上海之前，4 月 17 日，一纯在兵荒马乱中，也随国民党要员黄少谷、万耀煌、马鸿逵等乘专列从南京到了上海。在一纯抵沪之前，就接到了有人给他的电话通知，告诉他别随便走开。随后，四叔张文心的夫人郑淑华也带着子女分批来到了上海。

在上海，家人聚集。母亲和婶婶郑淑华、四叔张文心及其儿子张一伟、女儿张素德、二弟一纯、五妹素久等住在大弟张一真家中，一真和妩妹当时在家。23 日午夜，上海共产党地下党组织已经派人来到住所，同一纯谈了一切细节，乘坐 24 日飞往北平接代表团的飞机。从父亲的老朋友中央航空公司营业部主任邓士章处，母亲得知此次行动是周伯伯特意安排的，便毫不犹豫地答应去北平。

4 月 24 日清晨，母亲等人像打仗一样，三下两下收拾些东西，迅速装上行李，妩妹开车送他们直奔机场。妩妹后来说，当时时间很紧张，连玻璃丝袜都来不及穿。

记得候机室里的人很多，到机场后，母亲等人聚在一起非常显眼，邓士章夫人说："你们几个人在一起目标太大，先分散到各个角落，等飞机快起飞时，你们再一起上飞机。"并告诫说，"遇到熟人要少说话。别人问你们到哪儿，就说到兰州或者说接兰州来的客人。"因为父亲在兰州任职多年。

在飞机场，母亲遇到了一个熟人——交通部部长俞飞鹏。

俞飞鹏问母亲：“张夫人，你们上哪去？”

母亲很利落地回答：“我们去兰州。”而在一旁的妹妹素久还纳闷：我们不是去北平吗？妈妈怎么说去兰州呢？

俞飞鹏反问：“今天没有去兰州的飞机了，已经派飞机去北平接和平代表团了，张长官就要回来了，你们回去等吧。”

母亲装着很惊诧的样子，“哦”了一声，随后道谢告别。此时，负责接应的人不知不觉地又来到了他们身边，领着他们转了很多弯，最后绕到停机坪上，一架飞机停在那里，正是准备接和平代表团的飞机。母亲等人上去后，飞机立即起飞了，整个飞机上只有我们一家人。飞机在青岛机场降落加油后继续起飞，当日午后抵达北平西苑机场。

其实，邓士章怕被特务发现，早安排其他几个地下党员把机场的特务人员都请出去吃饭了，将他们灌得烂醉，待他们酒醒时，飞机已经飞走了。当上海警察局长、京沪杭警备司令部二处处长毛森得知后，他向汤恩伯报告：“接代表团的飞机走了，张治中一家也跟着去了。汤司令，赶快派飞机去追吧！”

汤恩伯没有下令去追，当时是有条件派战斗机去拦截的，因为在青岛等地还有国民党的飞机场。汤恩伯之所以不愿意这么做，可能因为他与我们家的良好关系。他早年与我叔叔张文心同在日本陆军士官学校学习，两人有较深的交往。父亲对汤恩伯也有所提携。汤恩伯尊称母亲为师母。据说，接代表团的专机飞过青岛后，汤恩伯得知母亲去了北平，将邓士章等中航负责人全部拘留起来。在显要人士的疏通下，罚款保释，不了了之。

当素德回忆“上海脱险”时，与上文叙述有细节差别：

当伯父在北平和谈时，家里人心都是悬着的，密切注意有关消息，牵挂着伯父的和谈进程。当时伯父家和我们家都住在南京沈举人巷（1号和4号）。父亲8岁父母双亡，跟着其长兄嫂张治中、洪希厚长大，我哥哥自小在伯父家生活学习，伯父对我们十分关爱，像自家人一样。当外界日益兵荒马乱时，父亲好友、南京地下党沈世猷对我们说："建议张家做去上海的准备。"于是，母亲就先把我送到上海"打前站"。

4月19日蒋纬国通知伯母洪希厚立刻乘他的飞机去上海，说：因和谈失败，南京即将失守，在北平的和谈代表直接飞上海。于是伯母把正在明德女中上课的小女儿接回家，匆忙地乘上了这架人挺多的飞机去了上海。蒋纬国夫人石静宜来接机，蒋纬国就让他的司机把伯母送到大嫂家，我的二哥和母亲郑淑华及兄妹也分批到沪。

4月22日晚，天已黑了，我们全家接到通知到大嫂处集合，有重要事情告知，行动要保密。原来是中共地下组织派人秘密来到我家，面谈明晨我们乘接和平代表团的飞机去北平的安排。妈妈回来后一再叮嘱，到机场后紧跟着大人走，别人问起就说到兰州，千万别说去北平。

第二天清晨4点，我们摸黑起来，像打仗似的悄悄地来到大嫂家，大嫂立即开车送我们到机场。遇见一些权贵夫人，大嫂就说"去兰州，去兰州"，然后赶快离去。

后来遇见当时的交通部部长，他问大嫂要去哪里，大嫂说去兰州。他说："今天没有去兰州的飞机，已经派飞机去北平接和平代表团，张长官就要回来了，你们回去等吧。"大嫂噢了一声，说声谢谢就挥手告别。

此时为我们带路的人不知不觉又来到我们身边，为避开视线，领着我们绕了很多弯，最后绕到机场航道另侧，那里正停着飞往北平的专机。我们一行人迅速登机之后，飞机立刻起飞，飞机上只有我们一家人。中午，飞机平安抵达北平西苑机场。当大伯被周恩来通知一道到机场接人时，还莫名其妙，待看到我们一家人从机上走下来时，真是意外高兴。

据说，我们所乘接代表团的飞机起飞后，有人向当时的京沪警备司令汤恩伯报告，汤说："不会吧，去查查。"后知确有其事，即派机拦截。危险的是此机已追到青岛但停在另一机场，错过了拦截时机。就这样我们到了北平，一下子从"白区"来到"红区"。

飞机到达北平前后的场景，一纯曾写过文章回忆："我看到飞机没有按照惯例停在候机大楼前的停机坪上，而是远远地在起飞跑道上等候。汽车一直开到飞机前，我们刚跨进机舱，飞机就起飞了。当天下午，我们平安地到达北平西郊机场，见到了早已等候在那里的父亲和周伯伯的代表叶剑英。""我们全家这次安全转移，是在周伯伯的亲自指挥下进行的。他指派北平军管会交际处处长王拓守在电台旁，和南京、上海的地下党组织取得联系，指示他们要尽快找到我们全家，并把进展情况随时向他报告。地下党找到我们后，又亲自安排我们转移。接送车辆如何解决、转移走哪条路线，他都一一过问。他还特别指出，飞机不要停在候机楼前，要远离人群，以免混进坏人。就这样，我们及时摆脱了国民党特务，在北平开始了新的生活。"

在离开上海到达北平的当天晚上，周伯伯在六国饭店设宴招待他们。

父亲在北平安顿下来了，虽然由于在西北兼职，不得不经常来往于西安和北平之间，但主要活动还是在北平。所以，父亲一决定留居北平，毛泽东、周伯伯就交代主管单位为父亲解决寓所问题。

据母亲说，他们先看了方巾巷的一栋小洋房，父亲嫌房间太小，又是楼房，上下不便。又看了东总布胡同的一处住宅，三个大院子，很宽敞，但是母亲嫌门槛太多，出入有点不方便。不久，中共统一战线工作部安排父亲住进了北总布胡同14号，是一个西式平房。房子过去是一个德国人盖的，后来给一个当交通总裁的日本人住，抗战胜利后就成了孙连仲的公馆。房舍高大宽敞，餐厅能摆四五十桌，舞厅能容上百人。在这里住了6个月。他们又搬到了东单新开路，住在我以前买的房子里。这个房子是1947年前后，有人要卖房子，联系母亲，母亲就让我买下来的。我1950年回北京后就住在这里，两层的房子，很小的院子，没有花园，父亲带着我们一家子在这里住了一段，后来公家就在这房子隔壁为父亲盖了一座楼房。

父亲觉得到共产党领导的政权中来，不是“投机”，也是为了革命。

留在北平的这段时间是父亲少有的休闲时间，他自己也说有30年没有这么休息过了。家人都笑话父亲说：“老天爷看你这许多年来太辛苦了，所以才特别给你这个休息的机会。”父亲在三个月的时间里，逛北平的名胜古迹，听北平的大鼓和四大名旦的京剧……

父亲留下来后也背着沉重的思想负担，他的思想症结是：

我是为和谈来的，而且是代表团的首席代表，和谈既然破裂，为什么不回去？留在北平干什么？算怎么一回事？

拿我和蒋介石的关系来说，他是国民党的总裁，我是国民党的干部，而且在一般人看来，我还是他的亲信干部、重要干部；而他在反共，在主战，我则一贯地主张联共、主张和平，4 月 1 日以后更跑到共产党这边来，一来就不回去了，这不是变成干部背叛领袖了吗？

我是一个国民党党员，但现在站到共产党这边来了，人家会不会说我是“投机”呢？这一问题在我脑海里盘旋了很久，没有想出一个答案。[1]

而父亲对自己如果回南京命运会如何，曾经有过判断。一些朋友劝说父亲，国民党特务和反动分子会加害他们，父亲说：“我个人方面没有这个计较……”

周伯伯、林伯渠、毛泽东、朱德都经常去父亲住处聊天。周伯伯也看出了他的苦闷。父亲也多次向周伯伯提出：“我久住北平觉得没有什么意思，到苏联去吧？”父亲一直想到苏联去看一看，虽然在新疆工作，但是一直没有去过。但是周伯伯拒绝了：“苏联和我们还没有建立邦交，你以什么立场去？人家不便接待你的，你又不是一个普通的人。”既然去不成，苦闷也不是办法，于是父亲看看书，如《毛泽东选集》《联共党史简明教程》等，就连中共干部必读的书他也看了几本，但是具体问题仍未解决，思想包袱还是没通。

直到发生了一件事。

国民党方面对南京政府代表团全部留在北平的事情，十分气愤。1949 年 6 月 15 日，广州中央社发出电讯《张治中在北平被共产党扣

---

1 张治中 . 解放十年来点滴活动 . 中国人民政治协商会议全国委员会文史资料研究委员会 1963 年 3 月印：277–278.

留详情》，后来又发两个电讯，对父亲进行攻击，说父亲在北平策动和平，受了中共的唆使，离开北平行踪不明。为澄清事实，父亲不得不在6月26日发表《对时局的声明》一文，表明自己的政治立场：

我居留北平已八十天了，以我所见所闻的，觉得处处显露出一种新的转变，新的趋向，象征着我们国家民族的前途已显示出新的希望。就是中共以二十多年的奋斗经验，深得服务人民建设国家的要领，并且具有严格的批评制度，学习精神和切实、刻苦、稳健的作风。这些优点反映到政府的，是有效率的、没有贪污的政府，反映到党员行动的是俭朴、肯干、实事求是的军政干部。尤其中共所倡导的新民主主义，在现阶段看来，实与我革命的三民主义之基本要求相符合。综合说一句，这都不是过去我们国民党所表现于政治和党员行动所能做到的。我以国民党党员一分子的立场只有感到无限的惭疚，但是站在国民一分子的立场说，又觉得极大的欣慰。我们中国人，毕竟还有能力把国家危机挽救过来，还可希望把国家搞好，断不是一个没有出息的民族，已可得到证明。我多年来内心所累积的苦闷，为之一扫而空，真是精神上获得了解放，怎能不令人欣慰不已呢？

……

本人虽然身在北平，而心念战区。回想个人的主张，一向力主贯彻革命，实行民主政治。九一八事变以后，力主全国团结，坚决抗战，对国内问题，力主以政治方式解决，促成和平。这些，都是大家共见共闻的。目前大局已演变到此，我觉得各地同志们，应该惩前毖后，当机立断，毅然决然表示与中共推诚合作，为孙先生的革命三民主义，亦即为中共新民主主义的实现而共同努力。至于我们国民党，早就应彻底改造，促进新生，才能适应时代，创造时代，达成我们革命党人应负的历史使命。[1]

父亲想通了，他经历了最痛苦的思想斗争，用他的话说，就是“把理论上的国民党——国民党的主义和它的应有的本质——与被反动派长期窃据的国民党的现实区别开来一想，就想通了”。

父亲自问，国民党应该是个怎样的党？而事实上又蜕化为一个怎样的党？他所憧憬的国民党的灵魂哪里去了？他所追求的“恢复革命精神，实行民主政策”，为的是把国民党从错误的道路上扭转过来，但是却回天乏术。

父亲在北平看到的中共干部的作风和精神对他也触动很大，觉得中共领导的政权有效率、有作为，再回头看看国民党的干部作风和党员精神，就觉得惭愧。父亲感慨地说：“我真不愿做一个国民党员，愧对人民、愧对国家……”“国民党这个名字实在臭得很，人民听见这个名字就头痛，就发生厌恶。”所以他觉得这样一个对稍有民主进步的人都排挤的党不值得有任何的留恋。所以，他觉得到共产党领导的政权中来，不是“投机”，也是为了革命。

1 张治中．张治中回忆录．华文出版社．2007：525-527.

20 世纪 50 年代到 60 年代，张治中每年夏天都携带家人到北戴河避暑。图为张治中遥望大海。

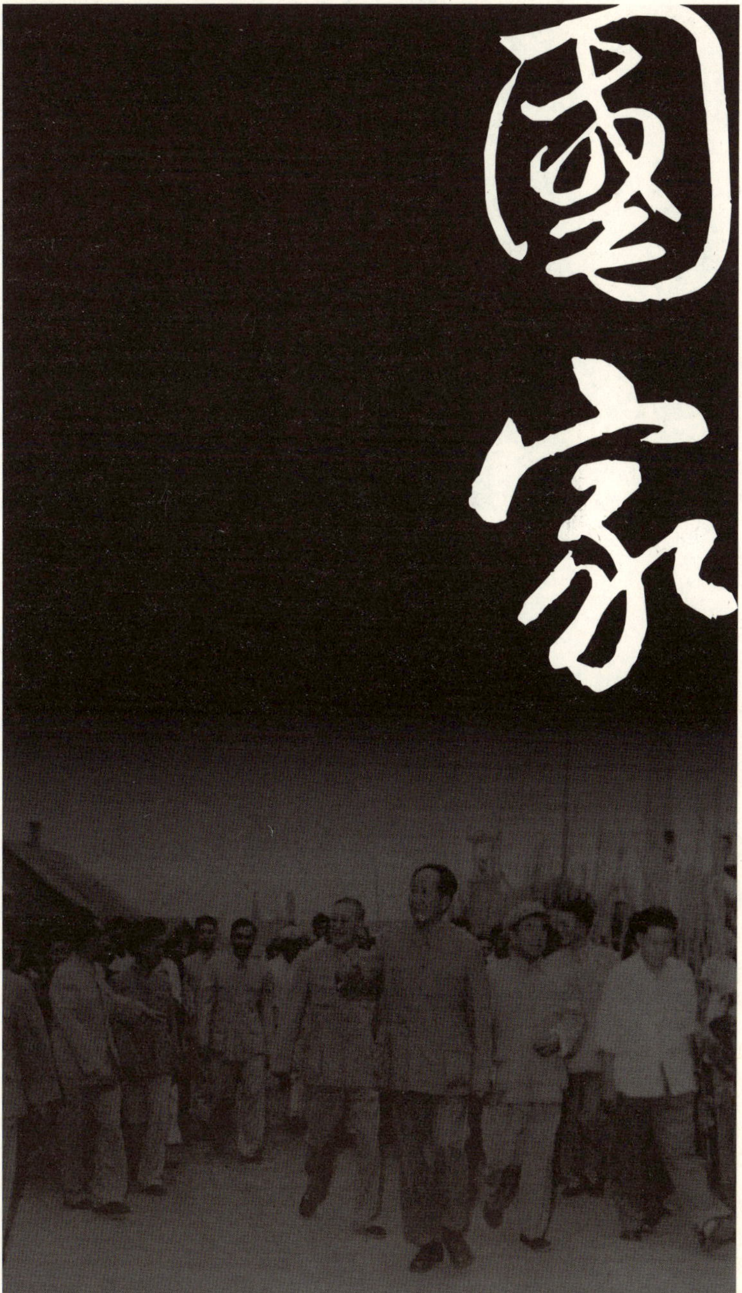
國家

1949 年 10 月 1 日，毛泽东当选为人民革命军事委员会主席，与部分委员在中南海颐年堂合影，其中毛泽东左后立者为张治中。

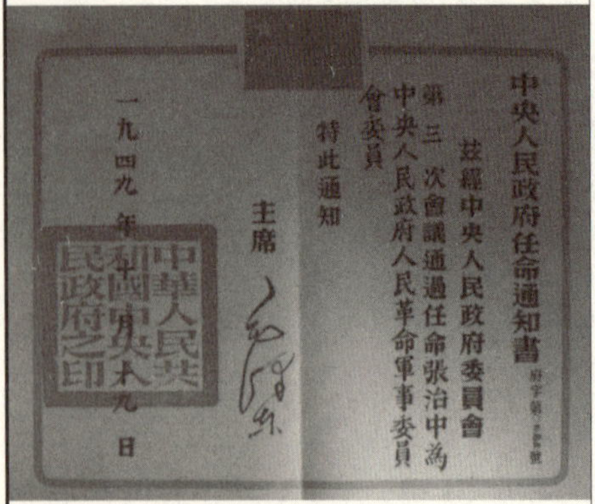

中央人民政府任命通知書

茲經中央人民政府委員會第三次會議通過任命张治中為中央人民政府人民革命軍事委員會委員

特此通知

主席

一九四九年十月十九日

中華人民共和國中央人民政府之印

1949 年 10 月 19 日，毛泽东签发任命书，任命张治中为中央人民政府人民革命军事委员会委员。

1949 年 11 月，周恩来为张治中夫妇由北京飞西安送行。前往送行的有赵寿山、邓宝珊、张一纯、张素久等。

1949 年 12 月 2 日，中央人民政府任命彭德怀为西北军政委员会主席，习仲勋、张治中为副主席。左起：习仲勋、贾拓夫、张治中、彭德怀，出席西北军政委员会会议。

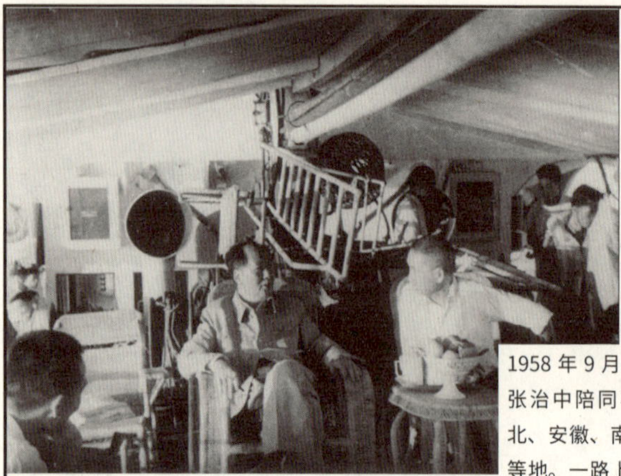

1958 年 9 月 10 日至 29 日，张治中陪同毛泽东视察了湖北、安徽、南京、上海、杭州等地。一路上，他写了 4 万多字的日记。图为毛泽东和张治中（右）在长江轮船上。

1958 年，张治中（左一）陪同毛泽东巡视长江南北。

1958 年，张治中（右三）陪同毛泽东参观安徽水利建设展。

1958 年，张治中（左一）陪同毛泽东参观大冶矿山。

1958 年，张治中（左二）陪同毛泽东在安徽安庆一中参观大炼钢铁。

1958 年，张治中（右五）陪同毛泽东参观安徽钢铁厂。

1960 年 9 月 19 日，全国政协委员张治中（右一）、邓颖超、邵力子、安子文、罗长青、平杰三、郑洞国、侯镜如陪同周恩来，在颐和园接见宴请特赦人员杜聿明、宋希濂、王耀武、杨伯涛、郑庭笈、周振强等。

1962 年 4 月 24 日，以彭真为团长、张治中为副团长的中国代表团访问朝鲜。图为朝鲜民主主义人民共和国元帅金日成与张治中（左）握手。

1964 年 5 月，张治中（二排左五）回安徽巢县洪家疃和黄麓区各公社大队长以上人员举行座谈会。

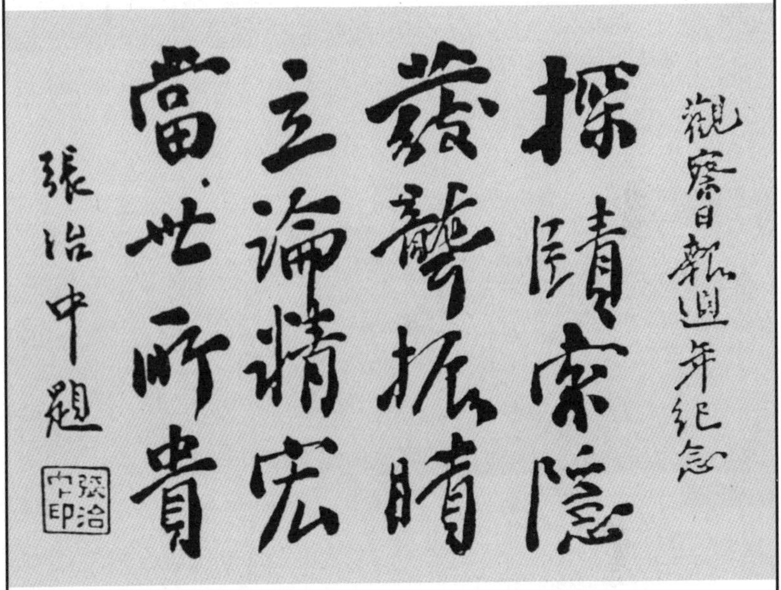
觀察日報週年紀念
探賾索隱
發聾振聵
立論精宏
當世所貴
張治中題
張治中印

张治中给《观察日报》的题词。

1965 年，在欢迎李宗仁宴会前众人亲切交谈。左起：彭真、张治中、周恩来、李宗仁、傅作义等。

1965 年，张治中与夫人洪希厚宴请归国的李宗仁夫妇。

第八章

新中国成立初期："知无不言，言无不尽"

毛泽东笑着对父亲说："过去的阶段从你发表声明之日等于过了'年三十'，今后还应从'年初一'做起。"

毛泽东多次找父亲谈话，并希望他参加政协和政府的工作。中国人民新政治协商会议正在酝酿筹备时，在一次会议上毛泽东当着朱德和其他一些中央领导人的面，指了指父亲说："他是三到延安的好朋友，我想提请他在人民政府中担任职务，你们看怎么样？"还没等别人回答，父亲自己先摇头说："过去这一阶段的政权是我们负责的，今已失败，成为过去了，我这个人也应该成为过去了。"毛泽东笑着说："过去的阶段从你发表声明之日等于过了'年三十'，今后还应从'年初一'做起。"

周伯伯也对父亲说："你还是封建道德！""你为什么只对某些人存幻想，而不为全中国人民着想？你为什么不为革命事业着想？"父亲谈起思想转变时，常念念不忘这两句话。

1949年9月，政协会议召开，来自全国各地的许多著名人士、民主党派人士共商新中国成立大计。父亲在世时常讲，参加新中国工作的后半生，特别是新中国成立初期这一段是他最惬意的时光。父亲参加了中央人民政府委员会、中国人民政治协商会议全国委员会常务委员会，以后参加了全国人民代表大会常务委员会，最高国务会议和国防委员会。每次开会时，父亲都是发言的时候多，不发言的时候少。真正做到了“知无不言，言无不尽”。

印象中的父亲敢于直言。包括国号、国旗的选定，父亲都直抒己见。1949年6月，毛泽东在中南海邀集各界人士座谈讨论国家名号问题。中央意见拟用“中华人民民主共和国”作为国名。在座的很多人表示赞同，唯有父亲表示不同意。父亲说“共和”这个词的本身就包含了“民主”的意思了，就不用再写民主了。

还有选国旗方案时，全国征集国旗图案两千多幅，审阅小组通过党中央提出了三幅。讨论时，毛泽东手持两幅：一幅是红底，左上方一颗大五角星，中间三横杠。说明是：红底象征革命，五角星代表共产党的领导，三横杠代表长江、黄河、珠江。手中的另一幅就是现在的五星红旗。征询大家意见，多数人倾向三横杠的那幅。

父亲说：“把国旗劈为两半，不成了分裂国家了吗？一是杠子向来不能代表河流，中间三横杠容易被认为分裂国家、分裂革命；二是杠子在中国人的传统观念中是金箍棒，国旗当中摆上三根金箍棒干吗？因此不如用这一幅五星红旗。”毛泽东觉得父亲所言有理，后来就定了五星红旗。

1954年9月，全国人大一届一次会议开幕前，父亲得知毛泽东不准备讲话，就通过周伯伯、彭真建议毛泽东讲话。后来他们告诉父亲，毛泽东仍不愿讲话。于是父亲就直接写了一封信给毛泽东，说：

“这次会议是中国历史上第一次人民代表的会议，您怎能不讲话？”过了两天，父亲见到了毛泽东，他突然说：“就是你一个人要我说话！”

父亲说：“我想所有全体代表都希望您说话。”这次交谈后，毛泽东还是不同意讲话。可是，在开幕式上，毛泽东却讲话了。会间休息时，毛泽东笑着说：“你胜利了。本来不准备说话，只因开幕式我是主席，就拿起笔来想写，谁知越写越多，成了这一篇讲话了。”[1]

全国人大一届一次会议全体会议和常务会议开过之后，父亲提出一份书面建议，主张每个人大常委每年都要出去视察，了解地方情况，听取群众意见。建议是彭真转交刘少奇的。后来，毛泽东也看到了，并主张把范围扩大到全国人大代表，以后又加上全国政协委员。有一次，在会议休息室里，有人谈起视察的事，讲到这件事是由父亲建议才实行时，父亲说，建议视察的范围已经由主席扩大了。毛泽东用幽默的语调说：“他这个人专做好事，做了许多好事。”几十年来，这成了一项传统制度，沿用至今。

在参加讨论宪法草案时，父亲认为草案总纲第四条中有“台湾地区除外”的字样，应予删除，因为台湾问题是暂时的，而宪法是永久的，大可不必在宪法上面这样写出。毛泽东十分赞成，大家一致同意删去。

10月1日，中央政府委员会召开第一次会议，决定对外发表公告。公告里面有几句话：“选举了毛泽东为主席，朱德、刘少奇、宋庆龄、李济深、张澜、高岗为副主席，暨委员56人。”原文已印好，等一

1　张治中．解放十年来点滴活动．中国人民政治协商会议全国委员会文史资料研究委员会1963年3月印：61.

会儿就要到天安门庆祝大会上发表了。父亲站起来对毛泽东说："这样措辞不太妥吧？委员 56 人一语太简单了吧？这是正式公告，关系到国内外观感，何不把全体委员名字都写上去？"毛泽东积极响应："这个意见好，这样可以表现我们中央人民政府的强大阵容。"

毛泽东与父亲长谈时曾说："东风压倒西风，我们两个人要争论一百年。"

1958 年父亲陪同毛泽东巡视大江南北途中，毛泽东由马鞍山去南京视察，一下火车就笑着问江苏省委第一书记江渭清："你借文白先生的 3000 元到底还了没有？"

江渭清笑着说："还没有。"毛泽东说："你们可别忘了还啊！"

父亲听后，才记起 20 年前的这段往事，也笑着回答："那是应该的嘛！"原来，1938 年底，国民党决定弃守长沙时，江渭清在湖南打游击，经费非常困难，找父亲借钱资助。父亲听说江渭清想组织游击队正愁弄不到枪支弹药款，就借了 3000 块光洋给他。

其实，1949 年到北平后，我们家在经济上遇到了一些困难。父亲曾经让一纯和张立钧去傅作义先生家借钱。到了那里，傅先生问借多少，他们说借 250 元。傅先生随即叫人拿出 500 银圆。

这件事很快就被周伯伯知道了。一星期后，他派人送来一封信。信一开头就表示歉意，然后写道："不知你们经济上这么困难，现拨出 6000 元供你们使用。"

1951 年，根治淮河工程开始，中共中央任命父亲为中央治淮视察团团长，到工地进行视察和慰问。临出发前，父亲却病倒了。毛泽东得知病情了以后，在5月5日特派江青持亲笔信到家里来慰问，对父亲的病情表示了极大的关切。

在北京期间，毛泽东一共两次到我们家里来看父亲。1950年8月14日，素初生日。家里正准备为她举行庆祝会。她接到一些应邀参加聚会的朋友的电话，说你们家门口戒严了，进不去。后来接到通知，原来毛泽东要来看父亲。我和弟妹们跑到大门外，去接毛泽东。

毛泽东看我们家张灯结彩，问父亲是什么喜事？

父亲说："三女儿从美国回来了，今天是她的生日。"毛泽东把素初叫过去，对她说："从美国回来就好。今后为祖国服务。"他回去后，还派人送来一个生日花篮。

除了亲自来家中，毛泽东还将各地送来的食品分送一份过来。有一次，山东胶县的一个农业合作社送毛泽东三棵大白菜，毛泽东分了一棵给父亲。母亲称了下，有27.8斤，她舍不得吃，用沙土栽在一个大花盆里，摆在客厅几个月，菜心长出了壮苗开了花。

1952年夏，父亲从西安到北京，毛泽东来到家中，长谈了两个小时。父亲说："毛主席啊，我们国家这么大、这么多人口，我们只跟苏联建立外交关系，做生意、搞贸易不是长久之计。我们应该和各个国家搞贸易做生意。"毛泽东站起来说："东风压倒西风，我们两个人要争论一百年。"

1957年，父亲带着我们全家在北戴河休假，毛泽东还请了我们全家吃饭，然后去看电影，一路上有说有笑的，尽兴而归。

1958年5月，反右派斗争接近尾声，父亲写了一份《自我检查书》，总结了新中国成立以后参加革命工作的功过、得失、是非，送毛泽东审阅，并附去1949年冬所写《六十岁总结》。22日，毛泽东复信：

文白先生：

五月三日的信早已收到。原封不动，直至今天，打开一看，一口气读完了《六十岁总结》，感到高兴。我的高兴，不是在你的世界观方面。在这方面，我们是有距离的。高兴是在作品的气氛方面，是在使人能看到作者的新的若干点方面，是在你还有向前进取的意愿方面。我猜想，这一年多的时间内，害苦了你，一个老人遇到这样的大风浪，这种心情，我是理解的。觅暇当约大驾一谈。这几天尚不可能。

祝安好！问候你的夫人和孩子们！

毛泽东

五月二十二日上午七时

后来父亲问毛泽东："你说我们的世界观有距离，指的是哪些地方？"

毛泽东说："你在《六十岁总结》曾说，你对阶级斗争的观念是很模糊的，但是今年写的《自我检查书》里怎么没有提到？你对阶级斗争还没有搞清楚吧？"

父亲解释说："《六十岁总结》所说的是指1924年至1948年时期，我虽一贯主张联共，自己也亲共，但对阶级斗争观念是模糊的。自1949年在北京住了几个月，报上看到的，报告会上听到的，又读了干部必读的许多书、关于马克思列宁主义和你的好些著作，就认识到阶级斗争的必要性，所以才能把过去检讨出来。如果我未认识到阶级斗争的必要性，我就检讨不出来了。"

1958年9月10日至29日，父亲陪同毛泽东视察了湖北、安徽、南京、上海、杭州等地。一路上，他写了4万多字的日记。这一年，父亲与毛泽东的交往和友情应该是最好的时期。这次视察是毛泽东邀请父亲去的，他很珍惜这次机会，每天的视察和与毛泽东的谈话都会详细地记录下来。回来以后，父亲写了《人民热爱毛主席——随毛主席视察散记》一文，发表在《人民日报》上，详细记述了各地人民群众对毛泽东的真诚的、热烈的爱戴之情，以及毛泽东热爱群众、关心群众生活的情况。记录下毛泽东所到之处被四面八方的工人群众簇拥着，黑压压地挤满了人。毛泽东一出现，就会听见雷鸣般的欢呼声、鼓掌声和“万岁”“毛主席万岁”的口号声。“在参观大冶钢厂时，工人多，该厂正在扩建中，基建工人也多。他们的欢呼声、鼓掌声、万岁声连机器的巨大轰鸣声都被淹没了，解说的人无法做介绍。”

其实，在1958年8月下旬北戴河会议期间，有一天，毛泽东请我们全家到他住处吃饭、谈话、看电影。分手时父亲对毛泽东说：“过两天我要回北京去了，主席有何吩咐？”

毛泽东说：“不忙，我还有话要对你说，稍等一等。”

可是，一天，两天，三天，十多天过去了，毫无消息，父亲感到纳闷儿，又不好问。直到9月上旬，毛泽东才请父亲去，说：“我想到外地视察去，你可愿意同行？”

父亲很高兴：“那太好了，能够有这个难得的机会！”

机要秘书余湛邦曾回忆说，父亲回到住处，向他交代了一下：“这回你要好好准备。我每天紧跟在毛主席身边，你利用速记把他讲的话每句都记下，并留意环境和采访群众，到晚上我们把材料凑在一起，就可以成为一篇宝贵的日记。”

9月10日上午8时，毛泽东与父亲分坐两机由北京飞武汉，11时40分到达。余湛邦回忆说，那天武汉晴空万里，气候特佳。一下飞机，父亲就问毛泽东：“你昨晚恐怕又没睡觉吧？”

毛泽东回答：“昨晚开了五个会，今天清晨又接见新疆参观团，没有睡。”

父亲说：“那你好好地睡一觉吧。”

毛泽东说：“不，天气热，我们马上到长江去。”说着就登车。

父亲和曾希圣[1]、王任重同车随行，他们在船上吃中饭。中饭很简单：一碟炒青菜，一碟肉片黄瓜，一碟炒小鸡，一碗冬瓜汤。父亲和曾希圣、王任重以及毛泽东夫妇共五人用餐。饭后，毛泽东忙着要下江游泳，他笑着问父亲：“你可下水？”父亲抱歉说：“不能奉陪了。”毛泽东说：“好吧，你当‘观潮派’吧！”

9月12日在武汉，刚好武汉军区召开党代表大会，毛泽东接见党代表后，坐车到大操场和大家照相。父亲对同车的曾希圣说：“这是党代表大会，我不是党员，不必参加了吧？”曾希圣也说：“我也不准备参加。”

可是汽车停下来后，看到毛泽东站在那里等候。陈再道[2]和叶子龙跑到两人面前说：“主席等你们一起照相呢！”

父亲赶快走到毛泽东的面前说：“我不要照了吧？”

毛泽东说：“为什么？1956年（八大）时我们不是邀请了许多党外朋友参加了照相吗？”陈再道补上一句：“你是国防委员会的副主席呀！”

父亲一想，觉得也对，他当时不但参加了，照相了，而且还做了书面发言。

---

1 时任安徽省委第一书记。

2 时任武汉军区司令员兼湖北省军区司令员。

在要离开武汉的早晨，徐海东到武昌东湖养病，毛泽东知道后特地请他来见面，对徐海东的病情很关心。

毛泽东视察完武汉以后，父亲问他："您还有哪几个省没有去过了？"

毛泽东说："西北三省（陕、甘、青），四个自治区（新疆、内蒙古、宁夏、西藏），华北的山西，西南的云南、贵州，都没有去过。"

9月16日，毛泽东乘船沿长江从武汉抵达安徽安庆，后又去了合肥、马鞍山。

父亲特别高兴的是毛泽东能到安徽去视察，父亲日记里记录很多。

在合肥时，父亲和曾希圣、罗瑞卿[1]在毛泽东处聊天，毛泽东向父亲介绍《楚辞》，由《楚辞》谈到《论语》，谈到《论语》的朱注，谈到朱熹。谈朱熹时，毛泽东对父亲说："朱夫子是你们安徽人。"

父亲说："朱夫子被江西抢去了，婺源县现在划归江西。"

毛泽东说："婺源虽然划归江西，但不能因此改变朱夫子的籍贯，七八百年来他一向被认为是安徽人嘛。"

在离开安徽合肥的那一天，父亲和曾希圣商议，通过群众夹道欢迎的方式，以便群众都能看到毛泽东。毛泽东由曾希圣陪同站在第一辆敞篷的吉普车上，父亲和罗瑞卿、黄岩[2]等人站在第二辆敞篷的吉普车上。"毛主席万岁！""共产党万岁"的口号声，用父亲的话说就是像波涛一样。

1 时任公安部部长。

2 时任安徽省委书记兼省长。

同行的罗瑞卿对父亲说："今天这种'夹道欢迎'的做法，是主席多次出来视察的第一次破例。"

父亲对毛泽东说："今天群众情绪这样的狂热，他们对领袖拥戴敬爱的情景实在使人感动。"

毛泽东回答说："这是他们感到自己已经当家做主了，他们是国家的主人了。过去人们都是愁眉苦脸，而今天人人喜笑颜开，这就是最大的转变。"

父亲曾回忆说，毛泽东在合肥视察时曾谈起父亲的世界观问题。他指着父亲笑着对罗瑞卿部长等人说："我曾说他的世界观问题没有解决，但是他说已经解决了。他说他从 1949 年起就已经感到高兴了、满足了，我不相信，我就没有感到高兴过满足过。我在 1955 年走了几个省份，看到农业合作化已经超过半数户口了，我才有点高兴；可是 1956 年刮起一阵歪风，说是冒进了，要赶快后退，我又不高兴了。到今年（1958）我看到全国工农业生产大跃进的情况，我才真正感到有点高兴。"

父亲对毛泽东的这番话并未同意，他说："你说在 1955 年前并未感觉到高兴和满足，而我是从旧国民党来的，在过去反动统治时期，眼看着到处表现了贪污、腐败、反动、无能，眼看国家这样坏下去，心想怎么得了，所以一直在苦闷中生活。但是到了 1949 年，我眼看由于共产党和你的领导，党员干部的刻苦奋斗、认真负责，为人民做事的作风，一切都有了办法，国家是大有希望了，我就如同由黑暗看到光明，所以自然感到精神上得到解放，心情高兴满足了。"[1]

---

1 张治中 . 解放十年来点滴活动 . 中国人民政治协商会议全国委员会文史资料研究委员会 1963 年 3 月印：61.

由马鞍山去南京的火车上，江渭清迎接，当时在座的还有罗瑞卿、曾希圣等。毛泽东指着父亲问大家：“你们可知道他为什么字文白？”

大家说不知道。毛泽东说：“他青年时当过警察，取字警魄。后来警察不当了，警魄的字也不用了，遂从警字中取一‘文’字，‘魄’字中取一‘白’字，故字‘文白’，看来他还是个简化汉字的创始人呢！”大家听了都笑了。

杭州是此行视察的终点站，专列到站前，毛泽东对父亲说：“杭州是大家多次到过的，你的观感如何？”

父亲说：“新中国成立后经过整顿当然不同。”

毛泽东说：“有两大缺点，一是湖水太浅、水草太多；二是坟墓太多、与鬼为邻。不过，我虽然批评它，还是喜欢它。”

父亲说：“我不能完全同意你的意见，这是你我所处地位不同之故。”

1958年9月的一天半夜，素央忽然被敲门声从梦中惊醒，妈妈要到火车站去接跟随毛泽东视察江南返京的父亲。她回来说，一列专车缓缓进站后，毛泽东第一个走了下来，父亲跟在后面。父亲把素央介绍给毛泽东。毛泽东问她多大了，她回答说33岁。毛泽东说：“还很年轻嘛，做什么工作？”她回答说：“在国家体委工作。”毛泽东说：“好哇！身体健康很重要，做体育工作很好哇！”

第九章

“文革”岁月:“你要问我是谁,你可以去问毛主席”

红卫兵指着父亲问："你是谁？"父亲很生气："你要问我是谁，你可以去问毛主席。"

在反右斗争中，父亲对运动不理解，表示了不同的看法，对党与非党的问题曾作长篇直言。同时他对民革中央的反右颇有看法，态度消极。父亲的言行招致一些人的不满，一夜间民革大院贴满了邵力子和父亲的大字报。毛泽东、周伯伯知道后，保护了父亲，毛泽东批评某些人"不要被胜利冲昏了头脑"。

1966年初夏，我国发生了史无前例的"文化大革命"运动，全国乱翻了天。学生不上课了，铁路车厢由学生乘了到处大串联……

毛泽东在天安门多次接见红卫兵，父亲每次都看电视。天安门广场上"伟大""万岁"的标语到处都是，字写得特别大，非常显眼。父亲看了一个劲地摇头，但不说话。机要秘书余湛邦一直陪伴在侧，他说，父亲的意思就是："我们不是向来反对个人崇拜的吗？"

在北戴河，中央统战部派人邀集一批民主人士，传达中央文件，特别强调了“文革”是毛泽东发起和领导的，红卫兵是毛泽东派来的，要正确对待。

我家那时就住在父母家的隔壁，仅一墙之隔。

每年6月至7月，我父母都会到北戴河避暑，我因在学校教书有暑假，几乎每年都随去两周或三周。但那年我尚未动身，红卫兵来抄家了。第一批是以十一学校为代表，共几十人，一天晚上按我家的门铃，声称是来破“四旧”的。我家是一座旧楼房，大儿子正好在家，立即开了门，他们一哄而入，楼上楼下乱蹿。说实在的，那时我家仅有几张沙发、桌椅，衣柜里一些衣物、首饰，他们翻箱倒柜，然后又塞回去搬到一楼堆在一起。我让他们贴上封条，内有我的英文打字机及飞利浦牌收音机一台。

过了几天，另外一批红卫兵又来了，坚决要把上批红卫兵封存的东西拿走。有一位老工人为他们推车，心中很不耐烦，直摇头。我很天真地恳求他们无论如何不要拿走我的教学用具——打字机，及每天要听新闻的收音机。他们凶巴巴地对我说：“谁还要你教书呀！”当晚打电话给在北戴河的父母亲，父亲决定次日返京。

第二天，父亲刚到家站在院子的台阶上，红卫兵就进大门了。

红卫兵指着父亲问：“你是谁？”

父亲很生气：“你要问我是谁，你可以去问毛主席。”

红卫兵砸了只花瓶，拿走了父亲的佩剑，还责问为什么不挂毛主席像和语录，出门时把一把切西瓜的小刀也视为武器掳走，扬长而去。红卫兵走后，父亲对家人和余秘书说：“今后若干年，这将是一个大笑话。”

为了不惹麻烦，父亲让人买回毛主席像和语录。余秘书无意中在父亲座椅对面挂了一幅“革命不是请客吃饭，不是做文章，不是绘画绣花，不能那样雅致，那样从容不迫，文质彬彬，那样温良恭俭让。革命是暴动，是一个阶级推翻一个阶级的暴烈的行动”的语录。父亲看了很不高兴，问余秘书语出何处。余秘书说是《湖南农民运动考察报告》中的话。

父亲问他：“你认为怎么样？”

余秘书回答了考察报告的时间、地点和对象。

父亲听了，一言不发。

在我们一家最艰难的时候，周伯伯出面保护了父亲。听说周伯伯还多次在红卫兵集会上宣传父亲的功绩，他说“张治中是我们党的好朋友，他曾经三到延安。重庆谈判期间亲自接送毛主席，为保证毛主席的安全做出了贡献”。后来，周伯伯把父亲送到解放军总医院，改名叫林友文，不让我们家属去，也不让通电话。借此机会，同时保护了不少国民党高级将领。

一次，红卫兵们听说我的先生周嘉彬有一辆摩托车，平时骑它上班。其实，嘉彬早已将摩托车送给他的单位——水利部了，可是红卫兵这次要在我家找。那么大一辆车，何处能藏？他们来的时候，我和嘉彬正在家中吃饭，红卫兵手拿皮鞭抽打着饭桌，威逼我们，让我从地下室和上层中间一小块儿空当爬进去，哪有？这不是没有常识吗？都是高中学生了！我当时只得服从，不然要挨一鞭子的。过了几天麻烦又来了。一伙红卫兵要住我家楼下，我们不得不应允。以后的日子就更难过了，人声嘈杂，外面找人敲门他们听不见，我们必须下楼为之开门。烟味上升令我不能忍受……一位老友夫妇见此情况甚感不安。他家有一处房子可住。承他们盛情我们一家移居水碓子。我们安稳地住了一些日子。

红卫兵来抄了多次家，《纪念父亲张治中将军》中的近 400 幅珍贵历史照片就是我在红卫兵走后从地上含泪一张张地捡起来的。

忽然有一天我和嘉彬外出回家时，邻居对我说："你家来客了。"

我见单元门口有一辆大吉普车。上到三楼家门紧闭，敲门保姆才开，原来水利部来人抄查文件。又过了几天水利部来人把嘉彬带到部里，说是隔离审查。这一段时期他不时写信要我送上零用钱、换洗衣服、肥皂、牙膏。那个年代我的小弟一纯也在水利部工作。有一个大雪天部门前有许多人在卸煤，其中就有他姐夫。

嘉彬从 1968 年起被隔离审查了将近一年，当时"四人帮"的帮凶逼迫他承认是潜伏在北京 19 年的国民党特务。

在一次最凶暴的逼供中，嘉彬被殴打了，他恼火地说："我是黄埔军人，不是什么潜伏特务！头可断，人格不可侮辱！"

在这期间，对右派的批判、对历史事件的紧张回忆、对工作组提出的各种问题不断地进行着交代等，嘉彬备受煎熬。在"文革"期间，嘉彬写下了 4 万字学习笔记、10 万字的自述材料。

1969 年，父亲病危，母亲就和国务院有关方面说了话："我的长子远在台湾，长婿如长子，能否请放周嘉彬回家看看他的岳父？如仍有问题，再叫他回去，可以吗？"嘉彬终于回家了。

那时我的学校对外贸易学院也为我设了一个专案组，好像是由青年教师组成的。记得那时学校进驻军宣队和工宣队。一段时期的晚上我必须去学校接受众人的审讯，一一回答。因 1940 年至 1946 年周嘉彬在西安中央陆军军官学校第七分校任副主任，我一直在家赋闲，后来成立外语班请我去教英语。回忆被审问时我像在演戏似的，自己常常被他们逗得大笑起来。比如："你穿国民党军装吗？""每月拿多少工资？”我答那时我是家庭妇女当太太，怎么会穿军装呢？那不是太难看吗？至于工资，我是尽义务的。

在生命的最后三年，父亲每天晚上都问一纯“文革”的情况，问谁被打倒了，谁被抄家了。

“文革”开始后，很多老干部靠边站，父亲想不通。陈毅亲自来劝他说：“这是群众运动嘛，没有关系的。”

1966年国庆节，父亲在天安门城楼见到毛泽东。毛泽东问“红卫兵去你家了没有”。父亲回答说“去了”。毛泽东很惊讶：“你不是当权派，更不是党内当权派，他们到你家去干什么？”

听了这话，父亲心里还是高兴的，并不是要把所有的人都打倒，而是反对党内“走资本主义道路的当权派”。父亲回家后还把毛泽东的话津津乐道地讲给我们听。

我的堂妹张素德后来撰文回忆父亲在“文革”期间与她的一次对话：父亲见到从南京来北京探望的素德很高兴，问起外面的情况，素德如实相告。父亲听着听着，脸色越来越不好，眉头深皱，他对名为破“四旧”、实则打砸抢整人的情况感到惊疑，摇摇头说：“若干年后，这将是个大笑话。”父亲又问素德外面有哪些大字报，当他听说除了有打倒刘少奇之外还出现了打倒朱德、陈毅等的大字报时，说：“都搞到开国功臣头上啦！”还问素德：“孩子告诉我，不积极参加，当不了无产阶级革命派？”素德说：“是的，但我们反对打砸抢，任何时候都要讲政策，凭良心做人嘛！”父亲点点头，微笑地说：“不当就不当吧，实事求是嘛。”

父亲去世时，我和弟弟一纯在父亲身边。在生命的最后三年，父亲每天晚上都问下班回来的一纯“文革”的情况，问谁被打倒了，谁被抄家了。

听说彭德怀被打倒，父亲写信给毛泽东，听说刘少奇被打倒，父亲也写信给毛泽东。彭德怀被打倒后父亲写的这封信，我印象很深。他写了一万多字的信为彭德怀讲话。他在信里讲彭德怀的生活非常简朴，对自己非常严，洗脸水都不倒掉，留着接着洗脚。彭德怀非常艰苦朴素，他绝对不会反对您老人家。

父亲和彭德怀关系很好。父亲曾任西北军政委员会副主席协同西北军政委员会主席彭德怀前往迪化，筹备改组新疆省人民政府工作，商榷拟定新疆省的施政方针；父亲还曾前往西安，协助彭德怀成立西北军政委员会，开展陕、甘、宁、青、新五省的领导工作。他对彭德怀很了解。后来在一个小范围的会上，毛泽东提出来批判彭德怀，父亲就起来发言。这是我听父亲朋友的秘书说的，父亲发言说不同意毛泽东的观点。

这封“万言书”寄到了周伯伯手里，周伯伯就派机关事务管理局局长高登榜来广东找父亲。父亲和母亲那时候冬天在广州从化温泉休养。高登榜看到父亲就说，周总理让我转告你：“你写的信主席收到了，请放心。你现在的任务就是好好休息，剩下的事我来办。”这个事是周伯伯压下来了，实质上是周伯伯保护了父亲。

1967年国庆节，毛泽东在天安门检阅红卫兵。父亲执意要见毛泽东，当时他的身体很不好了，就让一纯推着他到了天安门城楼上，见到毛泽东后他说：“主席啊，你走得太快了，我跟不上了。我一向认为共产党的干部都是好的，怎么一下子这么多好干部都变成走资派了？”接着又说，“现在被打倒的干部早就超过5%，党内我有许多老朋友都被打倒了。那些元帅都被打倒了，你怎么办呢？”

讲到这时，毛泽东站了起来，他本来一直坐着，说到这他站起来了。

毛泽东说：“文白兄啊，你放心吧，我们可以甄别嘛！”

父亲也站起来了，因为毛泽东站起来了，一纯就扶他站了起来。但是站起来后，父亲并没有说话，一纯说看着他很沉闷、很沉闷，没有说话。他不能跟我讲什么心里不高兴的话，但他闷闷不乐。

从此，父亲停止了一切政治活动，只往返于北京医院和寓所之间。

林彪的地位越来越高，名字竟然排在周伯伯之上，父亲忧心忡忡，而周伯伯处之泰然。父亲一方面佩服周伯伯的谦逊，一方面为他的处境担忧。

当父亲获悉有人外调当年在新疆被释放的中共人士瞿秋白夫人杨之华等，要把他们打成叛徒集团时，父亲嘱张立钧写成报告，一面交秘书以他的名义送给周伯伯，提醒周伯伯防小人借此整他；一面自己写信给毛泽东，说明他当年释放的人是真正的共产党员，不是什么叛徒。父亲认为那不是小事，要请周伯伯警惕，这些人的矛头分明是对准总理的。

父亲与习仲勋在西北行政区共事多年。“文革”中习仲勋被打倒，下放到洛阳拖拉机厂劳动。因西安有人写小说《刘志丹》被指控反党，把习仲勋也卷了进去。父亲写信给毛泽东为习仲勋辩护。

周伯伯知道后劝父亲：“党内的事，你最好少管算了。”

情况越来越糟，父亲熟识的一大批开国功臣被打倒、被关进“牛棚”，被拉出去游街示众，甚至被逼死，一些民主党派人士也受到冲击，父亲心情沉重。父亲从此很沉默，也不说话，每天看着报纸，一言不发。但是他的健康却被这种郁闷的情绪所吞噬。

父亲不是突然去世的。他主要是长期对“文革”不理解。他心情很不愉快。他身体一直很好，没有什么很严重的病，由于长期不愉快，就那么躺着起不来，母亲昼夜服侍好几年，后来父亲就是浑身都软。

1969 年 4 月 3 日，父亲的病情突然恶化，急忙送到北京医院抢救，到 6 日下午溘然长逝。他岁数并不大，那年 79 岁。

父亲生病期间，毛泽东派人送来了东北最好的人参。平时，毛泽东也曾多次邀请父亲去他家吃便饭，有时还请我们全家。

父亲去世后，统战部当时的领导提出不搞告别仪式，周伯伯则提出，一定要搞个仪式，还说：“我参加，再通知其他张治中的党内外的老朋友。”

4 月 9 日，全国人民代表大会常务委员会举行了父亲张治中遗体告别仪式。毛泽东送了花圈，周伯伯亲自致祭。当时正在“文革”，去的人很少，我记得郭沫若、陈毅去了。

告别仪式上，周伯伯对我们讲：“张先生曾托人带信给我，让我注意身体。当时我实在无法脱身，只好派罗青长去代为问候。这次他重病去世，我又没能去看他，太遗憾了。”

告别仪式结束后，周伯伯把我们留下，问了两件事：一是父亲生前手头保存的绝密文件怎样处理了？二是我们家的生活怎么样？我们报告周伯伯，父亲生前阅、存的全部文件，已由中央有关部门妥善接管。周伯伯把丁江叫来对我们说：“今后你们有什么事就找他。”后来，国务院国家机关事务管理局和中央统战部对我们家的生活都给予了很大帮助。

周伯伯去世前两个月的 1975 年 11 月 25 日那一天，童小鹏夫妇等来到我家，说：“是周总理派我们来的。总理在病床上一直惦记着你们一家人。他指示我们，拨一笔款给你们。今天我们就是来送这笔款的。”当时，我们全家都非常激动，一再表示不能收。但他们说，这是周总理的决定。

傳家

1937 年秋，张治中夫妇在安徽巢县。

20 世纪 40 年代，张治中夫妇
与岳母赵太夫人在重庆。

右起：张一纯、张素因、张素久玩龙灯。

1937 年，张治中夫妇与儿女以及侄辈在安徽巢县。左起：洪志复、洪志雪、张素我、张素初、洪希厚、张一真、张治中、张一纯、洪德全、张素央；前排：张素因、张素久。

1937 年秋，张治中夫妇与女儿
张素我。

1937 年，张治中与长女张素我（左）、侄女洪志雪。

1938 年，张治中的子女在江苏磐园。

20世纪40年代，张素我（中）
与张素央、张素初。

20 世纪 40 年代，张治中夫妇
与张素我在兰州十里堡桃花园。

20 世纪 40 年代，张素我与丈夫周嘉彬在兰州滑冰场。

1947 年 10 月，张治中夫妇与长女张素我、长子张一真、长媳钱妧、长孙张家华在上海。

1947 年，张治中夫妇与长子张一真、长媳钱妩在台湾。

1947 年，张素我随父母前往台湾新竹温泉探望张学良。她与大弟妹钱妩（右一）合影于大铁索桥上。

1947 年 10 月 27 日，张素我（左二）、钱妩（左四）与高山族两位公主在台湾合影。

1950 年 11 月，张治中与长女张素我、二女张素央在北京中山公园。

张治中一家在青岛海滩。

张治中夫妇与张素我一家。

洪希厚与女儿张素我（左一）、张素久（左二）、张素央（左四）、张素初（左五）。

洪希厚与张素我夫妇。

张治中在京子女全家福。中坐者为洪希厚。

2004 年 6 月 5 日，张一真夫妇金婚留念。

1946 年夏，张素我、素央、素久在新疆迪化新大楼前。

第十章

我的晚年生活：“这是蒋纬国先生”

父亲平时话很少。这次他参加完国庆游行活动后回家，问我们：“我们新中国的游行队伍，你们看怎么样？”

1949 年 4 月，母亲一行乘坐国民党飞机到了北平，我和四个孩子当时在兰州，嘉彬则带兵驻守甘肃天水，他当时任兰州警备司令、一二〇军中将军长。一大家人被分散在三个地方。

1949 年 9 月，新疆的陶峙岳将军在父亲的支持下准备起义，嘉彬为配合起义，将他的部队开到了兰州北边的酒泉，与新疆的部队联合起来准备起义。

在马步芳的授意下，不知道是甘肃省政府还是兰州市政府派人来跟我说，战事马上要起来了，你们赶快离开兰州。我联系不上嘉彬，兵荒马乱之际，只好带着四个孩子坐飞机离开兰州，到了成都。当时嘉彬在酒泉，我们家属被马步芳“胁迫”飞到了成都，嘉彬举步维艰。

在嘉彬安排好部队并准备起义前，原西北行政副长官刘任奉蒋介石手谕将嘉彬紧急从酒泉乘飞机带到重庆见蒋介石。

嘉彬回答完蒋介石的三个问题后，蒋介石气得大拍桌子。在旁的俞济时立即将嘉彬拉开解了围，并对嘉彬说："我们马上就去广州，你跟我们去好了。"嘉彬很感谢老上级的关怀，借故说，要先到成都看望家眷再去广州。当夜，嘉彬火速赶到成都，发现俞济时已安排专人到我们家里进行了"关照"。

嘉彬当机立断，通过教会的朋友买到6张去香港的飞机票，我和孩子们先去了香港。他又回到了重庆，后来和警卫黄利元飞到海南三亚，但是到三亚才知道没有去香港的飞机，而且没有去香港的许可证。

幸亏嘉彬的一位姓耿的学生是保卫三亚飞机厂的团长，这位耿团长帮嘉彬弄了一份到台湾的护照，还找到一张经香港加油再飞到台湾的飞机票。我急急忙忙赶去接他，飞机一到香港，嘉彬在下飞机时就看到了我。我看到他没有入境证，却大步走向出口，没想到机场出口的警察并没有阻拦，嘉彬直接出了大门。我们这一家子才得以团聚，时间大概是1949年10月。

到香港后，我们本想长住一段，等时局安定了再说，还给孩子们联系好了学校去上学。当时我还年轻，没有特别的政治倾向，也看不出时局会怎么发展，但是我注意看报纸，大体的时局还是知道一点。我发现香港当时的情况也不太平，社会不安定，到处都是这失火、那抢劫杀人的新闻，我听不惯这些报道。

1950年，父亲写信给我们几个在香港及国外的子女，介绍了国内当时的大好形势，要我们回来参加新中国的建设。我的三妹素初当时正在美国读大学，父亲叫她回国，她就放弃学业回国参加建设，此后在外文出版局工作。1979年，素初又去美国留学完成学业。临走前，周伯母接见了我们，她鼓励三妹说："要用功读书，广交朋友，为国服务。"这三句话一直是素初在国外的座右铭。

母亲和小弟一纯特意来了趟香港，接我们一家子回北京。我们安排处理完香港的一些事情后，很快也来到了北京。

这已经是1950年9月下旬了，我和嘉彬从香港回到北京不久，很荣幸地受到周伯伯的接见。当天，周伯母身体不适，我和母亲到她的卧室探望。她知道我已在外国语学校任教，鼓励我今后好好为人民服务。嘉彬回北京后，先到华北革命大学第三期学习，结业后被任命为水利部参事。1964年底被推荐为第四届全国政协委员，同时参加了民革。

回来后没过几天就是国庆节一周年，我参加了新中国建立一周年的纪念活动。记得国庆节那天，父亲上了天安门观礼台观看国庆游行。游行队伍非常壮观，从上午10点到中午，浩浩荡荡，至少有两个小时，让我印象很深刻。父亲平时话很少，这次他参加完国庆游行活动后回家，问我们："我们新中国的游行队伍，你们看怎么样？"

我答："我从来没有见过这样壮观的游行。"

父亲说："我在观礼台上看，我们新中国能有这么壮观的游行队伍，这是很了不起的。"

他主张我们为国家贡献力量，我一回到北京就得找工作。父亲在黄埔、中央陆军军官学校任教育长十多年，受父亲的影响，我终身所从事的职业也是教育。他勉励我努力工作，努力学习。回到北京后，我先到外国语学校教书。1953年，调至北京对外贸易学院任教直至退休。

嘉彬在解放初期生活还算愉快。有一次，解放军副总参谋长曾邀请他到某培训班做报告，开场白很有趣："今天，我们请来了一位真正的嘉宾（嘉彬）。"

我和嘉彬有两儿两女[1]。

1951年，中国人民志愿军入朝作战后，国内掀起了轰轰烈烈的抗美援朝运动。全国人民踊跃参加志愿军，我的大女儿周元敏当时正在金陵女子大学上学，未毕业就参战去了，她的英语好，做美国俘虏的教育、管理工作。我的大儿子周元夏也参加了抗美援朝，当了一名志愿军。记得那时我们家的门牌上有一个蓝底黄字的牌子，上面写着“光荣家属”四个字。

战争结束后，我的大儿子回国后去了武汉化工兵团，之后调到北京的一所职业高中教书。大女儿从朝鲜回来后到人民日报社国际部工作，主要搞资料研究。我的小儿子周元亚在我们回国后不久，在北京石油学院上学，毕业后大约是1955年去了大庆油田，先搞勘探，那里很艰苦，他工作很努力。1959年，大庆终于喷出了工业油流。改革开放后，他被调至海上钻石油。小女儿周元建刚回国时，在学校教音乐。

嘉彬突然感觉不适，我急忙四处联系汽车，一连碰了几个钉子，原因是，这时北京正在“批邓”，大家忙着开大会、小会去了……

遗憾的是，嘉彬没有看到这幸福的一天。1976年4月8日嘉彬去世，11月母亲故世。1976年，那一年，有我一生中最大的痛苦与悲愤。父亲79岁去世，母亲85岁去世，他们生前一直是形影不离的，

1 周嘉彬与已故夫人所生。——著者注

虽然母亲是农村妇女。

1976年，我们国家的领导人周恩来总理、朱德总司令、毛泽东主席先后逝世，一件又一件令人万分悲恸的事接踵而来，全国笼罩着乌云。政治风云变幻莫测，更把人们的五脏六腑揪得紧紧的，屹立了数千年的文明古国似有倾倒之势！就在这一年，我的丈夫周嘉彬因心肌梗死离我而去。

记得那年的1月9日，我陪嘉彬前往北京医院向周伯伯的遗体告别，归途中，发现他面色苍白，很担心他会犯病。因为在前一年，他随全国政协参观视察团经太原、西安到延安访问，不顾自己血压高、心脏不好，参加延安山区民众的考察时得了心肌梗死病，经过宝鸡市医院和政府的及时抢救，病情好转后返回北京，住院治疗了三个星期。这以后，他的病又发作过两次。这一天还算好，平安地度过了。

嘉彬病前，朋友们都说他精神饱满，身体强壮，这与他爱好运动以及年轻时所受的训练不无关系。生病以后，我深知病因之一是这些年身心所受的刺激，不由得提心吊胆：要是他再犯病，万一得不到及时抢救……

4月8日下午，担心的事情终于发生了。嘉彬突然感觉不适，我急忙四处联系汽车，一连碰了几个钉子，原因是，这时北京正在“批邓”，大家忙着开大会、小会去了……好不容易找到车子，道路上又因游行队伍拥挤，交通阻塞，车辆行进得很慢，把他送进医院时，抢救已经无效了。

同我生活了36年的嘉彬，就这样离开了人世，当时他刚过70岁。仅仅是半年后，我的母亲又离我而去。

与嘉彬永诀，使我悲恸欲绝。办完丧事后，我渐渐地意识到：生离死别人生皆不可免；死者已矣，活着的人应当勇敢地活下去。我挺直腰回到工作岗位，继续我从事的外语教学，独自静下来时，仍不免有一种失落感；我想，若是没“史无前例”的大乱套，嘉彬肯定会得救的，我们和谐、美满的生活，任凭怎样难以抗拒的自然力量也无法夺去。

嘉彬当年的同事和学生，遍布各地，有很多。每当我俩回忆起往事，他总是对我说，他很希望有机会去台湾观光，同老朋友、老部下聚聚；他十分羡慕我在1947年能随父亲前往台湾，常常要我讲那次台湾之行的见闻，憧憬地说道：“希望在不久的将来，我俩能同去台湾一游！”

作为国民党军队的一名起义将领，他痛惜祖国尚未统一，海峡两岸隔绝这么多年，以致亲朋故旧长期不通音信；另一方面，我们夫妇对旅游、康乐活动确有同好。他去世的前几年，我们在每年的4月和10月都要买通用的月票，经常出入影剧院、音乐厅、体育场与京郊各处的风景名胜。

20世纪50年代末和60年代初，他骑一辆摩托车上班，有时我也跨在车后同去看望朋友，朋友见状风趣地说：“你俩真是相依为命啊！”若不是那场大动乱，若没有“史无前例”的冲击与刺激，他会继续健壮地活下来，不会这样早弃我而去。

我和嘉彬相识于1939年。当时嘉彬在广西桂林任中央军校第六分校副主任，父亲到桂林公干，我当时是重庆新生活运动促进会的工作人员，也跟着去了。嘉彬在一次公开场合看到了我，大概他对我印象不错，就托人来表达想认识我的意思，他托的人认识我，也认识父亲。

他先问了我的意见，又去征求父亲的同意。

我当时觉得他是一位有上进心的青年，没有任何背景，全靠自己的努力。父亲大概也是这么觉得，没有表示反对。

我们于 1940 年 6 月 6 日在重庆结婚，那是一个很简单的茶话会，不是什么宴会。

地点在嘉陵宾馆，大厅有竹子等装饰，比较典雅朴素，有点西式婚礼的意思。

证婚人是谁我都不记得了。父亲做我们的主婚人，邀请了很多当时在重庆、跟父亲要好的朋友，我记得张群、罗家伦来了，挺热闹的。父亲和周恩来伯伯、邓颖超伯母是多年的老友，当年还参加了他们两人的婚礼。这次，父亲盛情邀请他们参加我的婚礼。我和嘉彬在切蛋糕时，周伯母就站在我们身后，可惜这张照片在“文革”中被抄走了，我时时引以为憾。

那时正值抗战之时，父母亲也是生活节俭的人。我们婚后的生活比较简朴。我还记得一些简单的家具，类似椅子、床之类的，都是我自己用帆布做出来的。嘉彬婚后不久就调任中央军校第七分校副主任、西安警备司令，我也就跟着去了西安，我们在西安住了 6 年。

嘉彬 1906 年出生于云南昆明，比我大 9 岁。他诞生在一个中等商人家庭里，他的父亲好逸恶劳、吸鸦片，家道衰落，嘉彬 7 岁时父亲便去世了。嘉彬是个身体素质好、意志力很强的人。在童年时代，他的几个哥哥都死于一场大瘟疫，他却活了下来。

嘉彬的母亲虽没受过教育，但知道读书的重要，常常劝嘉彬要用功读书。因家境贫寒、生活艰苦，幼小的嘉彬生活上全靠大他 7 岁的姐姐扶持。当时是小学校长的施兰轩先生看准嘉彬成绩好、有上进心，特别关照嘉彬在昆明成德中学进行半工半读，施兰轩先生后来又成了这所中学的校长。嘉彬在学校一边摇铃扫地、一边坐在教室最后面听课，很是认真。

没想到4年后，嘉彬的母亲和姐姐相继去世，嘉彬不幸成了孤儿。这年嘉彬12岁。

成年以后，嘉彬立志当兵，进了黄埔军校第三期的干训班，毕业后就在军队里工作，从排长逐渐升到团长。具体是，嘉彬19岁时进了云南讲武堂，20岁时自己又借路费去了广州，考入黄埔军校第三期，开始了追随孙中山先生反军阀、建共和的三民主义革命洪流中。

听嘉彬说，他小时候喜欢打抱不平。他在从昆明到河口的火车上为掩护无钱买票的穷学生，被法国警察打过耳光。他记忆深刻的是，法国警察查出两个未买票的越南学生，一番羞辱后，从快速开动的火车窗口扔出去。嘉彬看到这样的暴行，自然是怒火万丈，这也是促使他走上革命道路的重要原因。在黄埔军校，嘉彬最爱唱的歌是“打倒列强除军阀，国民革命成功齐欢唱”。

由于学习成绩不错、思想觉悟积极，加上处事认真，他毕业后留军校，第三年担任入伍生排长。后调任国民党军队，历任连长、营长等职务。

1932年，“一·二八”淞沪抗战期间，嘉彬任88师572团的上校代理团长。在庙行镇激烈的半月战斗中，部队官兵伤亡很大，嘉彬也身负重伤，后被送往苏州医院疗伤。因有战功，嘉彬受到时任蒋介石南京警卫师师长俞济时的赏识。

1934年，他被保送到德国柏林陆军大学进行深造。嘉彬毫无外语基础，请一位德国老太太教会了德语。嘉彬在德国陆军大学学了5年军事教育。在德国，他学习名目繁多的基本军事科目，参加近代兵器的联合兵种大规模演习，以及每两周一次的野外演习，每年一次的联合兵种大规模演习。此外，驾驶、滑雪、游泳、骑术、打猎等各种体育锻炼和丰富多彩的文娱活动，他也参与。

回国后，他一直在军校任职，先后担任中央军校第六、七分校副主任，训练学员。那时经常要带领学员到野外演习，自己也练就了一身本领，翻杠、游泳、骑摩托车、开汽车，他无不喜爱和熟练。我还记得他在西安王曲第七分校任职时，他经常练习马术，我很喜欢他骑马时的英姿。他每天到部队和官兵做早操、打篮球。我家离部队5公里，为他准备的专用小轿车不下雨不坐，坚持骑马。

记得1946年、1947年在兰州，冬天滑雪是一个十分奢侈的运动，冰鞋很贵，更麻烦的是要建一个人工滑冰场，因为花费大，无人去做。嘉彬调来部队，平整场地，搭起了一个巨大的草棚、引进黄河水，一个大型人工滑冰场便建了起来。嘉彬穿着冰鞋剪彩之后就带头滑起来，不仅市民喜出望外，部队官兵也穿上了新制作的冰鞋滑起来。

但是，他训练学员时要求很严，特别重视官兵的衣着仪表，官与兵、上级与下级的礼节。操练不合格、动作不规范必须重来。

西安王曲第七分校办公室主任罗历戎职务在嘉彬下面，所以罗历戎每次见到嘉彬都要立正举手敬礼。但是，罗历戎后来调任三十六军军长后，嘉彬从军校被调到三十六军整编五十二师当师长，职务自然在罗历戎之下了。他去三十六军报到时，先对罗历戎立正敬举手礼，然后办手续。

第七分校在陕西王曲县方圆几十里都驻有分队，嘉彬在这里成立了军队“民主组”，专门处理军民关系。发生的任何事情，军队与当地人民的矛盾不是各打五十大板，而是军队要负80%的责任，因此，那几年，王曲的军民相处和睦。

1944年河南大旱灾，大批灾民往陕西逃荒，男女老少、携儿带女将沿途马路两旁的大树皮、地里的野菜全都吃光了，灾情惨不忍睹。

嘉彬让部队全师官兵每人拿出2斤粮食救济灾民，不论男女老幼每人一筒米，两万斤大米统统发了下去。抗战后期，嘉彬的部队在陕西，周旋于陕、甘、宁一带。驻防之处，当地老百姓惊异地发现国共两军相对却平安无事。

1946年内战爆发后，嘉彬和当时的第七分校主任胡宗南貌合神离，被调离军校，调至甘肃任兰州警备司令、一二〇军中将军长，他的部队后又被派到甘肃酒泉、天水一带驻扎。

在酒泉，我和嘉彬有了去敦煌参观的机会，在那里见到了敦煌艺术研究所所长常书鸿先生。1949年夏秋，常书鸿先生在敦煌一片混乱时组织了保卫小组，使石窟免受洗劫。后来，我又与他在北京相遇，那时他住在一个西式平房的小院里。1990年，我参加全国政协组织的团体去甘肃视察，又去了敦煌，古迹仍在，月牙湖的沙鸣如昔，但是敦煌文物保护的奠基人们却不在了。1998年，常书鸿的女儿、中央工艺美术学院院长常沙娜为我画了一幅敦煌"西魏的飞天"，很是珍贵，让我回想起第一次去敦煌时，我在一幅飞天的壁画前面拍过照。

我记得，嘉彬的部队常听到共军电台广播："凡属张治中将军麾下的国民党军队不与之交火。"当时驻扎在甘肃天水的嘉彬心领神会，听到共军要来了，跑得飞快，部队只能听到遥远的隐约的炮声，根本未向解放军开一枪一炮。

1946年7月上旬，10辆十轮军用美制卡车突然出现在西安的东大街上，父亲从新疆盛世才监狱营救出来的131名中共党员就在上面。这批人由少将刘亚哲护送准备经过西安到达延安。大家都知道，陕西是胡宗南的地盘，而嘉彬是西安的警备司令。嘉彬为了避开胡宗南，他派出自己的得力参谋郑坚吾执行了一项秘密使命：10辆车一到的当天晚上立即去八路军驻西安办事处，向周子健处长通报并转达了他

1948 年，张治中在兰州兴隆山。

的口信："将131位共产党员移往八路军办事处过夜为好。"第二天一大早，报纸迅速报道了这件事，胡宗南晚了一步，131位中共党员不久安全抵达延安。

我们在兰州住了3年，一直到1949年。

蒋纬国还说，他们家祖先的牌位旁供奉着两个瓶子，一个瓶子装着长江的水，一个瓶子装着浙江奉化的故土。

蒋纬国和嘉彬是在德国陆军大学时的同学，后来又在西安共事。当年蒋纬国曾将自己最得意的一张青年时的照片送给我们，题字是"嘉彬兄、素我姐留念"。因而，我们两家关系还算密切。

父亲去世后，我继续开展对台工作，不仅向海内外亲友宣讲对台政策，1997年还先后给蒋纬国、孔令仪写信叙旧。蒋纬国亦抱病作复，温故叙家常。蒋纬国在医院两次接见了我赴台过访的大女儿周元敏、大女婿陈弘。

嘉彬任第七分校副主任，蒋纬国是装甲营营长，也在军校兼任教官。当时我们一家住在西安城内的马家花园。蒋纬国有空就来我家做客，嘉彬在家中请他吃过云南家乡的过桥面。有一次，他看见元敏在织毛衣，就夸她说："真不简单，这么小就会织毛衣了。"50多年后，蒋纬国还对我女儿说起过这段往事。蒋纬国的第一位夫人石静宜是我大女儿周元敏在西安尊德女中同班同学石舜华的堂姐，我曾在七分校任过一段时间的英语教师，石静宜跟我学过英语。

1990年6月，通过嘉彬的朋友吴子清将军与蒋纬国联系好，回台湾探亲的我的大女儿周元敏、女婿陈弘拜访了蒋纬国。吴子清当年在第七分校担任过步兵教导团上校团长，也是嘉彬的云南老乡。这时，他在担任中国战略学会的理事。我的女婿陈弘是1946年考取的台湾地区政府派到大陆上大学的台湾学生，此后便再也未回过台湾。40多年后，台湾批准当年的那批公费生可以携配偶回台探亲。我的女儿周元敏就随同丈夫陈弘两次访台，两次都拜访了蒋纬国先生。元敏回来后和我详细地说了，也写过文章谈起这两次拜访。

第一次见面是1990年6月4日下午5点，地点在联勤总部，蒋纬国曾任联勤总司令，此时已卸任。他当时任中国战略学会理事长，有一间办公室设在联勤总部。抵达时，没想到蒋纬国已经站在门外走廊等着他们，当时他穿着便服，一件白衬衣，而且还卷起衣袖，猛一看还以为是位秘书在迎接他们。

吴子清介绍说：“这是蒋纬国先生。”

元敏一惊，马上称呼一声：“蒋叔叔。”并说，“我小的时候一直这样称呼您，您大概不记得我了吧！”

蒋纬国很热情地说：“记得！记得！欢迎你们到台湾来！”

蒋纬国没有架子，虽然已经74岁了，依然显得很年轻、健康。他还很客气地问候起我的安好。

蒋纬国已经通过相关报道知道嘉彬早已逝世，他还问起嘉彬的骨灰埋在何处。

他回忆起当年在西安王曲黄埔分校期间，两人共同锻炼身体：“当年只有我和周嘉彬能玩单杠的大车轮并翻筋斗跳下来的动作。我那时担任劈刺总教官，我一人站中央，10个学生围着我，都打不赢我的！”

蒋纬国很怀念在大陆的老相识，他还提到郑洞国，说抗战中，郑洞国担任新一军军长，他担任新一军的参谋，他们一起参加了在印度的对日作战。

元敏还问起在西安尊德女中同班同学石舜华的下落，蒋纬国说她现在在美国，继而他说自己的第一任夫人石静宜患心脏病去世了，当时他不在国内，很是遗憾。

他谈起现任夫人邱如雪，说原本姓丘，因为与孔夫子名字相重，因此添加了一个耳朵旁，从“丘”变为“邱”了。邱如雪父亲是广东梅县人，母亲是德国人，她父亲在德国留学时与他教授的女儿结了婚，后带着母亲回到了重庆，生了一女一子。第二次世界大战爆发后，她的德国母亲就回到德国去了。当时她才 4 岁，弟弟 2 岁。后来，她的父母又各自结了婚。20 年后，蒋纬国的夫人去德国寻找母亲，发现原来的学校已经炸毁了，重新盖起了楼房。而她的外祖父早已去世。幸亏找到一位当时大学的校工，也就是看门人，这才知道母亲搬到了另外一个城市。幸运的是，邱如雪女士和她的母亲终于相见了。

蒋纬国很幽默。元敏问他有几个孩子，他笑着说，为了重质量只有一个儿子蒋孝刚。孝刚在国外读书，说是为了让他独立锻炼。当时，孝刚已经大学毕业了。

蒋纬国每天早上坚持打太极拳，晚上在办公室边看电视新闻边骑健身脚踏车锻炼身体，因此他的身体很好，一般老年人的病都没有。

谈了一个半小时，蒋纬国还有别的安排，元敏起身告辞。临别时候，蒋纬国赠送了他的一本著作《弘中道》并签下了名字，他还简要地介绍了一下，说这是弘扬中庸之道的意思。蒋纬国还送给元敏一条领带，上面署有英文字“WEIGUO”，还有一条头巾，上面也有蒋纬国英文名的花样图案。最后，他穿上西装与元敏、陈弘合影留念。

第二次拜访是在 1994 年 12 月 30 日上午 11 点，在荣总医院思沅楼，当时他来医院复查身体。蒋纬国一进思沅楼见到他们，就热情地握手。落座后，他仔细看着元敏说："真像！真像！"

元敏问："是不是像我的父亲周嘉彬？"

他连说："是的，是的！我到你爸爸住处时，他请我吃过云南'过桥面'。"

他再次提道："黄埔军校在西安王曲七分校的教官中，你父亲和我在单杠上的动作最标准，当年只有我和嘉彬能玩单杠的大车轮并翻筋斗跳下来的动作。"

他们谈起4年前在联勤总部的拜访，蒋纬国笑着对元敏说："我已经被扫地出门了！那时的房子是我每间每月400台币租来的，现在整个房子都拆了，准备重新盖。"

蒋纬国接着说："我现在退休了，每月领退休金6万多元台币。现在搞战略研究，感到资金不够，人力不够，时间也不够。"

我们从报纸上看到蒋纬国得了心血管破裂的病，一度生命垂危，后来转危为安。这次元敏回来后跟我说起，此时的蒋纬国精神不错，但比4年前显得老了不少。蒋纬国说："我是九死一生，你们知道洗肾是怎么一回事吗？那就是将一个人手脚都绑在床上，一动不许动，那种滋味很难受的。我上年突然得了一场大病，心血管破裂。经大夫抢救，当机立断10分钟内决定给我开刀。剖腹、开心，把破裂的血管缝接好，但此时发现血液已流入肾内。大夫告诉家属，我的病情十分严重，可能会有4种结果，第一可能死亡，第二可能成为植物人，第三要洗肾，第四可能要终身洗肾。幸亏手术及时，效果特别好，不但没有死，也没有成为植物人，洗肾只洗了10次，隔一天洗一次，现在完全好了，也不要再洗肾了。以后每隔两周来做一次复查，平时做一些轻微的运动。"

"你看我现在不是很好吗？"蒋纬国笑着对元敏、陈弘说。

陈弘的妹妹还在台湾，她说在六张犁爬山，听人说那里有一座蒋纬国夫人石静宜的墓。于是，陈弘就去看了，并且拍了几张墓地的照片。这次见蒋纬国时，将照片带过去给他看。蒋纬国看到照片很高兴，说："人证物证全在！你们看这有三座墓，原先修这三座墓的时候，准备给母亲一个、夫人一个、我自己一个，但后来戴安国兄去世了，我和他夫人商量，就给安国用吧！但最后安国兄还是安葬在军人公墓去了，因为那里有专人管理，扫墓也方便些，因此这墓仍旧空着一个！"

蒋纬国还说，他们家祖先的牌位旁供奉着两个瓶子，一个瓶子装着长江的水，一个瓶子装着浙江奉化的故土。"我们很怀念故乡的！"他说。

临走前，元敏转达了我的口信："如有机会请他到大陆去旅游观光，"并把我送给蒋纬国的大陆茶叶和蜡染布给了他。

蒋纬国感叹地说："我自己是想去的，但是这里不让我去。上年，我去苏俄旅行一趟，路过西伯利亚，就有人造谣我去了大陆一趟，有一批人想在我回台湾时，准备在飞机场把我堵住，不让我下飞机，幸亏我得到了消息，提前一个礼拜回来了，他们才没得逞！"

1997年8月29日，我还曾致函蒋纬国。下面是信函全文：

纬国先生：

久未函候，深为惦念。近日阅报，得悉贵体违和，已住院多日且食欲不佳……更感不安。顷翻阅1992年尊函及附文内提及曾受过飞行训练，在恶劣气候下仍能完成任务，可见贵体素质甚佳，壮志凌云，令人钦佩。

小女周元敏第一次1990年偕婿陈弘赴台探亲时，由吴子清将军引见得晋谒慈颜，父辈之友给予教诲十分荣幸，谈及往事感到无比亲切。他们初归来时汇报情况，从照片上也可见贵体及精神俱佳，甚感欣慰。

1994年小女与婿再次由日本赴台探亲，蒙在医院接见，那时正值先生大病之后，身体较弱，正在疗养之中。我们深为您对旧友的深厚情谊而感动！

目前世界医药进步，盼以舒畅的心情对待疾病，战胜疾病。

敬祝

早日康复！

素我

1997年8月29日

没想到1997年9月1日，蒋纬国因肺炎并发急性呼吸衰竭住进荣民总医院加护病房治疗，病情一直不稳定。9月22日夜间，蒋纬国因糖尿病并发症病逝于台北荣民总医院。

附蒋纬国来信：

张素我女士：

纬国依父命，为了做一个现代化军官从军报国，自母校读完物理学系后，再加修政、经、社会等课。唯以当时之机缘，在修得一学期后，复奉父命赴德国，在其山地兵再入伍，并进入慕尼黑陆军军官学校，以期了解德国建军、练兵之诸般体制与带兵、用兵之艺术。纬国先后曾接受国民党军队、德军与美军之基、中、高级之战斗、战术与战略，以及政战与技术教育。于1940年冬返国后，始终在战场之第一线。来台后，仍业戎行，且有二十年之光景，统帅置我于负责三军中、高干之战术和战略教育与三军部队之联合作战训练，以及含政、经、心、军诸略之国家战略、大战略和全球战略教育。公余之暇，整理经验与研究记录，从事著述；或应邀至大专院校讲学；间或担任硕士、博士之论文指导教授。迨民七十五年夏，以三星上将除役，（三星上将法定六十四岁退役，七十岁除役），转特任文官，调任国家安全会议秘书长迄今。于当年四五月间卸离军职之前，亦为将满七十之年。为了解心身状况与神经反应功能，曾强迫自己做一实验：乃继1953年定翼机之训练，试接受螺旋翼之直升机训练。结果无论在学科及飞行操作，以及紧急迫降等特殊状况之处置，皆能迅速吸收与反应。尤者，此期间适逢台湾梅雨季节，气候极不正常，其他直升机出事者时有所闻，在这双重压力下而能顺利圆满完成。证之健壮镇定，一如往常。现在的工作虽繁忙，且每日只得四五小时睡眠，以数十年来之功夫锻炼，体力尚能支持！又如近年来，常应邀赴国外参加国际性学术会议，有因时程紧凑，常夜以继日或飞行十余小时后，仍照常工作，尚不觉疲惫。纬国现在仍身心平衡，健康如壮年，在工作与国情繁重压力下，尽力保持镇定，务期以有生之余年，完成父兄未尽之国民革命使命。

与先室石静宜小姐于民三十四（1945）年结婚，静宜于民四十二（1953）年四月因心脏病逝世于台北市。此予我在心情与生活上莫大创伤与无比冲击！经过一段不短的岁月，于四年后在民四十六（1957）年二月与广东梅县而母为德籍之邱如雪小姐结婚。越六年于民五十一（1962）年生一子，属虎，取名孝刚（孝字辈）。奉祖父之命，在国内完成小学后，为避免在国内受社会习俗之污染宠诱，即赴国外留学。于1981年在美读完初、高中；1985年夏毕业于英国剑桥大学法律学系。现已考取美纽约州诉讼师（Barister）并已获得法学硕士，且在纽约市执律师业。于1987年8月间与北平籍之旅美华人王倚惠小姐

（获纽约大学商管系硕士）回台完婚后，夫妇再赴美国。每逢寒暑假期及节庆，返家相聚。忆刚儿自上学以至负笈国外，皆能自励奋勉，未增添祖父母与为父母者额外之操心。倚惠端庄淑慧，知书达理，深具中国妇女传统美德，与刚儿诚为天成佳偶。使为父母者感到欣慰，此乃祖德荫恩也。

蒋纬国

我2002年以全国政协委员、民革中央常委身份向全国政协建议出版《蒋介石文集》。

2002年，我以全国政协委员、民革中央常委身份向全国政协建议出版《蒋介石文集》。出版《蒋介石文集》是毛泽东在“文革”前提出的，中宣部安排人民出版社进行编辑工作，拟印1000部。稿本出来后，毛泽东主席批示：“一千本太少，印它一万部。”

但不久“文革”开始，此事不了了之，稿本也散失了。

随着我们的国际地位提高、综合国力的增强，以及现在的政治环境，比起40年前要更适合于安排出版《蒋介石文集》。蒋介石在中国近现代史上具有举足轻重的地位，他的著述是这一时期的重要历史文献。遗憾的是，由于特定的历史原因，新中国成立60多年来尚没有一部祖国大陆出版的蒋介石的文集和全集，这不仅影响了对民国历史的深入研究，对团结海内外华人、促进祖国统一也是不利的。现在蒋介石作古已经近40年，把他作为一个历史人物而将其文献公开出版，其正面的意义肯定大于负面的影响。

台湾曾经出版过几种蒋介石的文集、全集，但出于政治需要，都对其有取、有舍、有修改，因而不够客观。如果我们编辑出版《蒋介石文集》，既可以利用其成果，又可以弥补其不足，还历史本来的面貌，以为广大的史学工作者和有关方面的研究者提供真实可信的文献。

此外，编辑出版《蒋介石文集》，有重要的现实意义。台湾“台独”势力搞“非蒋化”，蒋介石虽然反共，但他始终坚持一个中国、坚持祖国统一，反对“台独”，这是值得肯定的。祖国大陆出版蒋氏的文集，正可说明我们尊重历史、尊重这个历史人物，这也可从侧面表明我们支持统一，反对“台独”的态度。

从 1980 年起一直到 2002 年，我做了 22 年的全国政协委员，三届常委。我这个人很直，有什么就说什么，这些年提了很多意见。

我 2004 年曾向中央电视台提过一个建议，就是希望电视台报道新闻时速度尽量放缓，吐字要清楚。

为什么提这个建议呢？因为现在我国已是老龄化社会，老人越来越多，老人又是国家的财富，为国家做了许多有益的工作。我们老人每天也很关注国内外大事，可现在的主持人在语言、语调、语速上让人不舒服，特别是语速过快，让人心情紧张。

为这事，我曾与著名主持人水均益的父亲、已故兰州大学教授水天明先生交流过，他曾为此事说：“我觉得这是不少人盲目学外电外台的外语语速所致。他们没有意识到作为孤立语系的汉语，不仅要流畅，而且要注意抑扬顿挫才会悦耳动听。”我认为他是对的。主播的语速过快让老人听不清楚、心情紧张。尽管给老人看的《夕阳红》栏目每天都有，但语速还是太快。而且为老年人开办的电视栏目也只有这一个《夕阳红》栏目。

2006 年 1 月 21 日，我也写信给华君武，说起此事。他曾在 1 月 4 日给我的信中也谈及人口老龄化问题，并赠我照片一张。

随着老龄人口日渐增多，我希望各地的电视台、广播电台多为60~100岁的老人们着想，我建议中央电视台增设一专门的老龄人频道，报道国内外大事和各地老年人真实、平凡生活的方方面面，尽量用简单、朴素的画面，不求华丽和奢侈。老年频道的主持人和播音员要选择年龄稍大些的，播音员的语速不要太快，语气要温和，同时要抑扬顿挫。记得20世纪50年代有位著名演员叫魏喜奎的，她的发言非常标准、清晰，任何人都听得懂，还有一位大鼓书演员骆玉笙，她虽是高龄但是对自己演唱的作品仍能够清晰地发音吐字。

自2004年5月1日开始，电视节目和电视剧因为语速太快，我都看得很吃力，不得已，我勉强听听新闻联播和经典音乐。我有这样的感觉，人们说话都很快，好像是在说外国语似的，我听不懂了。

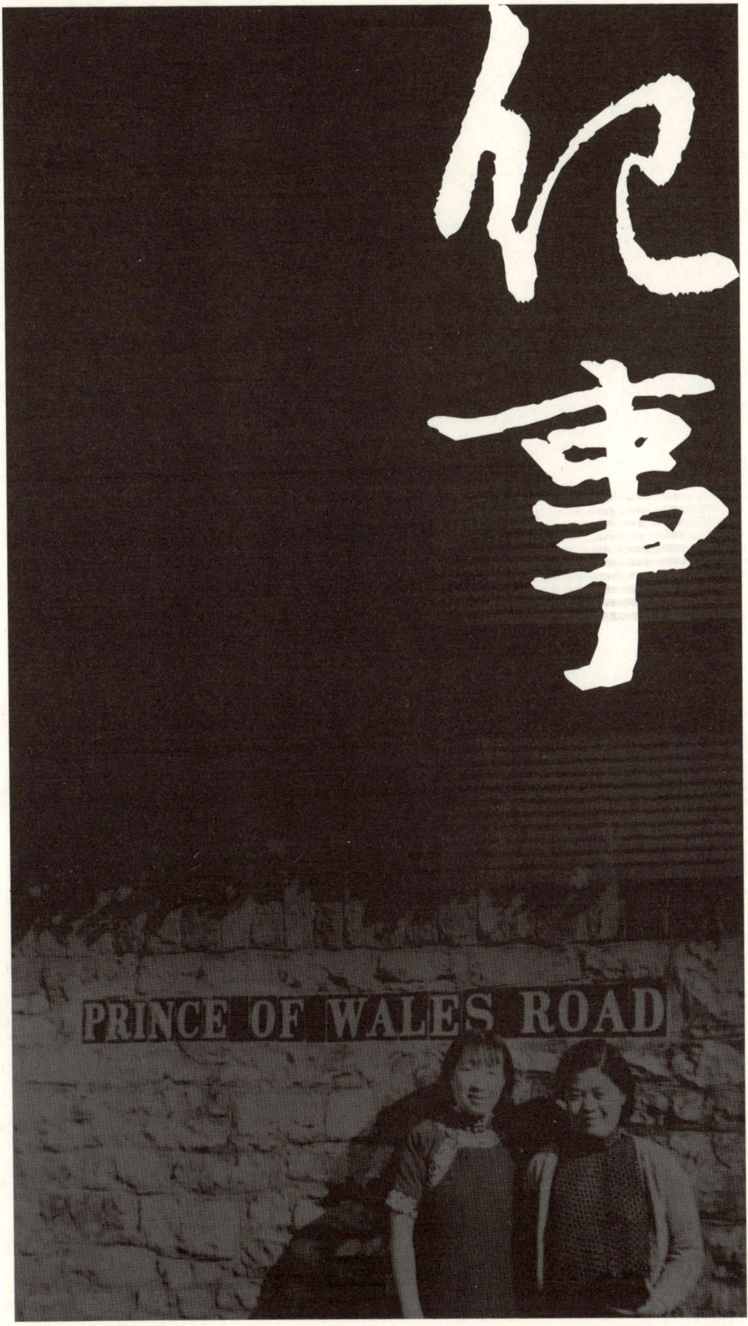
纪事
PRINCE OF WALES ROAD

在英国留学期间（1935—1937），张素我（右）在宿舍前与马志静合影。

1936 年，张素我（右一）与同学马志静、英籍教师 Ms. King（右二）。

20 世纪 30 年代，在南京欢迎游泳冠军美人鱼杨秀琼。前排：洪希厚（右一）、朱培德夫人（右二）、杨秀琼之母、熊明华、杨秀琼（右五）、杨秀琼之妹、张素我（右七）；后排：熊式辉（右一）、张治中（右二）、朱培德（右三）、顾树立等。

1936 年秋，右起：马志静、沈燕、张素我在英国西南大学女生宿舍院中。

1938 年，张素我（右三）在湖南农村。

1939 年 10 月 23 日，张素我（后排中）陪同宋美龄（前排右一）、郭幼仪（前排右二）在湖南衡阳码头慰劳伤兵。这张照片系 2010 年 10 月，郭秀仪的姨侄在台湾首次发现并转赠张素我。

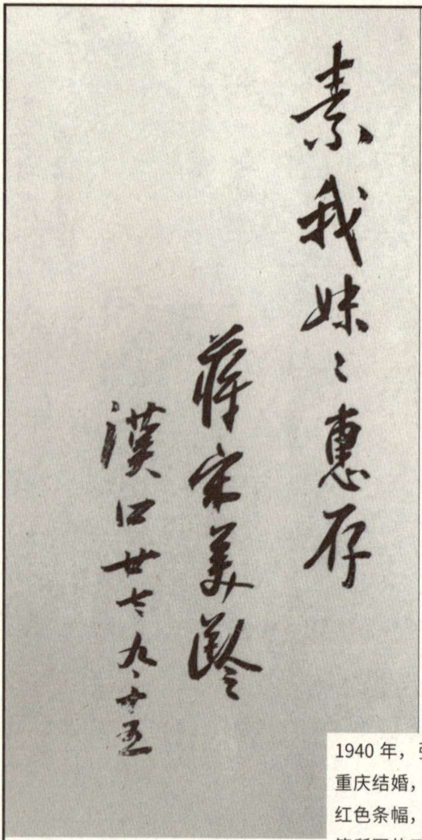

1940年，张素我与周嘉彬在重庆结婚，宋美龄送给她一张红色条幅，上面是她亲自用毛笔所写的四个楷体字：宜尔室家。同时送的还有红皮包、衣料和手表。张素我一直珍藏的还有一本宋美龄用英文写的战时文集《蒋介石夫人在战争及和平时文电》。在这本书的扉页上，宋美龄用毛笔竖写了“素我妹妹惠存，蒋宋美龄 汉口二十七·九·十五”。

张素我说，“抗战胜利之后，我一直没能再见到蒋伯母宋美龄。”2010 年 7 月 16 日，张素我在崇文门寓所特意要求与自己珍藏的宋美龄照片合影。（曹海鹏　摄）

1955 年，张素我一家在北京合影。前排左起：周元敏（长女）、周嘉彬、张素我、扈素筠（长媳）；后排左起：周元亚（次子）、陈弘（长婿）、周元建（小女）、周元夏（长子）。

20 世纪 60 年代，张素我在郑洞国寓所与郑洞国、覃异之打桥牌。左起：覃异之、郑洞国、周嘉彬、张素我。

20 世纪 60 年代，习仲勋副总理接见张素我。中立者为李烈钧之子李赣骝。

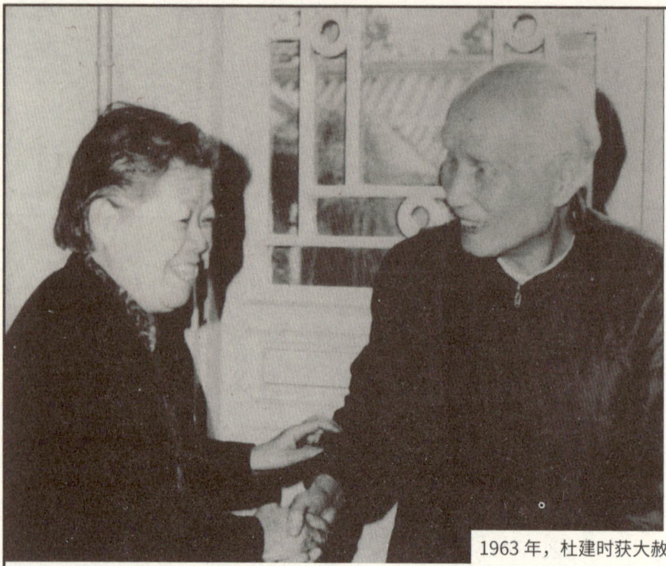

1963 年，杜建时获大赦。张素我看望杜建时。

1980 年，张素我与包尔汉夫妇在全国政协五届三次会议上。

1988 年，邓颖超接见张素我、张素央、张一纯。

1990 年 6 月 4 日，张素我的大女儿周元敏、女婿陈弘回台湾探亲，拜访蒋纬国（左二）。

1994 年，张素我在井冈山烈士陵园与爱泼斯坦（中）、王燕谋在一起。

1999 年，张素我与吴仪在人民大会堂北门相逢。

1999 年 9 月，张素我在延安。身后是张治中当年居住过的房子。

张治中约请平民教育家晏阳初先生协助办学。20 世纪 80 年代初，90 岁高龄的晏阳初（前排中）到北京开会，张素我（左一）特地到宾馆看望。

2002 年 5 月，张素我拜访才旦卓嘎、阿沛阿旺晋美。

张素我看望雷洁琼。

2005 年，张素我、张廉云（张自忠之女）等参加抗战胜利 60 周年招待会。

张素我与章伯钧夫人李健生（中）在中国人民政治协商会议上。

张素我与蔡廷锴夫人罗西敏、邵力子夫人傅学文在一起。

张治中自1950年与习仲勋在西北共事时起结下深厚友情。当张素久拟请习仲勋为其书作序时，得到欣然同意并受到设宴招待。前排左起：张素久、习仲勋夫人齐心、张一纯，后排：习桥桥、习远平。

张素久在庆祝习仲勋夫人齐心80华诞宴会上。右起：习近平、张素久、习桥桥。

附一

关于知识分子思想改造问题[1]

文 / 张治中

一九五一年十二月，全国各地正开展一个知识分子的思想改造运动。这时我正在西安，西北区也同样开展这个运动。中共中央西北局宣传部张稼夫部长请我对西安和西安附近的各高等院校的教职员们做一个动员报告。我说："恐怕不行吧？我也是要进行思想改造的一个人，怎能对人家做动员报告？"但他说："您报告一定能做得很好。"我在盛情难却之下，只好勉力为之。我先把从各方面搜集的材料详细研究了，写出一个简要的报告提纲，在十二月二十九日对西安的西北大学、西北医学院、师范学院、武功农学院、咸阳工学院等六个高等院校的教授、讲师、助教、职员共一千五百多人做了长达五小时的报告，各方面反应良好，我认识的教授们和我说："这个报告有内容，又生动，很成功。"这个报告当时录了音，后来送到兰州等地各高等院校播送。

这个报告分成五个部分：第一部分是问题的提出；第二部分是情况的分析；第三部分阐明思想改造的必要性；第四部分讲怎样去做思想改造的工作；第五部分是学习的态度。

在这个报告里我首先指出，毛主席在中国人民政治协商会议第一

1　尊重作者原作，本文保留了作者原有的用词方式。张治中 . 解放十年来点滴活动 . 中国人民政治协商会议全国委员会文史资料研究委员会 1963 年 3 月印：129–151.

届全国委员会第三次会议号召我们："思想改造，首先是各种知识分子的思想改造，是我国在各方面彻底实现民主改革和逐步实行工业化的重要条件之一。"在西北来说，两年来特别是最近的一年，各大专科学校教职员先生们在思想上有了显著的进步；特别是经过抗美援朝、土地改革和镇压反革命三大运动以后，大家的思想是起了很大的变化，有面貌一新之感。一般地说，西北区高等学校教职员先生的思想问题，似乎没有特别的严重。但是，问题虽不太严重，并不就等于没有问题。相反的，在很好的不断进步的思想情况中，确实还存在许许多多的问题。目前的实际情况是：教职员的思想还落后于国家建设的需要，同时也赶不上青年学生的思想要求。在大多数教职员的思想上表现着浓厚的小资产阶级的思想，在一部分教职员当中还存在着严重的落后甚至反动思想。

接着说，根据我们的调查分析，按照目前西北区高等院校教职员的思想情况来说，可以区分为三种类型：进步类型，中间类型，落后类型。中间类型和落后类型还可以再分出两类。一般地说，是中间大两头小。依百分比说，中间类型恐怕要占到百分之五十，进步类型约占百分之三十，落后类型约占百分之二十。我想试作简要的分析，并附带提出一些意见。

进步类型 这一类型的先生们，具有一定的政治水平和思想水平，够得上一个积极分子的条件。他们学习很认真，工作很积极。对一切问题，特别是政治上、思想上的问题，大都能本着正确的立场和观点去看待、去处理。凡是有关业务改善和政治学习，都积极地参加。他们在学校里起很大的作用；在某些方面，还能起带头和推动作用。例如抗美援朝运动、参干运动、土地改革运动、镇压反革命运动，都是自己积极去做，并且带动别人，充分表现出高度的爱国主义精神。对自己主管的业务，都能虚心听取群众意见，发动群众，团结群众，把业务搞好。有些人更能在生活和工作上表现艰苦朴素的作风，能够把爱国主义和国际主义的精神贯彻到自己的业务上去，这就更是难能可贵，更值得我们佩服了。我们高等教育这两年来的进步，他们是有一定的贡献的。不过也有一些缺点，就是在某些地方还表现出一种小资产阶级的急性病，另一些地方是显得主观强些。看待问题是相当正确的，是有办法的，但是办法怎样贯彻，能不能贯彻，那就没有肯定的把握了。这些缺点，只要随着学习和进步，是可能完全克服过来的。

中间类型 这一类型又可分成两类：第一类是基本上倾向进步，内心要求进步，但是工作犯冷热病，没有坚定的阶级立场；主观上要求改进工作，但遇到困难即易灰心丧气；明知道这件事情不对，但却碍于情面，不敢展开批评。因此，在工作上表现无信心或信心不够。想要搞好业务搞好工作，但工作方法不对头；想要搞好学习，提高思想认识，但政治学习概念化；明知道纯技术观点、雇用观点不对，但又不能以政治学习作为中心工作之一；明知道需要丢掉包袱，但不能坚决丢掉；看待问题和解决问题有时是相当正确的，但是不经常。总的来说，他们随时随地表现出小资产阶级的软弱性和摇摆性。小资产阶级的各种弱点，他们都或多或少地具备着。这一类型的人虽然具有这许多弱点，但是他们是倾向进步的，是接近于进步类型的一类，经过一番学习改造后，相信一定可以提高他们的信心，坚定他们的立场，丢掉一些缺点，特别是他们的摇摆性和冷热病，使自己成为一个积极进步的分子。

中间类型的第二类，其思想特点是纯技术观点、雇用观点、个人主义、自由主义。这一类人占的数字较大，有详细分析的必要。

先说个人主义、自由主义。小资产阶级的思想意识在我们高等学校教职员中是普遍地存在，而主要的则是自私自利的个人主义、自由主义。他们在工作中看待问题和处理问题，都是从个人的、狭隘的利益出发。他们认为：“一个人在政治上的进步是有条件的”，甚至有人说：“人的思想进步的快慢，是决定于生活水平的高低。”意思就是：薪金提高了，就可以“刺激”他的进步。又有人说：“给的小米多就多干，给的小米少就少干。”甚至有个别教授向学校提出：“非一千二百斤小米不卖！”自以为有“一套本领”，是“靠本领吃饭的”。这些人的信条，就是“工作要少，待遇要高”。如果工作做多了，待遇一时又提不高的话，就认为“是一桩算不过账的买卖”。又有一位教授说：“现在不让人选择工作地点，是妨碍了个人的自由。西北学生程度低，学校设备条件又差，没有给先生研究的环境，是不能留住先生的，所以先生才想走，但是又不让走。”这真是一种极端严重的个人自由主义的思想，我们是高等教育工作者，是学生的师表，负有教育后一代的神圣庄严责任，怎能有这种自私自利的个人自由主义思想！现在时代不同了，只要你是中华人民共和国的人民，就不能不讲爱国主义，看待和处理问题，就不能不从全体人民的最高利益出发。你要是还存在着个人主义、自由主义的思想，你就必然看不见国家，看不见人民，把个人利益放在第一位，国家和人民利益放在第二位，这是不符合时代的要求，最后一定会被时代所抛弃的！现在我们新中国成立不久，旧的一切正在彻底清除，新的建设正待大力进行，我们全国人民应该本着爱国主义的精神，共同努力。当个人利益和人民利益一致的时候，当然最好；当个人利益和人民利益相冲突时，就只有放弃个人的利益，服从人民的利益，这才是我们应该遵循的正确途径。

雇用观点，在高等院校的职员中情况比较突出，教授中是比较少的。有个别教授总是羡慕外区的薪金高。某校从暑假后取消了加课钟点费，有些人过去是争着多教课的，现在就不愿意多教，甚至自己教了多年的课也扔下来了。有某教授在系会上公开说："某某先生以廉价把技术卖给人民！"这是什么思想，教课绝不是做买卖，学校更不是个市场，你为什么竟愿意放弃了国家主人翁的地位而甘愿做一个雇用，这不是一件不可索解的事情吗！？

单纯的技术观点，在教职员思想中是相当浓厚地存在着。许多人认为"学了技术可以走遍天下"，"在今后社会里，只有技术吃得开"，"教好书可以名利双收，薪又加得多，学生也尊敬"。他们主观上是想努力把业务搞好的，但认为"学政治也要紧，就是没有时间"。少数认识不够的人，干脆就认为"学政治是扯淡"。还有人说："我们应该很好地掌握技术，已经经过这两年多的政治学习，谁还不愿意为人民服务呢？"又说："课业太繁重，时间不够，请的先生多了，每个人的工作轻一点，就可以有时间加强政治学习了。"他们是技术第一，政治学习认为无所谓，所以有人证："我的业务在国民党时候是这样，现在还是这样。科学是科学，技术是技术，和思想改造和政治都联系不到一起的。"他们就没有想到：究竟学了技术为什么，技术为什么服务？我们要知道，技术是为人民长远的利益服务的，是为建设繁荣富强的新中国和提高人民的生活水平而服务的，所以一定要适合时代的要求，适合国家和人民的要求。把技术孤立起来看，只主观地看到自己那一套，漠视客观的需要，这无疑是绝大的错误。其发展一定是脱离现实，脱离群众，陷入主观主义、教条主义的泥坑去。技术一定要和政治相结合，一定要用马列主义毛泽东思想的立场、观点、方法来领导，才有内容，才有灵魂，才能格外提高。我们现在是新民主主义社会，将来还要进到社会主义、共产主义的社会，技术更需要和政治发展密切配合，逐步提高，才能够永远适合时代的要求。谁要不明白这些，谁就必然要成为时代的落伍者！

这第二类人，由于他们具有上述的全部或一部分思想缺点，所以就表现出对政治学习不积极，对工作不主动，多半是“各人自扫门前雪，不管他人瓦上霜”，因此对批评与自我批评更是不感兴趣的。他们进步的一面是愿意做好自己的工作，落后的一面是被动因循，对一切工作都采取消极的态度。他们对革命道理也能讲一套，功课也愿意教好，但是一切为人民的观念就很薄弱，只是为个人生活和地位打算，因此就造成了“不求有功，但求无过”的敷衍态度，和粉饰缺点、迁就落后的思想。这一类人是接近落后类型的。他们现在背的包袱很多，容易和落后思想起共鸣，甚或助长了落后的气焰。比方有一位物理系的教授说：“自古以来，我们的物理学就是辩证论，所以我们课程没有什么可改的。”甚至还有人说：“我不管你马列主义不马列主义，反正我有我的一套！”请问你有哪一套？还不是雇用观点、技术观点、个人主义、自由主义这一套，还有哪一套！？总括地说，这一类的先生们，可以说缺乏思想觉悟和政治觉悟，相当地保守，坚持主观成见，这就大大地阻碍了他们的进步。

落后类型 这一类型也可以分成两类：第一类人受旧社会影响较深，对新社会没有认识，剥削阶级思想和抗拒思想表现得很显著。在教授中的表现是：唯我独尊，自高自大，目空一切，一切从个人利益出发，完全看不见群众的要求和力量；忽视政治学习和时事学习，看不起学校的领导，因此抗拒学校的布置，好说风凉话。这就成为改造旧型大学的一个阻力。在职员中的表现是：自己不积极，怕麻烦，对于愿意想办法、工作积极的人给予打击；对于政治学习认为是分外的事，向来不开会。上次西北区高等教育会议讨论文件时，有人说：

“什么叫进步？我看所谓进步的都是业务不好的！”这就等于说：我是业务好的，才是进步。还有人说：“我早知要进行课程改革，因为我教的课在课程改革前，实质上已大都改过了，我系里的课程改革就没有什么问题。”甚至有人因为别人向他提意见，他就大发牢骚说：“现在真变了，下边敢说话了！”这是什么思想？什么态度？简直是个“土皇帝”的思想！过去他是独裁的，下面不敢说话，现在他不能独裁了，就说时代变了。有人学习积极，每天细读报纸，就有人打击他：“这是浪费时间。”意思是报上的话不过宣传而已，并非事实，何必那样认真？大家想，这是多么错误，我们现在的报纸，都是根据事实对广大人民进行教育和宣传的工具，绝不是反动统治时代的报纸可比，稍为有点不实在的消息就不登，一切都表现对人民高度负责的精神；对广大人民的政治水平、文化水平、思想水平的提高起着巨大的作用，两年多来摆在我们面前的铁一般的事实可以充分证明。但是这位先生熟视无睹，自己不看报，还讨厌人家去看报，他的思想实在落后得可怕。

此外，还有些人有时表现出立场和观点尚未改变，如在讲课时还说“胡适之先生如何如何”等等，解放已两年多，居然还有人那么个说法，也实在不可索解。胡适在过去是起过一定作用的，现在还难免有好些人对他存着糊涂的看法，我们应该加以清算。他过去也是我的熟人，还是个老乡，要清算他和他的思想，不是三言两语所能说明，我现在只提出一个简单的事例。有很多人在国民党反动统治时代是主张和平，主张以政治方式解决两党问题，坚决反对“戡乱”的，反对以军事方式解决问题的，但胡适却发表“和比战难”的谈话。在南京我曾和他谈了一次话。我说“和比战好”，拿许多理由来驳斥他的“和比战难”，谈了几个钟头没有结果。在这里，我再引证北京大学中国语文系教授游国恩在最近北京《人民日报》发表的《我在解放前走的是怎样一条道路》一文中的两段，大家听了就更明白：

胡适给过我什么影响呢？我在北京大学读过六年书，虽然由于不同系，没有上过胡适的课，但他提倡“整理国故”，发表许多有关中国文学的文章，我读了之后，觉得很合乎我的胃口，而且认为他那一套考据的方法是“科学方法”，能解决问题，心中十分仰慕。于是自动去拜访他，拿文章给他看，希望得到赞赏，给我介绍发表。后来他竟把我的文章印在《努力》报的《读书杂志》上，我当时实在觉得光荣。从此以后，我就决心把自己投进牛角尖去，一面埋着头用全力读死书，做一些脱离实际的考证工作；一面又几个朋友办一个刊物，陆续把自己的文章印出来，猎取名誉。那时北京大学在学术思想上已经分为新旧两派，教员和学生办的刊物多得很，但我连《新潮》都不爱看，《向导》更不消说，摆在各院各宿舍号房代售，我从来不会瞧它一眼。只有《努力》报，尤其是它的星期增刊《读书杂志》则非买不可。《语丝》《莽原》及鲁迅的小说杂文之类虽然也看，但只把它当作茶余酒后的消遣品。我的保守性和落后性由于胡适的诱导而日益发展，使我不但不认识现实，而且一天天和现实距离更远。

胡适曾经高喊“学术独立”的口号，这个口号有两种影响：一方面是诱致知识分子在一个“清高”的美名下进行学术研究，表面上好像不依附政治，实际上替反动政府服务。这样一来，所谓知识分子、学者们便一个个进入反动政府的圈套。另一方面是使大批落后的知识分子借口“学术独立”，不问政治，逃避现实。而其结果也只是对于反动政权有利。胡适的思想言论曾经领导着广大的落后的小资产阶级知识分子以及其他可左可右的各阶层的人们倒向反动政府。他引诱了多数资产阶级小资产阶级知识分子长期彷徨于改良的迷路上，抱着“学术独立”“超阶级”“超现实”的态度，直接间接地替反动政府帮忙或帮闲，点缀或捧场，对于阻碍革命的前进，巩固反动政权，延长并增加人民痛苦起了巨大作用。过去我就是在胡适这个“学术独立”的口号影响下，不自觉地尽了一份推行反动教育以服务于反动政治的责任。

胡适究竟是怎样的一个人，在反动统治下起过怎样的作用，这就是一个简单的答案，到今天还有人说“胡适之先生如何如何”，是不大对头吧？

妙论还不止此。还有人说：“共产党的办法好得很，硬叫你学习，叫你没时间闹事。”试问今天这样为人民拥护的共产党领导的政权还怕你闹事！又有什么事可闹！还有人说：“我的错误，我比你们知道得多，我就是不改，何必你们提呢？”这真妙得很！人家向你提意见，是希望你进步，希望你成个人民的教育工作者，是好意的，但他却如此深闭固拒。又有人说：“各人自扫门前雪，不管他人瓦上霜，总比自己不扫门前雪却管他人瓦上霜强。”意思就是不要别人给他提意见，只管他人瓦上霜才不对呵！这些例子很多，我不过略举二三。这都是抗拒思想改造的表现，是完全错误的！

至于落后类型的第二类，在学校中占的成分是极少数，而且多是蕴藏在内心，行动上很少表现，也起不了什么作用。不过既然有这种人的存在，我们本着“治病救人”“与人为善”的主旨，应该把它暴露出来。这一类人的思想表现有几个方面：第一个方面是对领导中国革命的中国共产党抱着成见甚至敌视的态度。他们不欢迎中国人民解放事业，甚至诬蔑中国共产党的各项政策是“挂的羊头，卖的狗肉”，

“说的是一套，做的又是另一套”；把中国工人阶级的先锋队——中国共产党看成和地主、买办、官僚资产阶级的国民党一样，他们所持的“理由”是：“共产党是人，国民党也是人，国民党做过的那一套，共产党也是会做的”；把解放后两年来的各项社会改革诬蔑为“共产党给人民带来的灾难”。实在说，这种思想已经不只是落后的思想，而且是反动的思想了。我可以告诉诸位，我是从国民党过来的人，在过去人们指责国民党挂羊头卖狗肉，那是事实。解放后我的体验，深切地觉得中国共产党绝对不是这样的。绝没有讲的是一套，做的是另一套；也没有上面是一套，下面又是一套。中国共产党是以马列主义为武装的党，党员干部是经过党的严格的教育和长期革命实践的考验，具有全心全意、忘我牺牲、为人民服务的高贵品质，是使中国由新民主主义社会推进到社会主义、共产主义社会的原动力，这是人所共知的不容诬蔑的事实，你怎能装糊涂看不见，闭起眼睛瞎说！解放后两年来的一切措施，一切社会改革，哪一样不是为人民为国家着想？哪一样不符合共同纲领的精神？固然在政策执行上不免偶有偏差，但这只是个别干部的一时错误，绝不是普遍的缺点，而且大多能随时检讨，随时纠正。拿我来说，过去眼看反动统治一天天把国家推向沉沦的边沿，人民日处水深火热之中，无有止境，我的焦虑苦闷，真是无以排解。解放以后眼看到的一切，就知道国家和人民是真得救了，精神上得到了完全解放，我们相信，共产党领导的政权，一定可以把国家搞好，建立一个伟大的新中国，把全国人民引到无限光明、无限美好的前途。现在有些人不了解政策。比方土地改革，明明是推翻封建的地主剥削制度，解放农村生产力的正确措施，但却有人看成是“农村中的一种恶作剧”；甚至根本否认农村的阶级斗争，认为是共产党有意制造的。这样曲解政策，自然得出错误的结论了。去年今年的土改，各大专科学校的教职员先生们参加或参观的很多，回来后也发表了很多很好的文字，都一致认为这是一场系统的、激烈的反封建斗争，歌颂赞叹。本来，孙中山先生就极力主张“平均地权”，实现“耕者有其田”的理想，只是为反动统治的地主、官僚、买办阶级所不能接受，未得实行。我知道，国民党反动统治的失败原因很多，而忽视占全国人口百分之八十以上的农民问题，也就是最大多数人的切身利益问题，不但不加解决，反而加紧剥削，就是最主要原因的一个。我们今天无论从土地改革政策看，就是从财经政策、文教政策、民主建政政策等方面看，都是完全正确的。在中国共产党和伟大的人民领袖毛主席领导下，两年来到处显示了蓬蓬勃勃的新兴气象，从农村到城市，从思想到生活，每个地方、每个人都在急剧地变化，迅速地进步。毛主席指示我们：只要有三年准备，十年建设，就可以使中国面貌一新。以目前全国进步的进度来说，再有十年建设，一定可以使中国的面貌大大改变了。这些都是有目共睹的事实。要是你还有怀疑之处，就是你主观上的思想或思想方法的错误问题。这是应该加以澄清的。

第二个方面表现在对抗美援朝运动方面。他们认为这是极端错误。首先对朝鲜战争的看法是反民族观点，认为美帝国主义侵略朝鲜是“美国为了求生存，不得不如此”。估计朝鲜战争的结局，美国会得到“胜利”，“这样，共产主义的政权能否在中国建立”就大成问题了。对于朝鲜停战谈判，向学生解释说：“这是由于中朝军队伤亡过大，美国强大的缘故。”对于所谓世界三次大战，有的教员向学生说：“战争是要打起来的，谁胜谁败，是难以预料的。”甚至说：“美国目前的备战是出于无奈。”对于人民报纸上登载抗美援朝的胜利消息表示怀疑说：“报纸上的消息尽是共产党的宣传，不足凭信。”实在奇怪！到了今天居然还有人不分是非、不分敌我，说出这种话来，不啻为敌人张目！对这种思想我们说它是落后还是客气的，实在根本就是一种顽固思想，反动思想！今天抗美援朝还会有疑问吗？我们要不起来抵抗，美帝侵略军还不早打到鸭绿江边，侵入我们东北来了！我们还能够保卫祖国的安全吗？美帝是为了它的生存而派兵到朝鲜的吗？美国在哪里？谁去威胁它？朝鲜会威胁美国的生存吗？我们中国威胁了美国的生存吗？这些道理连小学生都清楚的，你是个高级知识分子反会弄不清楚吗？谁都知道，我们抗美援朝是个正义的战争，同时也是求生存的战争，在美国则是侵略的战争，不义的战争。我们有充分的理由必须抗美援朝，用不着在这里多说。他们说美帝在朝鲜要胜利，现在事实摆在我们面前，美帝胜利了吗？胜利了为什么还愿意谈判呢？至于世界三次大战是不是会爆发，在目前来说，还是个未知之数。为什么？因为美帝虽然到处疯狂地准备战争，挑拨战争，但是我们以苏联为首，包括各人民民主国家、全世界被压迫的民族和美、英、法等帝国主义国家内部的民主进步人士所组成的和平民主阵营的力量一天天壮大，就有可能阻止新战争的爆发。更从两大阵营的政治、经济、军事力量的对比，我们可以说：战争有没有固然是一个问题，即使不可避免的话，胜利也必然属于我们而不是属于美帝集团。对于这个问题，我在西北区各族抗美援朝代表会议上讲的“抗美援朝和世界大势”，已有简明的分析，曾发表在《群众日报》，想必大家看到，现在不想重述了。

表现在第三个方面是媚美、崇美、亲美的买办思想。具有这种思想的人，认为美帝的一切都好，什么“美国的生活方式”；“美国的民主”“美国的科学”“美国的军火、武器、原子弹”等，他们都表示羡慕。对于我们祖国的一切，认为都不如美国。有一位教授还说：“早知道中国是这样落后，不如不回国！”这是什么思想？！中国越落后，你越该尽到自己的力量，何况我们并不是样样都落后呢？有一位教授和学生讲解苹果育种时说："凡是味道好吃的苹果，统称西洋种；凡是不好吃的统称中国种。"这是多么浓厚的买办思想，这种思想是有它的历史根源的。美帝国主义对中国的长期侵略，使中国人民过去完全为它的虚伪的外表所眩惑，误以为美国什么都好；尤其受过所谓美国教育的人，更有可能或多或少地产生了媚美、崇美、亲美的买办思想，这是可以设想的。就拿我自己来说，我虽然没有受过美国教育，但在和美帝勾结的国民党反统政权下生活了二十多年，不知不觉中也曾经受到这种思想的影响。比方我一向就认为中国的建设不能不接受美国的"帮忙"。这种迷糊的幻想，直到解放后还继续存在。当上海解放时美国副领事违法被罚事件和沈阳美领馆间谍事件发生后，中美关系显得紧张，我就曾对毛主席、周总理冒昧地提出："我们为什么要刺激美国？我们现在正要争取美国的承认，同时今后经济上恐怕还少不了美国的帮助啊！固然我们是一定要亲苏的，但是苏联在机器和技术方面是不是有余力帮助我们这样大的国家走上工业化进入社会主义的经济建设是有问题的，我们在政治上亲苏、在经济上联美好不好？"毛主席说："你要知道，美国的本质是帝国主义，帝国主义会帮助中国的建设吗？帝国主义推行的是侵略政策，只想把工业品推销到中国，继续它过去在经济上的控制和剥削，它会肯拿机器来帮助我们成为社会主义的国家吗？你想，有没有这个可能？"这一问，就把我问倒了。我们要知道，帝国主义的本质一天不改变，它的侵略行为就一天不会停止，中国是属于社会主义体系的一个新民主主义国家，怎能妄想得到它的帮助，是的，在遥远的将来，世界任何国家都应该互相帮助，我们也许有和美国互助的一天，但那是将来的美国，而不是现在的美国；是和平、民主、进步的以工人阶级为领导的美国，而不是现在由垄断资本家所统治的美国。就以美国的科学技术来说，不错，它是一个高度工业化的国家，但我们知道，他的科学技术是为反动统治所掌握来为资本家服务，做了向帝国主义道路发展的工具，试问这种科学技术对人类不是只有大害而无益处吗？至于“美国的民主”问题，试问在资本家统治的反动政权下还能讲什么民主？总之，美帝是个纸老虎，一定要垮台的，它国内工人阶级和资本家的矛盾，国外帝国主义相互间的矛盾，都是没法解除的。我要奉劝那些存在买办思想的人们：你们再不要保持那种糊涂的幻想；同时还要回头看看祖国的伟大，看看祖国工人和农民阶级的高度智慧、创造精神和生产热情，看看全国人民对新中国的热爱，对美帝的憎恨，看看我们政治制度的优越性，看看我们政权的高度效率，就可以知道祖国未来前途的光明远大；民族自卑感是不应有的，到了今天，我们应该恢复和巩固我们民族的信心和自尊心了。

第四个方面是表现在对苏联的态度。由于对帝国主义“物质文明”的盲目崇拜，反过来对于社会主义国家苏联就必然表示怀疑不满，甚至仇视。他们对苏联成见很深。首先错误地认为共产党领导下的新中国与苏联社会主义的关系，和国民党反动派与美帝国主义的关系是“一样的”。认为苏联给予我国的帮助和美国过去的“援华”是一个样子，甚至把苏联红军出兵东北协助中国抗日认为是对我国的“一种侵略行为”。对我国人民志愿军出兵抗美援朝认为是被苏联“利用了”，“将来可能要上当”。对苏联现代科学的伟大成就表示怀疑，认为不如“美国的科学深奥，没有研究价值”。这是多么顽固的思想！对于苏联三十多年来的伟大社会主义建设，你说不清楚可以，你说少看苏联出版的书刊文物，少听到苏联各项先进的发明也可以，你总不能胸有成见散播反苏的言论。苏联是我们亲切的盟友，是世界和平的堡垒，是和平民主阵营的老大哥，是世界被压迫民族解放的明灯，毛主席号召我们今天必须“一边倒”，倒向以苏联为首的和平民主阵营。在中华人民共和国成立不久，就签订了有伟大历史意义的中苏友好同盟互助条约，中苏两大国的团结是七万万人的大团结。过去苏联对中国革命事业的种种帮助，现在对中国建设事业的种种帮助，事实俱在，不用列举。这样伟大的盟邦，这样伟大的中苏关系，你是中华人民共和国的一分子，能说看不见听不到吗？苏联的社会主义制度事实上早已证明了是世界上最优越的制度，不是腐朽的美英资本主义制度所可比拟的。苏联的科学和技术不如美吗？在朝鲜战争中，美国战犯们就惊惧我们飞机性能的优越，说是超过了他们，又说是苏联制造的。就算是苏联制造的吧，那不是恰好说明苏联的科学和技术是超过美国吗？不久以前，许多欧美人士到苏联参观之后，都一致承认苏联科学的进步已经超过世界任何国家，完全改变了他们过去瞧不起苏联的态度。这些事实你该听到吧？同时更要知道，苏联科学和技术完全掌握在人民的手上，完全为社会主义的建设并为进入共产主义社会准备条件而服务，建设的成果完全为人民所有，用来提高和充实人民生活和幸福。今天苏联人民的幸福，从集体农庄的农民和工厂工人的生活就可以看出来，他们的生活水平比各位教授先生们都有过之而无不及。在北京时曾听苏联专家说，他们的生活水平和我们不一样，因为他们早已进入社会主义的生活了。美国情形怎样？全国财富大部分集中到极少数的资本家手里，而极大多数的人则惨被剥削，过着牛马般的生活。这是多么明显的对照；我们今后必须亲苏，苏联是我们亲密的盟邦；同时必须反美，美帝是我们最危险的敌人。

具有这种落后思想的人在学校里为数不多。他们可能因为出身封建地主阶级，解放后个人和家庭的利益受到损伤，因而心怀不满；也可能是在镇压反革命运动中亲戚朋友受到镇压，或在土地改革中家庭遭受斗争，所以显得如此顽固。他们也可能在解放前受旧社会的毒害较深，或者直接受到帝国主义反动教育的熏陶，所以立场一时转变不过来。实在说，这种思想不只是落后，可以说是反动。我们对于这一类极少数极少数分子，希望他们赶快觉悟过来。否则在新民主主义社会里是不容许这种反动思想存在的。

以上是就我们对西北高等学校职员思想情况的初步了解所做的一个分析，并附带提出一些意见。我要重复说一句：西北区高等学校教职员的思想虽然存在着若干问题，但在大多数人中并不见得太严重，因为根本上大家是朝着进步的方面发展，而且两年来也确实有了很大的进步；同时在学校思想起主导作用的是进步类型的思想，而不是中间类型。尤其不是落后类型的思想。不过作为一个问题来看待，我们不能不率直地指出来，寻求正当解决的途径。

在这个报告的第三部分，我首先说，我们教职员先生的思想情况既如以上所述。问题是那样的多，是不是需要加以改造呢？我的答案是肯定的。不只是要改造，而且一定要改造好。我们绝不能说：“我的错误，我比你们清楚得多，我就是不改。”也不能说：“我是靠本领吃饭的，有了技术教好书可以走遍天下，何必参加学习？”这都是讳疾忌医、文过饰非、最要不得的态度。那么，我们思想改造的理由在哪里？请看下面几点：

首先，从国家利益来看。毛主席《论联合政府》中说：“一切这些知识分子，只要是在为人民服务的工作中著有成绩的，应受到尊重，把他们看作国家和社会中的宝贵财富。……在八年抗日战争中，广大革命知识分子对于中国人民解放事业所起的作用是很大的，在今后的斗争中，他们将起更大的作用。因此，今后政府应有计划地从广大人民中培养各类知识分子干部，并注意团结和教育现有一切有用的知识分子。”“对于旧文化工作者、旧教育工作者及旧医生们的态度，是采取适当的方法教育他们，使他们获得新观点、新方法，为中国人民服务。”知识分子在人民革命事业中的重要性，这里已经说得很明确。“把他们看作国家社会的宝贵财富”，这话说得多深刻。财富是应该发挥它的作用的，不应作无谓的浪费。我们要爱惜这些财富，使他们成为名副其实的国家和社会的宝贵财富。怎样才能使他们成为国家有用的财富呢？我们就得看国家需要怎样的财富。那么，我们就要问：我在我的岗位上是不是一个健全的教育工作者？是不是能够满足国家的需要？就是说，我的思想，我的立场、观点、方法如果是符合国家利益的，就是国家的有用财富；如不是，甚至和国家领导思想背道而驰，或者配合不上，就不是国家有用的财富；就要成为废品。因此就国家的利益来看，一定要求你改造，要求你进步，使得无用的财富变为有用的财富，有用的财富发挥更大的作用。

其次，从人民利益来看。你负了教育后一代的责任，就应该把学生教育为国家优秀的干部，但如你是思想落后的先生，那你怎样能够教育学生成为国家优秀的干部？这对人民利益是有害的。比方有些学校的机械系现在还是学“美国的规格”，讲螺丝钉还是离不了“美国标准”，讲钢铁还是美国的钢铁，不问美国是个什么样的国家，和我们新中国怎么样的关系，也不问我们工厂现在用的是什么规格和标准，徒然贩卖知识，搬书本子，不切合实际，就是不合乎人民的利益。我现在再引证北京大学政治系龚祥瑞教授在最近北京《人民日报》发表的《彻底清算北京大学政治学系的教学思想》一文中的两段话：

在国民党统治下的中国，北京大学、清华大学等校的政治学系，为英美资产阶级民主主义者所垄断，在那里，人们学了柏拉图的“理想国”，洛克、卢梭等的“契约论”，孟德斯鸠、边沁、弥尔等的“议会制度”，英、美、法、德、瑞士等国反动资产阶级“政党政治”“宪法”“行政”和“外交”，等等。就政治学系来说，所谓旧民主主义，指的就是这些。

但两年来，我们进行了一些什么样的改革呢？第一，课程的名称改了，而课程的内容基本上没有变革或很少变革。“西洋政治思想史”改为“国家学说史”，但所讲的仍然是柏拉图、亚里士多德、卢梭的故事；“比较政府”改为“资本主义国家”，但所讲的主要部分仍旧是美、英、法的政党政治和政府组织；而对于垄断资本主义以及建筑在这个经济基础上的法西斯主义的本质没有加以揭露；“行政学”改为“行政组织与管理”，但所讲的仍旧是关于组织、人事、文书、物料的一些零碎的片面的知识。其他课程如“国际公法”“宪法”，在内容上仍然保持着旧的一套。

课程名称改了，内容没有改，等于换名不换实，它和新民主主义社会的思想，和共同纲领的政策、精神距离有多远，甚至反其道而行之都可以不管，教育出来的学生就不可能符合国家建设的需要，也就是贻误人家子弟，贻误人民革命事业。同时要知道，现在学生是进步的，你教的还是旧的那一套，学生就会向你提意见，使你教不下去。一位先生说：“国营工厂的工人是雇用性质。”学生就问他：“那么谁是工厂的主人？”他就答不出来了，所以你要是个人民教育工作者，就应该检查自己的思想和所教的内容，是不是合乎人民的利益，否则人民一定要求你改造，要求你进步。要求你成为一个真正的人民教师。

再次，从个人的利益看。刚才我们已经批判了个人主义，但现在姑从个人利益来说吧。我们生活在这个新时代，就应该赶上时代，适应时代，时代的车轮是不断地前进的，不容许任何人落后，落后就为时代所抛弃。你说："我不管你马列主义不马列主义，反正我有我的一套"，那你的一套就是不合时代需要的一套。你说："时代变了，下面敢说话了，"这只是说明你赶不上时代；你要是和时代同时前进，就没有问题了，别人也不会向你提意见甚至瞧不起你了。就从我们的家庭来说吧，有一位教授说：叫"为了使自己的儿女们不因谈话不投机把自己孤立起来，也应该努力学习"。这是他的经验。自己不进步，连儿女都合不来，在家里就要成为一个"寡人"！我也有这个经验。去年抗美援朝开始后，首先在各学校里展开，我家里有几个孩子常在我身边打转，好像有什么话要说又说不出来似的。我最初没注意，后来发觉了，我问他们："你们有什么话要说吧？"他们很直率地说："现在要抗美援朝，您的态度怎样？"呵！原来如此。我就把我在中央人民政府会议上所说的话告诉他们，他们很高兴地说："对了，好得很！"他们很担心，就怕我思想搞不通，要求我表示态度。要是我当时不赞成，他们一定会向我提意见，而我也就会成为家庭的"寡人"了。这虽然是一个比方，也可见无论从个人到家庭到社会，都逼迫着你进步，你要不进步，真会无立足之地。所以为个人利益打算，我们也应该改造，应该由落后转变为前进。

在第四部分，我谈到怎样去做思想改造工作，并提出一些基础条件。

人所共知，思想改造是一个细致的、长期的、痛苦的过程。我自己就体会这个经验。我今天没有时间就个人一生的思想演变过程做详细的自我检讨，不过我的历史和主张是很多人知道的。在反动的国民党里，好些人认为我是民主派。（不算自吹自擂吧？）（笑声）我在政治上力主贯彻革命，实行民主政治；“九一八”变起以后，力主全国团结，坚决抗战；对国内问题，力主以政治方式解决，促成和平；并且一贯地坚决主张实行孙中山先生联俄、联共、扶助农工三大政策。这些主张对不对？在今天看，显然也有不对的地方。因为我的一切主张，都是站在国民党立场说的，也就是以维护反动统治利益作出发点的。例如我主张联俄联共，只是为了联俄可以缓和国内的情势，联共可以刺激国民党的进步，所以我的主张最多也不过是一种改良主义的思想罢了，是二种狭义的爱国主义者的幻想罢了。现在我是完全明白了，但是这一个“明白”的过程并不简单，是痛苦的自我思想改造的一段。各位先生很多在思想战线上久历行阵，经验比我多，我在下面只是提出一些有关思想改造的基础条件和浅近的说明，如有不对，还请大家指正。

第一，要眼明。看清世界大势，看清是非，看清敌我。如果大势不明，是非不清，敌我不分，就如盲人骑瞎马，一定会走到错误的路上去。

世界大势怎样？上面已经有了分析。谁都知道，社会主义社会是一定要到来的，资本主义社会是一定要灭亡的，这是人类社会发展的规律，是毫无疑问的。今后的世界，一定如毛主席在《论人民民主专政》指出的，是“资产阶级的民主主义让位给无产阶级领导的人民民主主义，资产阶级共和国让位给人民共和国”，同时“经过人民共和国到达社会主义和共产主义，到达阶级的消灭和世界的大同”。你要认清了这一点，帝国主义思想和买办思想就不会存在，就能够全心全意地为人民服务，为全人类最高的政治理想而奋斗，为改造旧世界、创造新世界而奋斗。

眼前的是非也是异常清楚的。美帝侵略朝鲜对不对？不对。美帝国主义用它的军事、经济、文化在世界上到处进行侵略，把世界资本主义体系的国家一个个变成自己的仆从国对不对？当然不对。埃及人民要废除英埃条约，反对英国驻兵苏伊士运河区，英国却用高压手段来相威胁，赖着不走，是谁不对？当然是英国不对，埃及对。伊朗石油是伊朗国家的财富，人民要实行国有化，英国却极力反对，美国更从中捣鬼，是谁不对？当然是伊朗对，英美不对。中国从鸦片战争起，一百年来受尽了侵略压迫，我们人民起来反抗，求得解放，是谁不对？当然是我们对，帝国主义不对。我们要发动农民进行土地改革，废除封建的地主剥削，实现农民的土地所有制，是谁不对？当然是地主不对农民对。解放后残余反革命分子还是或明或暗进行反人民的勾当，人民要镇压他们，是谁不对？当然是人民对反革命分子不对。……我们对一切眼前的事物，都要给它一个正确的批判，是则是之，非则非之，然后才不会淆乱是非，才不会站到反人民的立场上去。

敌我是一定要分清楚的。在国际来说，帝国主义是我们共同的敌人，美帝更是我们最危险的敌人，而苏联和许多新民主主义国家，以至各帝国主义内部的民主进步人士，则是我们的友人。在国内来说，一切帝国主义、封建主义、官僚资本主义分子和思想，都是我们共同的敌人，而广大的农民阶级、小资产阶级、民族资产阶级，则是我们的友人。敌我要分不清楚就一定会说错话，看错人，做错事。最近北京《人民日报》刊登杨耳先生一篇短文《落地的人头称赞好快刀》（副标题是《谈反对分清敌我的一种错误论调》），现在引述如下：

京津两地高等学院教师思想改造运动正在开展，已经获得很大成绩。但听说在讨论划分敌我立场时有人说：“如果敌人的枪实在制造得好，那么，虽然他这支枪把我打死了，我还是称赞这支枪好。”好倒是好，可是自己却被它打死了。既然打死了，虽然称赞也就不可能了。所以这位先生的逻辑是不妥当的。《聊斋志异》里有一则故事，和这里的情形有些相像。这个故事说：有一个人被人砍下了脑袋，因为刀太快，所以头落在地上还大嚷："好快刀！"这个故事听来虽很有趣，但是只能算是"志异"而已。因为，实际上这不是扯谎，就是扯淡罢了。

这位先生辩解说："我不是说人死之后还会称赞刀好，而是说，我即使被枪打死，也还是要'客观地'称赞它好。科学发达，总是对人类有利益的。"

这里的逻辑也还是不妥当。首先，你既然想到可能被它打死，难道设法不让它打死不是更好些吗？你为什么不想到先把这支枪从敌人手里夺过来，再谈枪好枪坏呢，你为什么把称赞枪好看成比划清敌我界限、反对敌人行凶还更重要些呢？如果大家都照你的意见办事，不谈立场，不分敌我，只是一味地称赞枪好，甚至认为人头落地事小，称赞刀好的事大，那不是太危险了吗？其次，科学发达就是对人类有利吗？可惜这个"人类"里既有占极大多数的人民，又有极少数的人民的敌人。你难道没有认识到如果原子科学完全掌握在美帝国主义手里，将对全人类有什么威胁吗？自然科学（不谈指导它的世界观哲学思想）是对各阶级一视同仁地服务的，可是今天敌人如此野蛮残忍，你也愿意把你的科学去为他们服务吗？有些主张为科学而科学的先生，甚至今天还把科学报告论文寄到美帝国主义的研究机关去，你难道不怕在你的科学报告上可耻地沾上朝鲜人民军和中国人民志愿军圣洁的血花吗？

记得鲁迅先生嘲笑过一种人，说他们抓住自己的头发就想把自己提到半空中去。那位大谈死了也要称赞敌人枪好的先生，也可以和这样一种人相比。他根本忘了人生在世，办事说话总要有个立足点。在现在敌我斗争如此尖锐的世界上，如果不坚决站在人民的利益上，虽然自己以为已经把自己提到了半空中，实际上就不知不觉地站在持枪行凶的人民敌人的立场上去了。

从这个例子，可以看出敌我不能分清的危险，稍一不慎，就很容易站到人民敌人的立场上去了。

第二，要虚心。要倾听群众的意见，走群众路线，建立群众观点，处处和群众相结合，特别要虚心研究马列主义毛泽东思想。也许还有人怀疑：马列主义毛泽东思想是否就是普遍真理呢？那我要肯定地说：这是无可置疑的。理论的阐释让大家在学习文件中，在联系实际工作中去研究，我先拿事实来证明吧。大家都知道，苏联在革命前是个极端腐败的沙皇俄国，人民过着非常困苦的生活。革命初期外受十四个帝国主义国家的围攻，内部又有白军和饥荒的扰乱，那种艰难危险，不是言语所能形容的。但是在列宁、斯大林的领导下，终于完全战胜了内外敌人，完成一个接连一个的五年计划，成为伟大的社会主义国家，人民过着最幸福最愉快的生活。这是怎样得来的？就是马列主义思想的领导。我们中国过去是个半封建半殖民地的国家，数不尽的国家耻辱，说不完的人民痛苦，可是中国在共产党和毛主席的领导下，经过长期艰苦的斗争，终于打垮了反动政权，肃清了帝国主义的势力，一切都是从无到有，从小变大，从弱变强，中华人民共和国成立两年以来，表现了许多前所未有的辉煌成就，这都是大家有目共睹的。这是从哪里得来的？就是马列主义，特别是与中国革命实践相结合的毛泽东思想的领导。再就东欧和亚洲各人民民主国家的情形来看，它们或者已经摆脱了帝国主义的束缚，走上自由建设的大道，或者正在和帝国主义进行胜利的斗争。就是各帝国主义内部的进步力量，也在一天天壮大，它们终必会推翻本国的反动统治，建立人民的政权。这都是和马列主义的领导分不开的。目前世界已经向着马列主义，所指引的道路上发展，未来的世界必然是在马列主义领导下的新世界，你能凭任何的论点和事实来否认它是个普遍的真理吗？不能。所以我们就要虚心地学习，善于联系实际，在工作中更要掌握马列主义毛泽东思想的原则，把理论与实际很好地结合起来。

第三，要大胆。要勇敢地运用批评和自我批评这一武器。我们要勇敢地批评别人，也要勇敢地做自我批评。现在一种普遍的现象是：批评怕得罪人，自我批评又怕没脸，这就是不勇敢，没有勇气。有人说：批评会发生意见，会影响团结。这是不对的。不错，我们一定要团结才能把业务搞好。但所谓团结，绝不是敷衍应付，文过饰非，也不是表面的一团和气，背后讽刺讥笑。它是要从自我斗争中、思想改造中争取的。正确地掌握批评和自我批评，不但不会影响团结，相反地正足以促进团结，巩固团结。你不对，我应该批评你；我不对，也应该坦白承认，并接受你的批评。在思想改造中，大家勇敢地暴露问题，批判问题，解决问题，然后思想才能澄清，才能纯洁，大家就能团结。我现在引用最近在北京《人民日报》发表的一封信供大家参考。

编辑同志：我今年服从了政府对高等学校毕业生的统一分配，从华北区到西北大学来担任助教工作。我到工作岗位的第三天，系里的负责同志就对我说："在工作中不要起作用。"在我们每次的小组讨论会上，常因小事情争得面红耳赤，使小组讨论会成了闹意气的场所；我在小组讨论会上说了几句话，有一位教师便到我的房里对我说："你还是一位无名的助教，少说话。"有一次，同学要教文艺学的教师印发讲义，因为一时编不出讲义，他便支吾地对同学说："经费成问题。"

直拖延了五六周，后来同学问我印讲义的经费是否成问题，我说了一句：“不成问题。”（这是事实）我便因此成了罪人，系里的某些老师都责我多嘴。高等学校教师思想改造学习开展以来，西北大学的教师们纷纷保证向北京、天津的教师们看齐。在过去这一阶段的学习中，他们虽然已有了不少的进步，但思想上仍有许多问题。有的教师害怕思想改造，有的人故意挖苦党员和青年团员说：“你对我们尽量地说，我们绝不因你说错而攻击你。”实际上他们是不愿接受别人的意见的。他们往往吹毛求疵，专门找别人的短处。他们把某些教师要求进步的表现，说成是追求个人名誉地位的行为。有的教师为了逃避别人对他的批评，总是说别人的方式不好，或者批评别人不看对象，任意说话。发出这些不正确论调的人，显然是在掩饰自己的错误。

我愿意彻底改造自己的思想，同时我更希望西北大学的教师们认真学习，改造自己的思想。

这可以反映出我们一些人对批评与自我批评的态度。他们畏惧或逃避批评和自我批评，这是错误的。把毒疮掩盖起来。没有勇气开刀，最后必会溃烂，酿成不可收拾的毛病。孔子也说：“知过必改”，“过则勿惮改”，“君子之过如日月之蚀”。如能善于运用批评和自我批评的方法，就可保证不再犯错误。对真理低头是应该的，掩饰错误才是不应该的行为。

第四，要站稳立场。这是思想改造中最重要的一个基础条件。立场要不稳，摇来摆去，就已经容易犯错误；立场要站错了，就更一定犯错误。说一句话，做一件事，有没有错误，为什么错误，都可以用立场去检查它。例如上述有人把土地改革认作是“农村中的一种恶作剧”，这就是立场错误。他站到地主阶级的立场去了。有人把美帝侵略朝鲜认为是“美国为了求生存不得不如此”，甚至说“美国目前的备战是出于无奈”，这也是立场错误。他站到帝国主义买办阶级的立场上去了。听说有两位教授谈天，一位说：“我经过上海时没有下船，因为上海沦陷了。”这一位就告诉他：“你说错了，是解放不是沦陷。”因为站在人民的立场应该说“解放”，他却说“沦陷”，就站到反动统治的立场上去了。说一句话，用一个字，立场不稳，或立场错误，就会出岔子。如果立场稳定了，一切言论态度就不同了，研究问题解决问题也就不同了。那么，我们究竟应该站在什么立场呢？就是人民的立场，工人阶级的立场。现在的政权是四个阶级的人民民主统一战线的政权，是以工人阶级为领导、工农联盟为基础的人民政权，所以人民的立场就是广大人民最高利益的立场。现在还有人有些误解，他们说：“我是小资产阶级，也是属于构成新民主主义政权的四个阶级之一的分子，我应该有我的立场，我的思想意识，我的利益。”这是错误的。他没有认清楚共同纲领上“以工人阶级为领导”一语的含义。你以小资产阶级参加新政权是可以的，但并不等于说你应该保持你固有的小资产阶级的立场，更不等于说你应该还长远保留你那种小资产阶级的思想意识。因此，我们更应该有工人阶级的立场。由人民的立场过渡到工人阶级的立场，是提高一步，是一个很自然的发展过程。因为工人阶级是四个阶级中最先进的阶级，可以代表全体人民的最高利益的；同时工人阶级是大公无私的，具有高度的组织性、纪律性，眼光最远大、斗争最坚决、最革命的阶级。我们只有坚决地站在工人阶级的立场，拥护工人阶级的领导，才能建设独立、民主、和平、统一和富强的新中国，才能使我们稳步地由新民主主义社会进入社会主义以至共产主义社会。各位教职员先生们是来自广泛的各个阶级、阶层的，恐怕比例上占多数的还是出身于资产阶级、小资产阶级、地主阶级的家庭。不管你出身哪一个阶级，只要你坚决地站到人民立场、工人阶级立场上来，积极学习，彻底改造，就是最正确、最光明的道路。

在这个报告的最后部分，我提出学习的态度问题说：至于我们学习的态度应该怎样，我想引用最近北京《人民日报》文化生活简评——《两种不同的学习态度》一文供大家印证：

最近报纸上陆续发表了一些关于教师思想改造学习的文章。这些文章普遍引起了各大学教师的注意，他们对某些教师的检讨有两种不同的认识：

多数人认为这些检讨“好得很”，“他们的自我批评精神启发了我”，“看了他们的文章，我觉得自己的学习太不深入了，根本没有检讨自己的痛处”。有些教师表示要学习他们勇于暴露缺点的精神，响应毛主席的号召，坚决改造自己的思想。这种态度是正确的。

少数人则有不同的意见。有的人说：“想不到他们有这样重的包袱，我年纪这样大还没有他们的重呢？”有的说：“他们的检讨是深刻的，但是我仍不相信他们能进步这样快，恐怕是投机，出风头！”个别的教授甚至说：“他们受人利用！”这两种不同的反应，代表着两种不同的学习态度，也反映了两种不同的立场和观点。

旧社会遗留给我们的包袱轻吗？在抗美援朝运动中许多青年学生揭发了自己亲美崇美的思想，说到沉痛处，他们往往痛哭流涕，而几十年来受到旧思想、旧习气浸染的某些大学教授，反觉得自己的包袱不重，这是事实吗？有的人认为自己没有旧的思想包袱，“出淤泥而不染”，这是事实吗？

人人皆知，由于中国人民革命的胜利，广大中国人民的思想已经起了巨大的变化，而某些人却对别人的进步感到不可思议，甚至“不相信他们能进步这样快”，这正说明自己已经落在时代车轮的后边了。解救之道无他，只有急起直追！

“他们投机，出风头”，“受人利用吗”？这是一种十足的糊涂思想！别人诚恳地检讨了自己，有勇气在大庭广众之前暴露自己的错误，愿意扔下包袱，求得进步，而你却认为这就是“投机”，“受人利用”，那么，死抱住从欧美反动资产阶级那里贩来的，从封建地主阶级那些脏东西，钻在蜗牛壳里“孤芳自赏”，这算什么呢？

批评与自我批评是自我改造的武器，要是放弃了这个武器，是谈不上什么思想改造的。一切对思想改造持有错误见解的人，应该猛省，不要站在运动之外，指手画脚地硬挑别人岔子，甚至存心污蔑别人，而应该老老实实投入这个运动，彻底改造自己的思想，更好地为人民服务。

这是京津两地高等学校教职员在思想改造学习中的两种态度。很显明的，一种是正确的，另一种是错误的。我们西北区教职员思想改造运动正在开始，这个简评值得各位借鉴。我们既了解了本身思想情况，明白了思想改造的重要，又弄清楚了思想改造的基础条件，就必须端正我们的学习态度，使这个运动健全地发展起来，达到彻底自我教育自我改造的目的。

先生们，为完成毛主席的伟大号召争取知识分子在思想改造战线上的伟大胜利而共同奋斗吧！

附二

自我检查书[1]

文 / 张治中

我生平别无所长，但一向着重个人修改，经常不断做反省的工作，如遇比较重要问题，事前必慎重考虑，事后必做检讨。这次整风，也是我很好的反省机会，我费了较长时间，把八九年来的经过做了一次系统的回忆与检查，写成了一份《自我检查书》，全文如下：

（一）

我生长在农工家庭中。我祖父是一个半自耕农。我父亲是手工业工人——篾匠，把竹子破开削成篾片，编造各种农具和用具。我亲自渡过工农家庭的艰苦生活。我在私塾里读过十年线装书，考过秀才，以后因为没有力量进学堂，当过杂货店的学徒，当过警察，过了多年流浪生活。一直到参加辛亥革命之后，进了陆军中学，再升入保定陆军军官学校。一九一六年毕业后大部分时间在广东，一部分时间在四川做军事工作。一九二四年参加了国民党的黄埔军校工作。从一九二四到一九四九年中，整整二十五年都是在蒋介石领导下工作。

在一九二四到一九四九年这二十五年中，我是一个一贯忠实于

1 尊重作者原作，本文保留了作者原有的用词方式。张治中．解放十年来点滴活动．中国人民政治协商会议全国委员会文史资料研究委员会 1963 年 3 月印：244–258.

孙中山先生的联俄、联共、扶助农工三大政策的人。在一九二四年以前，我已有反帝反军阀思想，加之我的家庭出身关系和多年的流浪生活，使我比较容易接受孙中山先生的革命思想，并且对俄国十月革命发生向往之情。特别自一九二四年参加黄埔军校以后，我和中共朋友、苏联顾问接触很多，有过深厚的友谊。抗日战争爆发后，我坚决主张亲苏联共，主张国共合作，一致对外。但是我现在检查起来，我所以主张联共，并不等于我信仰社会主义——共产主义。我之所以主张联共，只是根据孙中山先生三大政策出发的，也是为国民党的利益出发的。为什么？因为我看到国民党早已失掉革命性，成为一个无组织、无纪律、反动腐化的集团，早已背弃了孙中山先生的遗教，表现在政治上、经济上和一切措施中，都是那样越趋越下，走上了反革命、反人民的道路。而另一方面是外侮日亟，国家已处在严重危险的境地。所以我烦闷苦恼到了极点，反复考虑，认为只有实行联共，和中共合作之后，才能刺激国民党的改革，才能挽救国家的危亡。就是说希望共产党来帮助国民党改造，希望通过两党合作来把国家搞好。这是我多年的幻想，而这个幻想是建立在为国民党利益打算的基础上的，也就是站在反动的国民党立场而主张联共的。

我在这二十五年中，是蒋介石领导下的一个亲信的、重要的干部，虽然我一向对蒋的许多措施表示不满。不仅在口头上大胆进口，而见诸书面的也有十余万言。我对他做大胆率道的批评，甚至在汇报、座谈上常和他当面争论，多次引起他大发脾气。记得有一次，他当着美国特使赫尔利的面说我是共产党的代表。我和蒋的这种关系，有些朋友怀疑地问我：你在蒋面前这样率直大胆，所说的都是逆耳之言，为什么他还能容你不打击你？我只好笑而不答。我现在想，原因不外是：第一，他有需要和中共妥协缓和两党紧张情势的时候，我是可供奔走的一个人。第二，他知道我向来不搞小组织、小派系，没有野心，而且是始终忠实拥护他的人，虽然有时大胆率直地批评他，但仍然是为了国民党的利益，也就是为了他的地位着想。例如我在对干部或学生多次讲演中，常说“拥护领袖的真谛”“革命青年应皈依三宝”“领袖的一天生活秩序”等题目，都是为了提高他的威信，加强他的领导，巩固他的地位，他当然是知道的。

抗战胜利以后，我主张两党合作更力，遂有派我到延安迎接毛主席来重庆商谈国是签订双十协定的事。以后我又参加了军事三人小组。乃有“张治中三到延安”的小故事。

我和蒋介石的关系，拿今天的立场观点来说，我过去对蒋确是忠心耿耿地拥护他，并且一切从国民党利益出发，一切为了加强他的领导和地位，自然我就是一个比较重要的助恶帮凶之人了。这是不容置辩的。

总的说来，我做错了很多的事，说错了很多的话，特别在政治立场上是一贯为反动统治服务，和蒋介石有二十五年政治关系，这就是莫大的罪恶。至于这几十年来我无论在任何岗位上，都是坚持革命与民主思想（当然是资产阶级性的革命与民主思想），正直坦白，从不敢存心做一件危害人民的坏事这一点，那是微不足道的了。

（二）

从一九四九年四月一日到北京以后，八年多来的经过比较简单。一九五〇至五四年中间，因为兼任了西北军政委员会副主席的关系，经常往来于西安北京之间。五四年大区撤销之后，就长住北京了。但于四九年底陪同彭德怀元帅到新疆去视察，五〇年到广东去参观，五三年到兰州参加天兰路通车典礼，五三年视察陕甘宁青四省，五四年参观旅大军事演习，五五年视察安徽，同年陪同贺龙元帅去波兰庆贺国庆，随后访问苏联，五六年视察广东。在各地看到蓬勃发展的情形，听到许多动人的事迹，这对我都是具有教育意义的愉快的活动。

在八年中我所发表的言论也在十万言以上。如一九四九年发表“对时局的声明”，又在新疆对起义部队军官讲话；“怎样改造”，一九五〇年为庆祝中华人民共和国成立一周年发表“伟大的历史转折点”，五一年发表“抗美援朝与世界大势”，对西安六个高等院校教职员作“思想改造问题”动员报告，五二年为庆祝中共成立三十一周年发表“在马克思列宁主义毛泽东思想指导下胜利前进”，为庆祝苏联十月革命五十三周年发表了“伟大的苏联与世界”，五三年发表了“关于我国过渡时期总路线总任务”的传达报告，五四年发表了“告逃在台湾的人们”，五五年发表了“访苏归来”，五六年为庆贺中共第八次全国代表大会发表了“伟大的人民胜利的重要因素”，为纪念孙中山先生九十诞辰发表了“孙中山先生的革命理想实现了”，五七年发表了“更加密切共产党和党外人士的关系”，为庆祝伟大的十月社会主义革命四十周年发表了“坚决走十月革命的道路”等文。

一九四九年留在北平的头三个月，经历了很激烈的思想斗争。思想斗争想通之后，我就以很坦然、很满足、很愉快的心情来看待不断出现的新鲜事物。当时的思想斗争情形，在“怎样改造”一文中有详解的叙述，早已见报。

我这几十年来对于中共只有友好同情而没有憎恨抵触的情绪，这是我的旧我所以能够比较容易转变为新我的有利条件。解放以后，看到共产党毛主席的英明领导的一切措施与成就，内心确实感到非常的兴奋和满足。我的感受可能比别人要深一些，因为我不仅和大家同样经历过国家苦难的漫长岁月，并且在自己亲自负责下千方百计竭智尽忠地企图使人民避免这些苦难而完全失败，过去痛苦最深，自然今天兴奋最大，体会最多。

我在过去反动统治的二十多年中，深深地认识到国民党政权的极端反动、腐败、涣散与无能。他们标榜的是三民主义，而实际上一切都违反了三民主义，走上反革命、反人民的道路。我常常这样想，国家要照这样搞下去将来怎样结局？由此而极度担忧烦闷。解放后看到中共领导的人民政权这样有效率、有作为，一切有办法，一定能把国家搞好，使我多少年来内心的郁积为之一扫而空，精神上得到解放。这就是解放后我对五大运动、三大改造以及党和政府的一切措施，我没有一样不感到满足、兴奋与愉快的主要根源。

我自从参加人民政权以后，早已放弃了国民党立场而转到人民立场。我深深认识到，今天国家能这样飞快地发展进步，获得种种的伟大成就，必将建设成为繁荣富强的新中国，这是什么力量得来的呢？主要的就是中国共产党和毛主席领导的英明正确和社会主义政治制度与经济制度的优越性，所以真诚地拥护共产党坚决地走社会主义道路，在我的思想上是毫无疑问坚信不移的。八年多来我所发表的一切言论，无论是口头的、书面的、公开的或私人谈话的，从来没有任何不满或怀疑的地方，总是从内心表示佩服赞扬。

至于我对共产党员干部，他们普遍表现的艰苦、朴素、谦虚、踏实、严肃、认真的作风，大公无私忘我奋斗的精神，办事的干练与正确的工作方法，真是衷心佩服。为什么共产党有这众多的优秀卓越的干部呢？这是由于有了中国共产党的领导。而中国共产党是一个马列主义武装的、走群众路线的、能够运用批评自我批评武器的，而又具有高度组织性、纪律性的一个政党，这样的政党所吸收的、所教育出来的党员，才可能是这样的人才。我所认识的或同过事的中共朋友，看到他们许多特点许多长处，就如他们考虑问题那样周到全面，处理事情又那样认真恰当，真是使我们不胜钦佩之至。特别是伟大的天才领导者毛主席，他领导六亿人民的大国，不但使群众都发动起来了，同时每个运动他都站在最前面。在他的领导下，我们的国家这些年来经过多少惊天动地的变化，出现了数之不尽的奇迹！事实太多了，就拿最近的全国性整风来说，目前所发动的反浪费、反保守运动和经济战线上、思想战线上的大跃进，对全国人民、对社会主义建设将要产生多么巨大多么深远的影响啊！

（三）

八年多来我拥护共产党拥护社会主义都是出自真诚，固如上述，但是对于某些问题在思想上、认识上、见解上是不是没有错误的呢？不是的。我在许多问题上曾经有过一些不正确的看法想法，有些甚至是相当严重的思想错误和立场错误，现在逐一试做初步的检查。

第一，我认为我对拥护共产党领导、走社会主义道路这一点没有问题是根据什么呢？主要是从事实上得来的。我时常作今昔对比。在对比之后我深切地认识到，过去国民党不可能把国家搞好，而解放后的众多事实充分说明共产党能把国家搞好。国民党时代的旧社会到处一团糟，一片漆黑，而共产党领导下的新社会到处光明，朝气蓬勃。这是从事实上得到应该拥护共产党领导走社会主义道路的结论。固然，共产党领导的必要性与社会主义制度的优越性，从理论上我也是有一些片断的理解的，不过自己的理解非常浅薄。解放初期自己很想钻研马克思列宁主义，在一九四九至五一年曾把解放社出版的《干部必读》粗略地看了一遍，但是随读随忘，并且还有很多看不懂的地方，所以虽想尝试从理论上联系实际，仍感力不从心。现在不但记忆力差，眼力也是一年不如一年，翻开理论书籍，如《列宁全集》《斯大林全集》《马克思恩格斯文选》，看一会儿就觉得脑子发涨，看不下去，更不要说三大卷的《资本论》了。近来脑力不够，健忘，是显著的现象，比方毛主席的《关于正确处理人民内部矛盾的问题》的报告，当面亲自听了一遍，报上发表后又详细读了一遍，在收音机上又听了两遍，自己以为记牢了，理解了，但是到了整风大家提到六项政治标准时，除了党的领导和社会主义道路两点外，其余都忘了，并且翻开小册子连这六项标准写在哪一部分都忘了。但是阅读有关国际形势和国内政策措施的文字时就似乎容易得多。比如阅读《毛泽东选集》《无产阶级专政的历史经验》等，就觉得很有兴趣，也容易理解和消化。因此我常在想，像我这样的眼力脑力，要想深入学习理论是很困难的，还是多注意时事政策的学习算了吧。国家的对内对外政策都是根据马列主义来的，是理论与实践相结合的，只要了解国内外形势，依据国家政策来分析了解问题，和大家一道向社会主义前进，也就够了吧？

那么，我这种不愿深入追求理论只是想从事实去寻求知识的想法对不对呢？当然是不对的。首先，放松理论学习而以脑力眼力受了限制为借口，不能不说是不求长进自暴自弃的惰性表现。其次，我必须知道，单纯从事实去寻求知识是只能知其然，不能知其所以然的，只有从理论上深入探求，才能从现象进入本质，才能使知识由感性提高到理性，也才能提高自己的政治思想水平。因此，我将在可能范围内妥善安排自己的时间和精力，积少成多地去钻研、去学习理论。

第二，我国的外交政策，是和以苏联为首的社会主义阵营团结合作，和一切愿意和平共处的国家在平等互利的基础上建立邦交，支持民族解放运动，反对帝国主义侵略，促进世界和平，这是完全正确的，我是非常拥护的。我们看到周恩来总理兼外长八年来执行着这一政策，多次出国访问各社会主义国家、各民族主义国家，参加万隆会议、日内瓦会议。邀请许多国家的领导人和各种代表团到中国来访问，每年到中国来的客人真是宾至如归，肩踵相接。毛主席说得好，我们的朋友遍于全世界。这不但是历史上所未曾有，而且除了苏联之外，也很少国家像我们这样的。中国的国际地位和威望空前提高，完全证明了我们的外交政策的正确性。但是我对外交方面某些个别问题是否有不同的意见呢？我是有过很多错误的看法的。

记得在一九四九年十一月我去西北的前夕，周总理和我谈了长时间的话，一部分谈的是外交问题。我当时曾提出对美国态度要考虑。我说：新中国成立了，是否要争取美国的承认以期有利于台湾问题的解决？如果是的话，那么对于一切凡足以妨碍争取美国承认的因素都应加避免？并指出我们在上海对美国副领事的态度，在沈阳对美领事问题等，这些无关宏旨的事，不必采取刺激美国的做法。我当时还以为自己是满有理由似的。以后到一九五五年中美会谈时，美方要求释放美犯，签订不以武力解决台湾问题的协议等，我也曾向周总理不止一次地谈了看法错误的意见。在一九五〇年英国承认中国之后，我对于对英态度也是很有怀疑的。我在毛主席面前提了几次。我说，英国既然已经承认我们，我们为了孤立美国，是否有拉拢英国的必要？现在我们对英国采取不理睬的态度是否合适？

我所以在毛主席、周总理面前妄谈对英美的问题，是因为我有一个根本的错误思想，就是认为新中国必定要开始建设，实行工业化，首先最需要技术和机器；在这个问题上苏联固然可以帮助我们，但我们是这样的大国，完全靠苏联帮助恐怕在苏联方面还有力所不及，还要从资本主义国家中如英美取得帮助才行。当时毛主席很恳切地开导我说：资本主义国家是靠不住的，它们不会帮助我们的；帮助我们的还是社会主义国家，特别是苏联。事实证明，这几年来经济建设取得了辉煌的成就，主要是得力于苏联在技术上、机器设备上给予我们全面的、巨大的、真诚无私的援助。我们全国人民对于兄弟般的、伟大的苏联，都是表示万分感谢的。

我现在回忆检查之后，固然我毫无要走南斯拉夫道路的意思，但如果像我的见解实行的话，不是就等于走了南斯拉夫的道路了吗？当然，我对外交问题的看法是犯了主观片面的错误。我对帝国主义的本质认识不够，因而斗争性不强，警惕性不高，主张对英美作不适当的让步或迁就，这已是犯了严重的立场错误。比如说，我国和英国的关系不是已经进行互派代办了吗？这不是半正式的邦交关系吗？但英国还不是一样追随美国后面对我们采取极不友好的态度？例如他们和台湾方面时有勾结，在联合国投我们的反对票，配合着美国搞“两个中国”等，我们怎能对它妥协让步呢？至于具有帝国主义侵略本质而又对我极端仇视的美国，我们只有对它做不断的、反复的、尖锐的斗争，将来或有和我们达成协议的希望，决不能有任何的迁就，这是很显然的。我过去对这些问题的错误看法自以为是，现在检查起来，真是汗流浃背！

第三，抗美援朝我是一开始就这样主张的。在毛主席召集的座谈上我慷慨激昂地说了一番话，表示积极赞成。随后我写了一篇《我对当前世界情势发展的看法》的文章，主旨是：“自美帝发动侵略朝鲜战争直至平壤撤守美军进逼我东北边境以来，我已被迫不得不放弃我多年来‘世界情势正是趋向和缓趋向和平而非趋向战争’的看法，经过多方面详思熟虑，得出这样的一个结论：‘美帝在朝鲜的侵略及其正待发展的阴谋，对新中国是一个极大的威胁和灾祸，中国必须本救人自救之旨，以实力支持朝鲜人民，虽接受美帝的疯狂挑战，扩大为第三次世界战争也在所不惜。’”

跟着对国际形势、敌人企图、今后发展、可能对策等作了较详细的分析。这篇东西写好后就想送报纸发表，但忽想到这问题重大，该请周总理先看看。他看了和我说：“你这位将军这样激烈！你这个主张，别人可以这样说，你是中央人民政府委员，发表出去在国际上影响会多大？”在这个问题上，这几乎犯了很大的错误。如果不请周总理先看就贸贸然送去发表，影响多不好！我是一时的冲动，没有冷静、全面地考虑问题。我当时甚至还和解放军某高级干部闲谈：现在看起来，如果免不了第三次世界大战，与其迟爆发不如早爆发。现在我们中国的情况不怕破坏，因为我们并没有多少建设，等到三次大战过去帝国主义消灭之后，再来专心专意地从事建设更好。

一直到美帝军队被赶回“三八”线以南被迫签订停战协定之后，我才恍然大悟。我在第二次世界大战以后，就主张在国际方面一定要“为世界和平事业而致力，以阻止世界第三次战争的爆发，维护世界永久的和平”，现在由于一时冲动就放弃了自己所信的主张，这不是为一时现象所迷惑经不起考验吗？这不是对世界形势缺乏认识和对以苏联为首的社会主义阵营的维护和平制止战争的力量缺乏信心吗？这不能不说是在主张上犯了严重的错误。

第四，我对民革一向存在着消极心情。譬如就民革成员来说，多数是旧军政人员或与旧国民党有或多或少关系的人（当然也有一些人不是的），这些人都分散在机关和街道中，他们都有所归属的地方可以来团结、教育、改造他们，他们在原属的地方接受教育改造好了，在民革站在领导地位的人中，像我这样的人自己就根本需要教育改造，那有资格来领导人家改造人家呢？不错，中国共产党是希望民革在它领导下做好一个助手可以分一点劳的。

我和民革许多同志一样，就是对旧国民党的极端憎恶，在一九四九年民革召开民主派会议进行改组时，我就坚决主张更换党名，不要再用国民党这黑牌子。以后我知道不能实现，我随即写信给李济深主席并转各代表，要求在中委候选人中除名，表示退出民革，并不再出席会议。不料李任老、何香老等五位同志齐来劝我打消此意，这是老同志的感情，我怎能拒绝，所以后来还是接受了中委的名义。但是几年来我对民革的态度是消极的，不即不离的，我对民革任何事都是漠不关心。我常常在想：民革对国家，对社会主义建设，对人民民主统一战线能起多大的作用？因而我深深感觉到我对民革实在没有点滴的贡献，我怎能站在领导人之一的地位呢？所以我希望，我能有一天把这些中委、副主席等名义一起辞掉，只保留一个党员名义就好了。

我对民革这样的看法和态度，是对呢还是不对呢？在我的脑子里还是一个问号，有时感觉是对，又有时感觉是不对。同时我要退出民革领导人之一的地位的念头也是在时起时伏中。——这是我心底的话，愿意老实地说出来。诚然，照刘少奇副主席在中共八大的政治报告中所说："在社会主义改造完成以后……资产阶级思想的残余还会拖得很长，各民主党派还需要在一个很长的时期内继续联系他们，代表他们，并且帮助他们改造。"我应该完全理解；党和毛主席提出"长期共存、互相监督"的方针，我更应诚意接受。不过我对民革只是在脑子里研究这个问题，并没有公开发表过意见，但我必须对此做一番深刻的思考和检讨。

我对民革固然持消极的态度，但有时也说了些话，其中就说过好些错话。民革在一九五二年以前还只有党员四五千人，我认为发展得太少，不足以担负起统一战线成员之一的任务和发生应起的作用。我会说，巩固与发展相结合的方针是正确的，但是不要只注意巩固而忘记了发展。这是强调发展的意思，但我却没说，不要只注意了发展而忘记了巩固。少说了这一句，那末头一句也就等于说错了。但是以后忽然听见有“国民党归队”的传说，我为之大吃一惊！我也不知道这是谁提出来的。如上所说，我对旧国民党已至深恶痛绝的程度，怎能说“归队”的话！所以从此以后，至少是一九五五年以后，我就绝不再谈发展问题了。至于某同志写出大字报，说我说过民革要发展党员十万八万的话，另一位同志也写出大字报说我要发展党员二十万的话，但在我的记忆里，实在想不起我说过这句话。我到现在还认为，只要在巩固的基础上求发展，为的担任统一战线一员应有的任务，而不是为反党、反社会主义的企图从事恶性发展的话，民革发展组织的问题，还是可以提出讨论的。至于今后发展到什么程度（数字），那就要看整风后的主观与客观的情况了。

我在中常会上一再提出，中常会只能讨论方针政策的问题，不应管到一般事务性的问题，事务性问题应由各部门负责办理。这话不能算错，但是我的动机是错误的。因为我对民革每次会议总觉得有点不耐烦，会议越少越好，时间越短越好，有时甚至不出席，这也是不对的。

第五，我在过去中央人民政府委员会和现在全国人大常委会是一向积极的。凡是我有意见就一定要说，不管对不对。因此有时就显得很冒失、很唐突，犯了很多的错误。

比方在中央人民政府委员会讨论政务院领导人名单时，内有陈云以副总理兼财经委员会主任，兼重工业部部长，郭沫若以副总理兼文教委员会主任，兼中国科学院院长。名单是由毛主席提出来的。我忽然站起来发言，说财委工作繁重，陈不应再兼重工业部；文委和科学院都够繁重，兼文委就不应兼科学院，兼科学院就不应兼文委。当时就引得郭沫若先生站起来表示要辞掉一个职务。但是，这名单已经过党和毛主席、周总理郑重考虑，一定也征得本人同意才提出来的，我怎能在会议上一时冲动提出不同意见呢？这实在太冒失了，太不应该了！

又比如婚姻法草案出来，毛主席曾召集座谈，参加的有许多各党派和无党派人士。草案中第二条规定："禁止重婚纳妾……"我一时冲动就冲口而出说："主席，我提一个问题。这里规定禁止重婚纳妾，恐怕在座就难免有这样的人，怎么办？"我说话时带点幽默的语气，话刚完就引起大家哄笑。当时周总理即说"嗳！你怎么说这个话？"跟着起草人就起来说明：这一点将来要在说明上写进去的，就是"既往不咎，不告不理"。当时就有人和我说："你说了这句话，倒对纳妾重婚的人提供了有利的帮助。"我事后想，实在不应该这样冒失，这样唐突！固然我并没有存心和哪一位先生过不去，不是太粗心地得罪了人吗？

又比如关于中华人民共和国国徽图案的讨论。这个图案经过很多人的研究、修改，费了很大的力量和很多的时间。那天会议讨论不少问题，已经开到晚上十点，大家肚子都饿了，但当我看到这个图案以天安门为主要背景时，却站起来说了一大套不赞成的话。大意是说：前门牌香烟当中也有一座建筑物，和天安门类似，采用这个以建筑物为主体的图案好像不够庄重。天安门是建筑物，不是永久性的，而且是封建王朝的遗物，而国徽是长远的，代表国家的，不大好。我这套话就使得周总理不得不起来对草拟经过和设计理由做较详细的说明，认为不要再改动了。毛主席就说：既然有不同的意见，我们可以再研究。不过在饭后继续开会时，有人反对我的意见，仍是通过了，但在表决时我未举手。在中央人民政府委员会讨论问题时，最后总起意见一致全体通过的，只有这一回不是全体，而未举手的只有我一人，而在我也只有这一次。以后想起来真是冒昧已极！我对美术设计根本是门外汉，仅仅凭着自己的一点常识，就坚持反对经过郑重设计程序的国徽图案，这不是太不应该了吗？从这个例子中，也反映了我的思想方法有毛病，观察事物时往往只注重形式，“只看到现象，而忽略了或看不到内在的本质的东西。天安门经历了多少朝代的风霜，它可以是、曾经是封建王朝的建筑物，也可以成为全国人民心神向往的中心，可以成为以工人阶级为领导以工农联盟为基础的社会主义中国的象征，问题是看它掌握在谁的手上。我为什么要坚持自己错误的看法呢？

以上仅举二三例，就足以证明我的冒失、唐突的地方，我想一个人既常有冲动，必然会有冒失、唐突之处，也就是不能不犯错误了。今天检查起来，真是万分惭愧！

第六，我在去年三月政协会议上的发言（报上发表时标题：《更加密切共产党与党外人士的关系》），在这次整风中，有些同志联名写出大字报，认为这有政治立场问题，因此我应该加以检查。

首先，这篇发言有一段相当长的经过，不能不做一个说明：

我在一九五六年接到中共中央统战部七月二十四日来信，请我“就统一战线工作有关的问题、意见、批评和建议，政协或民主党派的活动或工作经验等问题写一篇文章”，在十一月以前完稿，送《人民日报》《光明日报》或《政协汇刊》发表。我对统一战线工作是有一些见闻，想提一些意见的，但是掌握材料太少，所以迟迟未能写成。以后收到中共中央统战部办公室送来该部召集的座谈会记录三份：一是“无党派民主人士座谈统战工作问题发言纪录”。二是“人民政协各省市、自治区委员会党外副主席座谈政协工作问题的发言记录”，三是“关于民主党派工作座谈会上的发言记录”，材料相当多，是确实说明党与非党人士的关系在有些方面是存在着问题，因此我就想提出如何改进党与非党人士关系的具体意见，曾和好些同志反复研究过，才想出四项建议。

在这篇发言中，我认为重点很明确，主次先后很清楚。我首先指出由于共产党解放全国并且正确地贯彻了统战政策，使我们非党人士得到六大好处。这就是首先肯定成绩是主要的。其次指出党与非党关系目前还存在着三方面的问题，即“有职有权有责问题”，“对统战政策的认识与执行方法问题”，“党员与非党人士的友好合作问题”，再次；特着重指出“问题的发生，不是由于单方面的”，以下就列举非党人士的许多缺点，认为“这些，都是构成上述问题的重要因素”。最后提出四项建设性建议，这是全文的重点。但同志们给我的大字报都撇开了发言重点，只就我所提三个问题中所举几个：“反映”的材料来说话，却又不看文中在每提一个问题时都特别说“这一问题存在于个别机关……”，“有些党员干部对……”，“据反映……”“据有人反映……”这些话，就是没有注意文中“个别”“有些”“反映”字样；而又忽略了文中有“有些党员在工作关系上不尊重党外人士的职权，不支持他们行使职权”这一句，是引利瓦伊汉部长说的话，上文就有“诚如利瓦伊汉部长所说”，都没看到，竟写成是我说的。

经过几个月的考虑，写成这篇文字初稿后，快到政协开会了，我想可作为发言；但又想到这是中共中央统战部请我写的，应该先请他们看看，所以在开会前送给利瓦伊汉部长，还在信上说；“不知道这样立论是否合适，我感到没有把握。为慎重起见，特意把这篇稿子送请您审阅。如您认为不可用，就请作废；如认为可用，即请多加修改或补充，作为我在这次政协会议上的发言。”不久即收到李部长退回原稿并附一笺说：“我赞成先生在政协会上去讲。中央统战部在同民主党派关系上是有过缺点和错误的，不要把它说成都是正确的。”随后还当面和我说：“问题在中央统战部还是有的，不能说没有。”所以我在发言前稍为改动一下，把原文“中央可以说没有，各省或有或没有”，改为现在的“统战部门越往上层，问题会少些，或者没有”。

我在政协会议上发言之后，就有中共朋友和我说：“你讲得好，提得得体，对将来党的整风有帮助。”（大意如此）另一些民主人士也和我说：这是你热爱共产党，对党忠实的心情表现（大意如此）。我始终认为这篇发言是对领导党提的建设性意见，是出自真诚拥护共产党的动机所发。当然，我不能以为这篇发言经过李部长的审阅同意，就可以推卸责任——假如我有错误的话。不过要知道，领导党是坚持真理的，如果任何人发表错误的言论，党一定加以驳正，不会客气的。所以我认为这个发言没有政治立场上的错误。

但是，我这篇发言是不是没有不好的影响呢？是有的。就是发言之后，西方通讯社就做了断章取义的报道，说什么很引起大家的注意。以后又接到几封信，表示赞同发言中所举的三个问题。特别是台湾方面所谓“自由中国之声”，据说还不止一次对我广播，其中中央人民广播电台收录的对我广播，它对我的发言，极尽其歪曲污蔑之能事，我已在一九五七年七月四日人大四次会议上发言，做了严正的驳斥。而我在政协的这篇发言竟为台湾方面所利用，来污蔑民主人士，来歪曲长期共存、互相监督的方针，这是出乎我意料，也可说明我考虑问题仍有不够全面的错误，我是深深引为歉憾的。

第七，我在反右斗争中的态度，也应检查一下。

在整风鸣放之初，中共中央统战部召集的各民主党派和无党派人士座谈会，一共举行了十三次，我仅仅到了四次，也没有发言。只有在座谈开始时（五月十日）写信给利瓦伊汉部长，说我现在病中，不能参加开会，我前在政协会议上已就党与非党人士的关系问题发了言，“其中我的建议四点，即（一）从思想认识上解决问题；（二）从制度上求得保证；（三）从生活和交往上培养感情；（四）从加强学习加强宣传教育加强检查工作上贯彻政策。这四点建议希望您加以考虑，其他没有什么意见。”此信后来报上发表了。民革反右开始后我也不能每会都来，来时也大都带了病痛，人虽坐在那里，精神是很不安的，而且也没有发言。陈劭老、覃异之同志给我的大字报，说我在反右斗争开始时不积极，有消极情绪，谅系指此。事实上我是不是“消极”“不积极”呢？也不是的，我在民革反右开始后，曾经花了一个多星期的工夫带病写好了一个批判的稿子。民革整风工作会议举行时，我正卧病医院，也写了书面发言，表示我对反右的积极态度。此外，我在人大二届四次会议上也发了言，又写了一篇《说几句重复的话》，驳斥右派分子反党反社会主义荒谬绝伦的反动企图，登在《人民日报》。我在反右斗争过程中的心情是激动的，也是做了一些努力的。

但是，我在反右斗争中有没有错误呢？是有的。我在反右刚开始时是有些怀疑的。我认为现在共产党在人民中的威信这样高，祖国的社会主义改造和建设的成就又是这样巨大，谁还敢出来反对党、反对社会主义呢？所以当有人指斥右派分子的反动言论时，似乎难于索解。这是我的麻痹大意。后来看到民革被揪出来的几个右派都是时常见面的朋友，此时虽已发觉他们的情形严重，但怎能抹下脸来斗争他们？这是我的温情主义。虽然以上这些思想在我的脑子里只有短时间存在，很快就过去了，但也表现着我几乎犯了是非不明、敌我不分的立场错误。

又如记得在去年六月五日晚上，周总理约邵力老和我去谈话，谈到外间鸣放情况，我就说：“有人说‘要杀共产党人’，说什么‘党天下’‘老和尚’，这是不好的，这已经不是对党的善意批评！”但是我对于政治设计院、平反委员会等言论并未提及，就没有觉察出它们的严重性与反动性。龙云在全国人大常委会上的反苏发言，我当时只诧异他为什么说这种话，有毛病，也就没有觉察出这番话的严重性与反动性。这是我政治嗅觉不灵和立场错误的表现。我参加了几次斗争之后，对斗争的方式也有一些怀疑。我认为有些同志的态度过于激烈，显得是在压服而不是说服。去年八月在北戴河时，有一天跟陈叔老、沈衡老、李任老、黄任老、邵力老、陈劭老一块谈话，我就说，反右应着重摆事实、讲道理，情绪激昂是应该的，但拍桌子、破口大骂是不是好？现在检查起来，也可证明最初我对反右斗争的重大意义确有认识不足乃至错误之处。

第八，最近我听到一位八十岁的老人在人大会议上发言，提出挑战竞赛，要和大家比干劲，我对这位老人的勇气和精神，真是羡慕，可是我就不行了。为什么不行？

第一个原因是我的身体关系。我有一个老毛病，是腿部神经痛，近年是越来越厉害了。有时天天要发作，行动困难，精神不宁，特别是晚上发作，整夜睡不成，深以为苦。我几乎成为病夫了。所以我在想：自己根本没有什么劲，怎样去干？既没干劲，又怎能和人比？假如所谓比干劲，像我在人大常委和政协常委两个会和人比每会必到，有话就说，这样也算干劲的话，我也勉强可以比。但要和机关干部比每天按时上班，一天工作多少小时、还要开会到深夜的干劲，我是没办法的；如说要和人比劳动干劲，那就更不可能了。

讲到这里，我想起领导同志对老年人关怀照顾的意思。比如每次人大或政协大会，领导同志总是常向老年人说，“你累了吧？你小组会可以不到或少到，大会也不必次次都到。”出去视察时每次必说：“年纪大的、身体不好的不要勉强。”特别是周恩来总理在政协一次会议上说了很多话，指出对老人要注意照顾，老年人也要自己保重。如说，凡七十岁以上的老人，可以不到飞机场迎接外宾，也不要参加外宾宴会；并提议推定人拟议一个七十岁以上的人不要参加那些活动的规定。当时就有一位老人站起来说：“不要这样硬性规定。”最近，陈毅副总理在三月二十八日政协礼堂讲演有对老年人说的一番话，我觉得非常之好。但听说有老年人在小组讨论会上曾表示不同的意见。当然，这些老人不服老，大有“老当益壮”“矍铄哉是翁”的气概，不能说不好；就是说几句壮言豪语，鼓舞年轻人的干劲，也是可以的。但领导上对老年人的关怀照顾的厚意，我们老年人是应该接受感谢的。

第二个原因是我的思想关系。记得一九四九年毛主席和我谈话，要我参加新政协和人民政府工作，我当时曾这样说：“过去这一阶段的政权是我们负责的，今已成为过去了，我这个人也应成为过去了。”这些话固然反映了我当时对国家对人民的负疚心情，同时也是一种退坡思想的表现。我常在想：“长江后浪推前浪，进上新人换旧人”，新陈代谢，理所必然，这是一条自然规律，老年人不宜明知故昧，强示雄心。因此我更在想：我已年近七十，又是常在病中，也应淡泊自持，好好地养息身体，过着简单清闲的晚年生活，希望能看到进入社会主义繁荣富强的祖国，这有多么好。党和毛主席给我这样优厚的待遇，我是感激不尽的。

我这种说法是不是对呢？是不是暮气？是不是懒汉思想？我想应该是的。现在正面临社会主义大跃进的时代，全国各地各方面每天不断地涌现大跃进的奇迹，无论男女老少，个个都生龙活虎般在比干劲，这是发挥人民力量加快社会主义建设的伟大景象，我真是欢欣鼓舞，万分兴奋！但我却又以身体和思想关系为理由，认为不能和人比干劲，这在我是一个矛盾。这就是暮气和懒汉思想！

（四）

如上节我所检查到的，已是犯了在思想上（认识上见解上）的很多错误，自然其中也就有了在政治立场上的严重错误。我必须继续不断地做深入切实的检查，来改正错误的思想和错误的立场，以求完全达到自我教育和改造的目的。

我已在社会主义竞赛决心书上签了名，一定要充分做到决心书上的五项奋斗目标。首先要充分做到“忠诚接受中国共产党的领导，把心交给党，坚决走社会主义道路”“坚决站稳工人阶级立场，对国内外敌人斗争到底”这两项目标，争取在思想上、言论上、行动上做一个当之无愧的“红色老人”。

这篇自我检查书，我是力求原原本本地道实情、说真话的，但恐仍有不够深刻或观点错误之处，务望同志们随时给我严格的批评和有力的帮助！

一九五八年四月十八日

附三

怎样改造[1]

文 / 张治中

一九四九年九月举行的中国人民政治协商会议选举我为中央人民政府委员会委员，接着我又被派为西北军政委员会副主席。彭德怀将军是主席，他预备到新疆视察，邀我同行。事前毛主席、周总理也一再和我说，要我和彭将军去一趟，今后，多在西北做事，往来于西安北京之间。同年十一月二十二日，我由北京坐专机直飞兰州。

在兰州住了几天，就偕同彭将军飞迪化。彭将军此行是以西北最高领导者身份前来视察，并筹备改组新疆省人民政府，拟定新疆省的施政方针。曾召集了大大小小一系列的会议，我都被邀参加，有时我也讲一些话，提一些意见。

我特为召集起义军官和机关干部做了详细恳切的讲话，历时四小时。这篇讲话标题是《怎样改造》，内容是：第一部分：我留平八月的经过；第二部分：国内外大势概略；第三部分：新疆和平解放的感想；第四部分：提几点意见。现在把全文录在下面：

1 尊重作者原作，本文保留了作者原有的用词方式。张治中．解放十年来点滴活动．中国人民政治协商会议全国委员会文史资料研究委员会 1963 年 3 月印：265–294.

怎样改造?

（一九四九年十二月六日对驻迪化起义部队机关干部讲话）

陶峙岳将军、各位官长同志：

今天我来到迪化，和驻新疆的在陶将军领导下参加起义的部队同志们有见面的机会，这是很愉快的一件事。

这次我陪同彭副总司令到迪化来，不过是来看望同志们的。我知道，同志们常常在关怀着我，而我也同样地常常在关怀同志们，今天有这个机会见面，尤其在这个时代转变之后来和大家见面，这真是一个很难得的幸运的机会，所以我今天首先要向同志们表示慰问之意。

一、我留平八月的经过

今天和大家见面，话从哪里说起呢？我想，首先把我这几个月来的经过，就是今年四月一日从南京飞到北平和中共举行和谈，以至和谈破裂后留在北平的将近八个月来的经过报告大家。当然，从报纸上，从广州、台湾发出的消息里，他们都报道了不少说我留在北平这样那样的话，大家大概都看到，这都是一派的胡言诳语。今天在大家面前，我应该做一个真实扼要的报告。这当然是大家所最关怀的问题之一。

大家知道，我从今年一月底回到兰州以后，就决心不再到南京去，并且决心不参加国内和平商谈的问题了。但是，南京方面两次派飞机来接我，天天来电报和长途电话，非要我到南京去不可，而且非要我参加和平商谈不可。到南京后，经过相当时间的研商，我以和平商谈代表团首席代表的名义于四月一日由南京飞到了北平。经过二十天的商谈，最后终于破裂了。其中经过，大家从报章上、传说上已经看到听到一些。我可以告诉大家，那个时候，南京方面负责人对代表团所表示的态度，对全国人民所表示的态度是什么？就是真正的谋取和平，并且正式发表了给毛主席的信件，承认以毛主席所提八项为商谈基础；但是反复折冲的结果，我们所争持的很多，中共方面所让步的也很多，代表团经过多次郑重的研讨之后，决定接受中共最后所提的《国内和平协定》八条二十四款，派黄绍竑代表和屈武顾问回到南京，建议政府接受。可是他们回到南京后，南京政府方面的态度和从前对我们所表示的真诚谋取和平的态度完全两样，他们拒绝接受。同时有些顽固派对代表团，特别是对我个人大肆攻击。因此我才看出来，他们过去要我们到北平来参加和谈不是真诚的，根本是一种欺骗——不但对代表团是一种欺骗，对全国人民更是欺骗。今天，人民解放军全国性的胜利事实，已经证明了我们代表团的意见是完全符合全国人民所希望和要求的；就拿这次新疆和平解放的事实来看，也可以证明我们主张和平，主张接受《国内和平协定》的意见是正确的。

和谈破裂以后，代表团当然要回到南京复命，南京方面也派飞机来接我们回去，但是，我们又接到南京的指示，要我们飞到上海——那时候他们已经决定放弃南京了。当时中共朋友对我们说："代表团不必回去，请你们还是留在北平。现在南京政府虽然没有接受和平协定，不过随着情势的推移，等到解放军渡过长江以后，只要他们愿意签订协定的话，我们还是随时可以签订。"同时还有些朋友另有一种看法，就是代表团不管回到上海或者广州，国民党的特务和反动分子，不见得不加害于我们，危险性很大。对于这一点，在代表团，特别是我个人方面没有这个计较，但是如果真的随着情势的推移，还能恢复和谈签订和平协定的话，当然是我们代表团同人所愿意的。这样，我们就在北平留下来了。

在留平期间，我自己常常在想，在考虑一些问题。当然，和谈一停止，我就变得很悠闲了。最少三十年来我没有这样休息过。家里的人还和我说笑话：“老天爷看你这许多年来太辛苦了，所以才特别给你这一个休息的机会。”不久，中共统一战线工作部为我准备了一所在北平是相当讲究的西式平房，有花园，有草地，有新式设备，比这里的新大楼还要好。这房子过去是一个德国人盖的，后来给一个当交通总裁的日本人住，抗战以后成为孙连仲的公馆。在那里，我住了六个多月，直到上月二十二日我方由北京飞到兰州。二十六日陪同彭副总司令由兰州飞酒泉，二十七日飞到这里。

在留平几个月的生活，本来不足报告。大致地说，在最初三个月里，北平的风景名胜都一一逛过，北平的大鼓，我是常听，京剧的四大名旦——梅兰芳、程砚秋、尚小云、荀慧生我也领教过。有一段时期，差不多每天晚上去听大鼓。（在这时候，驻新的同志们正在用心思，考虑问题，研究做法了吧？）中共朋友们也常常到我家里谈天，像周恩来先生、林伯渠先生诸位，特别像毛主席和朱总司令在他们百忙之中，还要亲自来看望我。他们常常表示，唯恐我在北平有什么不方便，有什么招待不到之处。这种友谊，这种热情，实在令我感动！

往后的两三个月，就不是那么悠闲了。中国人民政协开会以后，中央人民政府跟着成立，各方面来的朋友也多了。会议多了，应酬也多了，那几个月里大鼓就很少听到，只有偶尔在中南海怀仁堂参加两三回晚会罢了。

以上这些生活片段的报告是没有什么价值的。我现在要特别报告的，就是我留平的四、五、六三个月内，心情陷于极度的苦闷中，脑海里有很多很多的问题没法解答，思想上找不到出路，很自然想到的问题。比方第一个问题，我是为和谈来的，而且是代表团的首席代表，和谈既然破裂，为什么不回去？留在北平干什么？算怎么一回事？难道在北平天天听大鼓就可以解决问题不成吗？这些问题天天在想。在中共朋友中，像周恩来先生，我们是二十多年的朋友，无话不谈，我的苦闷他当然也早看出来。我们两个人常常抬起杠来。他批评我说："你是封建道德，你为什么只对某些人心存幻想，而不为全中国人民着想？你为什么不为革命事业着想？"像这类话他说得很多，我们抬杠也很多。我说："革命道理我也知道，不过革命也要做人的。"后来，我多次向周先生提出："我久住北平觉得没有什么意思，到苏联去吧？伟大的社会主义苏联，我早就多次想去都没有去成，现在机会正好。"他说：现在苏联和我们还没有建立邦交，你以什么立场去？人家不便接待你的，你又不是一个普通的人。此外，他还说了好些理由，说明一时还不能让我去苏联的原因。好吧，既然去不成就住下去吧！想下去吧！吃饭在想，睡觉在想，一天到晚都在想，非常的苦闷！

经过整整三个月之久的苦闷，光是想，光是苦闷不是办法。一天到晚想也不是办法，于是看看书吧。《毛泽东选集》看了，《联共（布）党史简明教程》也看了，干部必读的书也看了几本了，但是脑子里的具体问题并不见得解决。直到六月十五日广州中央社发出一个电讯，标题是《张治中在平被扣详情》，二十、二十二两日又发出两个电讯，说是我在平又策动和平，受了中共的"嗾使"，离开北平行踪不明，对我开始攻击了。不久在广州的国民党党部把这个问题提出来讨论，他们分成两派：一派说张某人是叛党，应该予以开除党籍的处分。一派说张某人在北平已失掉自由，可以暂时等一等再说（直到十月初正式宣布开除我的党籍并通缉）。这些地方，给我的启发不少。我在中央社发出了三个电讯之后，不得已于六月二十六日发表了一个对时局的声明，原文大概大家在报上都看到了。当然，这篇声明主要部分的意思，我不是在北平才讲的，在南京很早就讲过，在重庆抗战时也讲过，而且不仅随便和朋友们讲，更是多次和国民党的领导人讲，和政府的负责人讲，是我多年来对时局的看法和主张：国民党这样的一个党，还不应该失败吗？国民党是孙中山先生创立的，是为革命的，是为实行三民主义的，远在一九二四年的第一次全国代表大会里就通过了联俄、联共和扶助农工三大政策，可是国民党执政以后怎样？执行革命政策了吗？不，不革命！反革命！实行了三民主义了吗？政府哪一个部门是在实行三民主义的政策？完全违反了三民主义！抛弃了三民主义！一个以革命做号召的党，后来变成不革命反革命，“挂羊头卖狗肉”，不失败还有天理吗？他们说张某人叛了党，究竟谁在叛党？谁在背叛革命？谁在背叛孙中山先生的革命政策、革命主义？这些话过去我很少机会和一般同志们说过，对高级干部同志们是说过的，今天在座的同志也不少听过了。在南京重庆的党的会议上，我也曾率直而委婉地说过，并且很多次数地用书面提供给党的领导人，将来有机会，我预备把这些文件摘要发表出来。

我在北平所看到的中共的作风和干部、党员的精神，再回头看看我们国民党的作风和干部、党员的精神，不能不使我们感到惭愧！我是国民党的一个负责干部，看到人家是怎样地为国家为人民而艰苦奋斗，而我们过去是在干的什么？还不够我们由反省而深深地感到惭愧吗？大家知道，我一贯地主张和平，对国共两党问题主张以政治方式解决，反对打内仗，但是我的主张不是站在中共立场提出来的，我是站在国民党的立场提出来的。我很早就认为国民党这样腐化下去，反革命下去，这不仅是对国家对人民的利害问题，也是国民党本身的利害问题，都值得我们注意了。所以我的很早的意见，是主张恢复联共政策，由国共两党的合作来刺激国民党本身的改造，来影响国民党的进步；在两党合作之下，来把国家搞好，把革命完成。到了今天，我们彻底地失败了，但是仍然有人看作只是国民党军事的失败所造成的。他们只看到问题的一面或者半面，而没有理解问题的症结。其实，国民党的失败，表面上看是军事的失败，实在骨子里是政治的失败；没有政治的失败，哪有军事的失败！国民党自广东和中共合作誓师北伐，取得全国政权，假使贯彻革命推行三民主义的话，假使坚持第一次全国代表大会所通过的政策的话，中苏两国的亲善，国共两党的合作，不是很自然的吗？国家的进步不是很自然的吗？中国革命事业的完成不是很自然的吗？到了今天我们国民党的失败，绝不能怨天尤人！这是我们自取之咎，自食其果！一个以革命为号召的党，而变成不革命，假革命，当然要被人民所唾弃，当然要被历史所淘汰！这是很自然的道理。

在北平虽然有三个月的极度苦闷，幸而我最后能以自我批评的精神，严格地反省检讨之后，终于在思想上初步搞通，在精神上得到解放。最初，中共朋友们希望我能够参加政协和中央人民政府的工作，毛主席和周恩来先生都多次对我说过。对于他们的好意，我心里当然很感谢。不过我自己一再在想，在过去的阶段，我是负责人之一，这一阶段已经过去了，当然我这个人也就成为过去了；过去的责任是我们负的，我们失败了，今后的责任是他们负的，我希望他们成功，拥护他们成功；但是要我再来做事负责。我没有这个志趣了。有一天，我在毛主席那边，有朱总司令和几位中共高级干部在座，毛主席又提到这个问题，我把上面的话回答了他。他笑着说：“过去的阶段等于过了年三十，以后还要从大年初一过起！”他的话很幽默，他的态度很使我感动。以一个伟大的中国人民领袖的毛主席，把我这个渺小的张治中看得这样重，这样开导我，安慰我，鼓励我，我实在没有话说。还有其他朋友也来劝我："张某人是不是革命的？"我当然不能说不革命！别的可以放弃，革命是不能放弃的。他又问："好吧，中共是不是革命的？"我能说中共领导的政权是不革命的吗？不能，我当然承认他们是革命的，他又说："好了，你承认是革命的，也承认中共是革命的，承认新政权是革命的，你为什么不参加？"对于这一类的话，我当然没有什么可说，最后我接受了。好，参加吧！以后被选举为政协全国委员，又被选举为中央人民政府委员，最后并被推为中国人民革命军事委员会委员。这三个委员会都是毛主席直接领导的。我以过去国民党政府干部之一的地位，应该对国家、对人民负责引咎告休的，而中共和毛主席执行民主统一战线的政策，加以推重，还要使我参加新中国建设的事业。这使我感到惭愧，也使我感到荣幸！

新疆和平解放之后，我知道有若干同志将和我过去具有同样的思想，同样的苦闷，所以特别把我过去如何做自我思想斗争的经过告诉大家，作为大家的参考。大家不会说我这样想这样做是错误的吧？告诉大家，这是正确的，完全正确的！这是我思想斗争的结论。

在中国人民政协开会之前，毛主席表示将来还要我到西北去"和彭德怀合作"，做彭副总司令的"副手"。他对他的干部很亲切，一点没有虚文，而且常常流露出他的幽默感。他对高级干部常常当面喊名字。他当时很客气而幽默地说：我们再来一次国共合作吧！我说："今天是你的领导，说不上什么国共合作。不过西北人民和部队袍泽常常怀念我，我也常常怀念他们，你如认为我有到西北去一趟的必要的话，我愿意去做彭老总的顾问。"他说：你去做彭德怀的副手，委屈了吧？你过去是西北四省的军政长官，现在是副手，委屈了吧？他这么一说，弄得我很窘。我们革命者是向来不会也不应该计较地位的。

他还说：我已邀请程颂云先生来做林彪的副手，我是觉得他有点委屈。林彪这样年轻，程颂云先生资格那么老，怎能做他的副手？但是你知道，林彪现在指挥一百万大军，程颂云先生能够指挥吗？但是程先生已经满口答应了。他这样一说，我还有什么话可说呢？只有诚意接受，表示听命令，听吩咐。我这次陪同彭副总司令到新疆来看望大家，算是了却了我在道义上的心愿，不久就回兰州去。今后我们虽然天各一方，希望大家好好地努力，奔向远大的革命前程吧！

二、国内外大势概略

其次，我要说一说国际国内的情势。在国内，现在人民解放军全国范围的胜利是必然的，肯定了的。继贵阳、重庆、南宁解放之后，整个西南是没有问题的。在兰州我送贺龙将军上飞机的时候，问他什么时候到成都，他说："到成都过年吧！"成都解放以后，昆明连西康都是不成问题的。至于西藏和台湾，今后解决的方式，我们还不必做过早的估计，不过都是时间的问题，不管是用军事的或者政治的方式去解决。所以全国范围的胜利是绝对没有问题的了。这就等于说，今天中国的问题，军事上已经没有问题。

至于政治上，也是没有什么问题的。今天谁不拥护中央人民政府的领导？谁不拥护毛主席的领导？谁不拥护新民主主义？新民主主义是什么？就是革命的三民主义，两者的基本要点是相符合的。关于这点，毛主席在《新民主主义论》里说得很清楚，不过他认为这是中共的最低纲领。今后新中国实行的是新民主主义，拿我们的眼光看，也就是革命的三民主义。至于今后新民主主义推行到什么时候才到社会主义，现在还很难估计。毛主席有一天和我们说：我们五十多岁的人，也许看不见社会主义的中国了。意思就是说，也许是几十年，是三十年？还是二十年？不敢说。在北京时，有人说是预定十五年。到兰州，彭副总司令说："也许二十年，还要中间不发生错误。"当然啦，像我个人今年六十岁了，要再过二十年，就是八十岁了，我能活到八十岁？我的一生，前期约四十年是奉行三民主义的，今后的二十年，奉行新民主主义，对于我的革命思想和信仰也并没有多大差别吧？今天全中国人民所信仰的、所拥护的是新民主主义，这是没有问题的。老实说，中共所倡导的所推行的政策，就我看来，实在是很稳健、很温和，甚至带有妥协性的地方。（中国国民党第六次全国代表大会在重庆召开的时候，我曾经提了一个政治纲领的案子，当时中共在重庆的朋友问我："通过了没有？"我说："修正通过了。"他又问："是不是兑现的？"我说："希望能兑现。"他说："假使真能兑现，那国民党就是左派，而共产党反变成右派了！"虽然提案是修正通过了，结果我们提的政治纲领，又等于对人民说了一次诳话了！）但是，今日新政权所推行的政策，是完全正确的，完全适合现阶段中国国情和需要的，所以从政治上说，也是没有问题的。

军事没有问题，政治没有问题，还有什么问题？财政经济问题。在目前，我们并不讳言，财政经济是有问题的。现在全国物价都有波动。拿迪化来说，过去银圆券一元换现洋一元，现在要二三十元换一元，人民生活当然受到影响，部队也是一样。怎么办？我从北京来的时候，政府正在缜密地研究这个问题。在明年这一年，也许还是一个不能完全解决的困难。但是大家要知道，这种困难和过去国民党政府时代的困难本质上是不同的。过去的法币、金圆券把人民拖苦了，这种困难是走下坡路的困难，失败的困难；今天的困难是胜利的困难，是多年内战所遗留下来的不可避免的困难。失败的困难就没有办法，胜利的困难是可以解决的。当前的困难，明年度也许还不能完全克服，后年开始相信就没有问题了。在中央的财经负责人也说：没有什么，还是有办法解决的。譬如交通方面，几条大铁路津浦、陇海、京汉、粤汉都通了，南北东西的物资都可以交流无阻，生产工作，不管是工厂或农村，都在推行民主管理，工农生产的情绪都大大地提高。再加上明年的军队生产，更可补助军队本身的消耗了。所以说，财经也是没有什么了不起的问题的。

此外就是国际问题。中央人民政府宣布成立，首先得到伟大友邦苏联的承认。跟着东欧各新民主主义国家也相继承认。美英等资本主义国家还在观望中，还暂时抱着一种讨价还价的态度。有人说过："他们要承认就要无条件地承认，要不承认就拉倒！"在目前看，英国可能先承认，其余跟在英国后面的各国是没有问题的。当然，英国的承认与否，对我们是没有多大关系的；如果他们愿意无条件地承认，我们当然也并不拒绝。当前的国际问题还不在此，是在现在世界上分成两大阵营：一个是以美、英为首的资本帝国主义的集团，一个是以苏联为首的和平民主的集团。这两大集团的对立，在世界人类中造成一种印象，就是战争，以美、苏为首的两大集团终不免出之一战。反动派方面就持这种看法，认为第三次世界大战快要爆发，中国问题等到那时候就会解决，把所有希望寄托在世界战争上面，以为到那时还可以获得便宜，还可以卷土重来。这种看法不仅是幻想，并且是含有罪恶性的幻想，也是愚妄的、欺骗人民的拙劣宣传！对于第三次世界大战问题，当有人问我的时候，我一贯的答复是：靠不住，我们希望也许永远不会有；即使有，亦不是最近期间的事。现在国际的大势，不但不是趋向战争的道路，相反的，是走向和平的道路。换言之，世界情势的发展不是主张走向战争之路的人的胜利，而是主张和平的人的胜利。尤其是现在增加了一个强有力的因素，就是中华人民共和国的成立，使四万万七千五百万人民的巨大无比的力量投到和平民主阵营来了。这一因素，足以促进和保障世界的和平，是值得全世界和平民主人士重视的，亦是当人们估计世界大战问题所不能忽略的一个重要因素。

综合以上的分析，我们军事没有问题，政治没有问题，财经没有多大问题，国际问题也是没有什么严重和破裂动向的。所以就国内外情势来看，我们都是乐观的。但是不管情势如何，我们最要紧的是要有准备，要有充分的准备，就是和平建设。我们太落后了，我们要经由新民主主义过渡到社会主义，必须先使中国从农业的国家推进到工业化的国家。今后在全国来说，就是在西北、在新疆来说，我们都需要和平建设，长时期的和平建设：把新疆和整个西北变成大工业区，把全中国变成大工业国，我们一切才有办法，才能使中国由新民主主义进入社会主义的阶段。我们相信，我们新中国是具有这样各种基本条件的，一定可以稳步地有计划地达到我们全国人民所共同希望的目的。

三、新疆和平解放的感想

再次，讲到新疆和平解放的感想。这次新疆所以能够避免流血牺牲和平解放，原因很多。首先当然是人民解放军全国性胜利的影响。这是一种不可否认的事实。以新疆部队的情形和解放前后的某些文武高级干部以及地方或民族领袖的人们的思想与观点来说，如果没有解放军全国性的胜利，具体地说，要不是解放大军解放兰州后直逼张掖、酒泉，要说是靠了陶峙岳将军及少数高级干部的策动就可以得到和平解放，当然是不可能的。其次是全省人民一致要求和平渴望和平的普遍心理。我到迪化后，听到各族的朋友尤其是听了苏联朋友们的意见，认为我们过去所推行的和平政策，也种下了这次新疆和平解放的原因，因为它这几年来深深地造成了一般人民需要和平的普遍心理状态，也就是促成了今天和平解放的成熟条件。这倒不是我们的自负或武断的话，而是一般人士客观的评论。

除了上述两个原因之外，还有一个原因。就是我们驻新部队中，除了极少数思想顽固的分子不明是非，不明革命大义，不顾人民利益，不顾部属生死者外，最大多数的官长们，都认识和平的利益，都需要和平的保障。所以这次新疆和平解放，仍不能不归功于驻在新疆的袍泽们，在陶峙岳将军领导下，还有一班得力的文武干部，如赵锡光、刘孟纯、屈武、刘泽荣、曾震五、陶晋初诸同志和其他各级同志们，都是对和平解放尽了心力冒了危险而有功的。在我个人的立场，我应该向陶峙岳将军和文武干部全体官兵同志们，对于他们的领导和平解放、促成和平解放表示诚恳的敬意与祝贺！

新疆的和平解放，原因已如上述，现在我要分析它的利害，亦即它的意义和价值。这是大家都清楚的，本来用不着多说。新疆的和平解放，不但对国家对人民都是有百利而无一害，就是对我们全体官兵也是有百利而无一害，也就等于从黑暗的深渊走向了光明的大道，从苦恼的环境走向了幸福的前途。再现实地说，解放军是预备开两个兵团到新疆来的，共六个军由东向西，玛纳斯河西岸的民族军自西向东。我们内部怎样？这是大家知道的。在两面作战之下，要死伤多少官兵？牺牲多少人民？毁灭多少财产？糜烂多少地方？就解放军说，从兰州到迪化，二千二百多公里的行军战斗，很快就是冰天雪地，胜利是没有问题的，但是恐怕少不了流血牺牲。在这种情形下，我们几万官兵往哪里跑？钻进沙漠吗？上天山吗？当然不可能，不可能就是同归于尽。至于人民，更不用说，这次已经和平解放了，还有许多地方发生了不幸事件；如果不是和平解放，牺牲就一定大得多了。我看军队和人民最少避免不了五万至十万的死伤，这是多么重大的代价，所以这次和平解放，是具有异常重大的意义和价值的。比方北平的解放，事前双方都集中了大量的兵力，傅作义将军准备二十万发炮弹来守城，中共军队也准备二十万发炮弹来攻城。大家试想这四十万发炮弹发出去可能招致多少生命的毁灭，多少财产的损失，连北平几百年的文化古物也恐怕保全不了。所以，和平解放不但为地方、为人民打算应如此，为自己、为部属打算亦应如此！难道到了今天还有人在懊悔吗？还有人认为和平解放是不应该的吗？认为应该痛痛快快打一仗的吗？当然不会有这种丧心病狂的人。

这次和平解放，其意义和价值诚如以上所说，不过竟有不幸事件使我们感到美中不足，令人痛心疾首的，就是哈密、焉耆、鄯善、吐鲁番、轮台、库车的烧、杀、抢、奸事件。有人说，这次事件，是少数人想发洋财，是看到局面纷乱，打算浑水摸鱼，这是不正确的。这些纯良的士兵，如果没有特务分子、顽固反动的分子从中煽动，怎会有计划地做出这件事情来？当我听到这一事件后，我真痛心万状！如同我自己做出来的一样！我们对不起新疆人民！人家都说这是起义部队干出来的，少数人的罪行，玷污了大多数人的声誉。当然，解放军方面是很客观的，对做了坏事的部队、单位都有详确的调查，区别得清清楚楚，并没有笼统说是起义部队干的。但是我们就不能这样看，他们都是我们的部队，都是驻新部队系统下的单位。分不开的啊！

对于这一事件我看到过一个报告，是解放军党委给他们上级的。他们对这次事件有很详确客观的分析。他们把起义部队分成两种：一种是完全没有危害人民的，另一种是严重地危害了人民的。后者指出了“哈密178B的538R，鄯善65B 194R的第三营（第七连除外），吐鲁番65B的194R，焉耆128B直属及骑兵团，轮台128B 382R的第一营，库车65B的骑兵团和供应局的挽马团。这些部队做些什么罪行？抢劫、杀人、放火、奸淫！大家想想看，我们是革命军人，驻在新疆这些年，新疆人民没有对不起我们的地方，为什么干出这样惨无人道的勾当？这个报告里还特别指出：128B 382R直属第一营的行为最残酷，该县被杀死的达三十多人，受伤的近一百人。有被杀死的，有被烧死的，有被活埋的，有被用刑死的。从十月五日到二十八日整整抢了二十三天，不休不停，人民损失，无法计算。全城妇女不分老少一律被奸淫，甚至十一二岁的女孩，都被奸污！大家听到了这个报告，不会承认这些人是革命军人吧？不会承认他们是人吧？这不是人的行为！而是兽的行为！讲什么革命！讲什么人道！讲什么主义！简直是禽兽！是禽兽！我们能把他们当人看待吗？还能把他们当同志看待吗？

从这个报告里，这件事不是士兵干起来的，是部队里反动分子和特务分子策动主使干起来的。从这个事件看，使我们确认现在虽然和平解放了，但是部队里还是不免存在着反动顽固分子、特务分子，我们要赶快肃清，不要让这些少数的害群之马危害人民，拖累我们的信誉。这是丢脸出丑的事件，你们再不能优容姑息了！你们要勇敢地把他们清查出来检举出来，要紧密地依靠官兵群众来一个本身清洗运动！为了恢复人民的感情，为了巩固和解放军的团结，也为了自己的前途，一定要把部队的本身健全起来！大家要知道，我们很快就要改编为人民解放军了，原驻新疆的部队共改编为五个师，三个步兵师编一军，两个独立骑兵师，合成一个兵团，还是由陶将军负责。据彭副总司令的表示，只派政委和政工人员，军官一律不动，军师长人选事前当然有协商，不过多数还是从原有将领中挑选。原来纪律好训练好，对人民有功的，一定予以重用。像这次迪化和平解放，能够平安度过，未发生任何事件，就是韩有文师长和全师官兵接受了陶将军命令，维持了迪化秩序的功劳。人民的眼光是公道的，解放军的看法也是客观的，他们对骑一师特别看重，省政府改组时，彭德怀将军还特别推荐韩有文师长当委员。这是骑一师的光荣，也是韩师长的光荣。军队改编为兵团以后，便同王震司令员领导的兵团一样，都是人民解放军。不过，光是改为解放军的名义是不够的，我们要名实相符，在实质上不愧为人民解放军，从制度上、思想上、教育上、经济方面、纪律方面，一切的一切，都要彻底加以改造，都要向人民解放军学习，向人民解放军看齐。一切的一切，都要不愧为人民解放军这一光荣胜利的旗帜。这是要全体官兵同志负责来做的，这个责任是无可推卸的。大家应该不分部队、级别，共同努力，来达成这一光荣的任务！

四、提几点意见

最后还要说到我对驻新全体袍泽同志的希望，就是对大家提出几点意见，或者说应该注意的事项。

我常常说，我们要有勇气承认错误，有诚意改正错误。我们难道没有错误吗？过去军队的情形错误太多了。比如像罗恕人这一类人，他平时的生活怎样，你们在座的很多是他的部属，当然会知道。这种人怎配做一个革命军人，怎样做一个革命军队的将领！他这次为什么出走？主要的是因为平时贪污腐化，怕和平解放后部下找他来算账。大家试想，他还是一个旅长，一个领导一万多人的将领，而行为这样腐败，思想这样顽固，真是出乎我们意料。现在在起义部队里面，像罗恕人这样的大大小小的人是不是一个没有呢？不是没有，不过是少数中的少数。大家今后一定要觉悟，我们部队中有很多缺点，有很多不健全不正常的状态。我们要想真正成为名副其实的人民解放军，自己就一定要反省，要检讨，要彻底改造！这都不是困难的事。以我们过去的基础，再加上诚心诚意的改造，很快可以做到的。

刚才所说的报告里就有这样一段话："起义部队中，有许多人羡慕解放军，要求参加解放军。有许多人说：我们是一家人，你们不要把我们当作外人看待；我们必须向人民解放军学习，并表示了学习精神。起义部队在总的方面上看来是向进步的路上走的，依据我们的工作经验，改造起义部队困难是有的，但并不那样困难。"

这是他们对我们很客观的看法和批评，认为我们是向进步的路上走的，是可以改造的，他们已经表示了对我们的初步信任了。主观上我们是可以改造的。而客观上人家愿意帮助我们改造，所以我说绝不是一件困难的事，很快就可以做到的。现在的问题就剩了我们本身。就是说在我们如何首先去搞通思想。

这个报告里还有一段很客观的话："起义部队的内部，确有不少进步分子和积极分子，这些人都认为起义部队要彻底改造才能成为人民解放军。这是很对的。"

他们是不轻易承认别人是进步分子和积极分子的，现在他们不但认为我们可以改造，而且承认我们内部确有不少进步积极的分子，而我们的同志们也看到必须彻底改造才能成为人民解放军，我觉得这个机会太好了，今天的确是我们走上光明远大的前途的开始。解放军的优点很多，特别是他们的优点刚好是我们过去的缺点，只要我们能够虚心学习，我想只要有半年到一年的光景，大家就可以成为名副其实的人民解放军，大家不分彼此，如同兄弟手足一样的亲密了。

至于怎样改造，自和平解放后，大家就所见所闻的，也一定有了若干的理解或者初步的认识；还有最近陶峙岳将军发表的两篇文告，我都详细看过，我表示完全同意。大家对这两篇文告如果能够诚恳地接受并且付之实行的话，就很好了。但是，我现在还想说几句话，作为给大家的临别赠言。因为我在这里不会停留多日，不久便要回到兰州去了。不过还要声明，我所说的还不过是大家习闻熟知的常谈，只是加以归纳提出而已。我的话是四句：改造思想，改变领导方式，改变工作作风，改变生活习惯。现在简单地解释如下：

第一，改造思想。我在上面所说的自我思想斗争，就是一种改造思想的过程。我要说一句自负的话，基本上我的思想和新民主主义就是到社会主义的思想是没有多大距离的，无须乎说到怎样改造的话，但是到底有很多具体的问题是想不通的，所以就发生苦恼。比方说：我是一个国民党党员，虽然我是革命的国民党党员，但现在站到共产党这边来了，人家会不会说我是投机呢？这一问题在我的脑海里盘旋了很久，始终没有想出一个答案。如果单从这一点去想是没法想得通的，但是后来我往外想，从另外一点想起就想通了。我先自问：国民党是一个什么的党？是为党员而有的还是为国家民族而有的？是为了革命、为了实行三民主义而有的还是为了那班封建地主阶级官僚买办阶级（如孔、宋）或者把持操纵自私自利的反动派系（如CC）而有的？这个问题很要紧。再追问下去：我们做一个革命党员为的什么？那当然很清楚的，国民党原来是一个为了革命为了实行三民主义的党，是为国家为人民而存在的，我们做党员的任务是革命，是实行三民主义。但是，现在的国民党不但不革命，而且反革命了；不但不实行三民主义，而且和三民主义背道而驰了。国民党所领导的政府所有政策措施，都是背弃了三民主义，背弃了人民，背叛了孙中山先生；国民党再不是为人民、为革命、为实行三民主义的政党，我们对它还有什么可以留恋的？在他们那种法西斯反动控制下，做党员的事实上就不知不觉地做了国家民族的罪人！做了历史的罪人！做了人民的罪人！这还有什么可留恋的？从反革命的环境转移到革命的环境，从反人民的集团转移到为人民的集团，这还不是心安理得吗？还有什么踌躇不安的呢？谁会怀疑我是“投机”呢？（要说是投机想做官，南京政府时代一再要我组阁，我还表示愿为和平奔走而坚辞；过去也是西北四省的军政长官，而现在很高兴来做彭将军的副手，当然不会有人怀疑我是做官。到底为的什么，那是很明白的。）我以前就常对很多同志们说：我真不愿做一个国民党党员，愧对人民，愧对国家。最近国民党民主派在北京举行会议，我就坚决主张更换党名。国民党这个名字实在臭得很，鸭屎臭！人民听见这个名字就头痛！就发生厌恶。大家想想，这个名字放在我们头上是光荣还是耻辱？真是一个耻辱！现在我们觉悟了，我们要毅然决然地由祸国回到爱国，由反革命回到革命，由反人民回到为人民，这是一个革命党员应有的坦白的态度，真诚的信仰。我们信仰的是革命，是主义，我们应该坚持革命的立场，主义的立场。大家都知道，国民党多少年已经变成反动派系 CC 的党，被他们少数人所把持操纵，稍为民主进步一点的人都遭受到排挤，像这样的一个党，我们对它还能有任何的留恋吗？基于以上的分析，所以我就想通了，我今天站到共产党领导的政权这边来，仍然为的是革命，仍然坚持一贯的革命党员的立场，绝不是“投机”！

再举一个例子：拿我和蒋介石的关系来说，他是国民党的总裁，我是党的干部，而且在一般人看来，我还是他的重要干部，他在反共，而我则一贯地主张联共，主张和平，四月一日以后更跑到共产党这边来，一来就不回去了，这不是变成干部背叛领袖了吗？这一个问题和上面的问题同时在我的脑海盘旋了很久。我自信是一个革命党人，但是我又是具有中国伦理观念的一个人，遇到这个问题就觉得非常苦恼。可是后来我也终于豁然想通了。不错，他是一个党魁，我是一个党员干部，但是我和他的关系，只是党员和党魁的关系，干部和党的领导者的关系。这种关系应该是革命的关系，革命组织的关系。既然是革命的关系，革命组织的关系，就不是私人的关系，更绝不是封建的君臣主仆的关系。君臣主仆的关系在过去封建时代是要誓死效忠的，大家当然不会认为我们连大家在内和蒋介石的关系，是君臣主仆的关系吧？我和蒋介石的关系，既然不是封建的关系，不是君臣主仆的关系，而是革命的关系，革命组织的关系，那么，答案就出来了，问题就解决了。今天的国民党早已解体了，早已反革命了，蒋介石的领导也早已走上反革命的道路了！（这种话我不是今天才说的，去年他就任总统时，我曾经写了一封一万字的信给他，就率直地提出：我们已经走到反革命、反三民主义的道路上来了，即使没有人来革我们的命，我们也要失败的。并建议赶快采取和共联俄的政策。）我们自信是一个革命党人，党魁不革命，我们如何能够为一些私人情谊的原因，而盲目地跟着走，抛弃了自己的革命立场呢？到了今天，我们如果还看不清是非，看不出民心向背，看不到世界潮流，我们还能算是一个革命党人吗？我为什么要特别举出这两个例子？因为在座的和我具有同样情形的也许还大有人在，我愿意把自己搞通思想的经验告诉大家，虽然程度有深浅之别，但是这答案似乎是普遍适用的吧？还有，现在部队存在着一个旧观念，就是黄埔军校。今天在座就有很多是黄埔军校出身的。黄埔观念是不是一个笼统的团体观念呢？不是的。我们说发扬黄埔精神，是因为黄埔军校是孙中山先生创办的，蒋介石是校长，那时这个学校从事的是革命教育，蒋介石也说是教育大家参加革命，以革命教育者自命，哪料到他后来会这样的演变，就是我们预料所不及的了。陈明仁将军是黄埔一期的学生，这次在程颂云先生领导下起义，到北京参加中国人民政协时发表讲话，其中有这样几句话："蒋介石，你过去和我们讲过，大家都要来革命，假使我蒋某人不革命，任何人都可以打倒我。那你现在不能怨我了。你现在既不革命，反革命，我就要打倒你了！你只能怪自己了！"（大意如此）这段话当时引得哄堂大笑。黄埔这一观念应该建基在哪里？当然是要建基在革命上面。过去黄埔是教育革命军干部的地方，我们是革命干部，如果丧失了革命立场，还有什么黄埔观念？

我们要想改造思想，在消极方面，对上述三个例子就要特别注意。在积极方面，我们首先要认清楚今天中共的领导是最正确的。毛主席在《论人民民主专政》里指出："资产阶级的民主主义让位给工人阶级领导的人民民主主义，资产阶级共和国让位给人民共和国。这样就造成了一种可能性：经过人民共和国到达社会主义和共产主义，到达阶级的消灭和世界的大同。"

这就是说，中国历史的发展，必然地是先经过新民主主义的阶段，然后进到社会主义的阶段，再进到共产主义的阶段，最后到世界大同。这种说法和我们三民主义的过程有没有距离？据我的看法，我认为三民主义是有它的时代发展性的，应该随着时代的前进而发展。这一发展路线，孙先生虽然没有具体指出来，但是他已经指出世界大同作为人类最高理想的目的。从三民主义到世界大同，当然还有若干阶段的过程，如果孙先生还健在，他当然会指给我们的。我们认为三民主义的时代发展性是有的，最后一定同样要走到世界大同。为什么今天我要这样说呢？就是想给大家一个认识：你要是承认自己是一个革命信徒，孙先生革命主义的忠实信徒，你就没有理由不能不承认、不能不拥护由新民主主义到社会主义到共产主义到世界大同这一真理，这一正确的革命过程！

总括一句，今天要说到改造思想，在起码的标准上，消极方面应该把我们过去一切陈旧的、封建的、落伍的思想意识排除净尽；在积极方面，应该毫不犹豫地遵行由新民主主义到社会主义到共产主义到世界大同这一革命的路线，自己思想上的一切都要能够和这一路线发展相适合。

第二，改变领导方式。你是一个连长，就领导一连人，是一个团长就领导一团人，各位都是各级干部，也都负了一部分领导的责任。过去我们的领导方式实在太不行了！今年初我多次从中共新华社广播听到关于军队民主制问题说得详细切实。对于这篇东西，我内心完全同意，认为是一个很好的创作，值得我们来做的，我就把这些广播交给前政工处长上官业佑，要他赶快邀集各部队官长研究。并命令西北四省各部队实行。我们过去是一种首长制，是一种独裁的方式，不能启发群众，不能鼓舞群众，不能把群众的力量意志发挥出来，团结起来。中共现在实行的是民主制，是民主基础上的集中，集中指导下的民主，部队里一切都用民主方式来处理，所谓三查四评，三大纪律，八项注意，所有人事、经济、教育、纪律等，都经过大家的讨论，每个人意见都有尽量发表的机会，然后才形成了部队的铁的纪律与铁的团结。人家打胜仗不是偶然的。今天全国性的胜利是有其根据的。在二万五千里的长征中，他们经过了无数的艰难险阻，人为的、天然的灾难，由出发前的三十多万人到陕北后只剩了三万五千多人（彭副总司令对我说，他带的一支军团出发时是八万三千人，到陕北后只剩了七千二百人），以后陆续发展到现在的四百多万人，以至解放了全国。这里面固然有其他的种种原因，但是单就军事来说，他们的军队中的军事民主、政治民主、经济民主的制度是有主要的最大的关系的。过去大家都很怀疑，军队里怎样能谈民主！但是解放军里确是实行民主，而且实行得特别有效，这还不值得我们佩服、学习吗？各位军官同志们，我们即使不做一个先知先觉者，也应该做一个后知后觉者。如果我们已经知道有这样好的制度还是故步自封，墨守过去那一套，那就完了，等于自暴自弃没有办法了。大家看看，我们过去的那一套，上下脱节，官兵脱节，像罗恕人这种人，在解放军里就不会有。在民主制度下，谁敢腐化？谁敢贪污？稍微坏一点，你的部属就会批评你，检举你！但是在我们军队里，上下脱节，谁也管不了谁，所谓瞒上不瞒下，甚至上下都瞒。军民也脱节。在新疆来说，讲公道话，最近几年的军民关系还是相当好的，但是内地就不然了，不但是军民脱节，而且军队所到之处，很多反人民贻害人民的行为，为人民所切齿痛恨！大家想：为人民所痛恨的军队，能得人民的爱护帮助吗？再加上军队里的人事问题、派别问题、经理问题，总是搞不清楚，我们都是身受其苦的。今天解放军里就没有这些情形。他们有严格的批评制度，实行批评与自我批评，谁也不敢为非作恶。我们过去军队里也有小组，也有所谓批评与自我批评，但是完全是形式，甚至连形式都没有，根本就没有去做。好了，我们现在已得到了改变领导方式的机会了！

第三，改变工作作风。不必多讲，过去军队里的毛病都是大家有目共睹的，像推诿、拖延、虚伪、贪污、散漫等。推诿就是不负责任。拖延就是不讲效率，今天应该了的事情拖到明天，明天拖到后天，这周拖到下周，这月拖到下一月。虚伪就是说假话、做假事，这是一种普遍的现象。贪污更不必说，固然部队里也有不少廉洁自律的人，但是贪污风气相当普遍，据说高级军官常常一起赌钱，打麻将，推牌九，拿袋子装了钞票去赌。这些钱从哪里来的？还不是吃空饷、做生意，拿公家的车子到外面走私贩货，假公济私，一切非法的行为都做得出来，否则他的钱从哪里来？散漫就是没有组织、没有纪律，就如上面所说，形成上下脱节、官兵脱节、军民脱节的结果，军队不复成为军队了。以上这种种的坏现象，当然都是工作作风的错误。而错误的工作作风的形成，在西北说，当然首先我要负领导无方的责任。我们现在应该承认过去的错误，以后就不能再重蹈覆辙了。我们要讲责任，讲效率，讲纪律，讲公德，讲人格，一反过去的旧作风、旧行为、旧观念，诚诚恳恳地切实纠正，努力学习，养成负责的、勤敏的、真实的、廉洁的、有组织的和有纪律的工作作风。

第四，改变生活习惯。现在时代转变了，社会风气也要转变了，我们的生活习惯也应该随着它而转变。你们看看，中共方面的生活习惯，他们是何等的刻苦，何等的简朴，何等的严肃！他们是农村里打游击出来的，向来就养成了这种生活习惯。他们懒惰腐化是不会有的，赌博是不会有的，浪漫是不会有的。我们在南京的时候，曾听到一种离奇的传说很普遍，说共产党实行公妻，实行妇女配给制，很多人害怕。后来一个上海六十多岁的老朋友对我说："共产党来了，我别的都不怕，就怕他们的妇女配给。我六十多岁了，要是配给一个青年的女人，我可受不了！"（哄笑）这固然是一句笑话，但也可以看出这类反动宣传的影响。大家当然都明白，中共是尊重妇女的，并着重妇女运动，譬如在北京方面，他们正准备取消"八大胡同"，对妓女进行教育转业的工作。他们对男女的关系也是够严肃的，哪会像那些恶意宣传者所说的那样离奇。我在北京时，毛主席和我说：驻在新疆的二十万军队，今年明年不要说，即便后年开始退役了也不必回到内地来。我们把他们的家眷送去；没有家眷的也从内地号召十万五万妇女去，她们也可以参加新疆的各种建设工作，同时也可以经过自由选择的方式，让他们成家立业。新疆面积广大，大家都可以开垦生产，或者开发矿藏，参加工业，这几十万人的生活没有什么问题。这次到兰州，彭副总司令也同样地和我说过。我们知道，这不是一个预言，将来一定可以有计划地去做的。现在各位是一个军人，是一个军事干部，将来也许是一个矿厂的领工，集体农庄的庄员，工厂的管理者……你现在是一个连长，领导一百多人，这一百多人变成屯垦员时，你就是一部分农业生产的领导者。但是不管是现在或将来，你站在领导的地位，就应该具有领导者的条件，一定要把过去的生活习惯如赌博、散漫、懒惰、腐化等完全改正过来，养成刻苦的、勤劳的、简朴的、严肃的生活习惯。我们一切生活习惯，不但要对国家对人民对部属负责任，而且还要对自己负责任。

以上列举的几点，本来是平淡无奇，想也是大家有所了解的，问题是没有去做，或者没有切实去做。我们大家同志都是多年的师生或袍泽关系，所以我愿意满腔热忱，希望大家不要放过这个良好的机会来改造自己，改造部队，以便将来参加伟大的新中国的建设。我们到了今天，不应该有丝毫的悲观，更不应该有任何的幻想。过去的让它过去吧。我们要重新来做人，重新来做事，重新把握我们革命的立场，恢复我们革命的精神、革命的热情和勇气。中共所倡导的民主统一战线，目的就是要集中每一个人民的力量。他们说，每个人都是有用的，对国家有用的人力，我们为什么要放弃？为什么不争取？这样伟大的建国工程，我们中国共产党是绝不想来包办，是要大家来团结合作的。我们一定要接受共产党这一正确而伟大的方针，参加民主统一战线，不分彼此，共同一致地为中国人民解放事业而奋斗！为新中国建设而奋斗！我们以世界上最大的国家和人力来从事新中国的建国工程，还会不胜利成功么？这就是每一个人民，特别是每一个革命军人义不容辞的责任——神圣庄严的责任!

我们要从远处大处着眼，从近处小处着手，首先是改造自己，改造部队，虚心地不断向人民解放军第一兵团学习、看齐!

这次讲话一星期之后，在十二月十三日彭将军召集人民解放军第一兵团的官长和起义部队机关干部一起，邀我再讲一次话，彭先讲，我后讲，我讲的是《再谈怎样改造》。全文如下:

再谈怎样改造

（一九四九年十二月十三日对驻迪化人民解放军第一兵团与起义部队机关干部讲话）

彭副总司令，王、陶两将军，各位同志:

刚才听了彭副总司令的讲话，既庄严又幽默，又有理论根据，并且提出许多具体的事实，反复譬喻，实在说得太好了，大家听得很高兴、很满意。我想同志们，尤其是起义部队的官长同志们，一定都能够诚心诚意地接受和拥护彭副总司令的正确的宝贵指示。

现在要我来说话，说什么呢?我是从北京来的，说一说北京的故事吧?现在又到了迪化，也愿意顺便说说新疆的故事。

我从本年四月一日到北平，十一月二十二日离开，在那里住了将近八个月，在这当中，北京最重大的一件事，当然是中国人民政治协商会议的召开，跟着中华人民共和国宣布成立，并且组成了中央人民政府。这是一件大事，中国历史上的一件大事，是改变历史创造历史的一件大事!中国人民政协最重要的几件决议，就是通过了中国人民政协组织法，中央人民政府组织法，中国人民政协共同纲领和国旗的制定。这三大文件，是中华人民共和国开国史上最重要的文献，大家想必看到过，研究过，用不着我再报告了。

在十天开会当中，当然经过很长，不必详细地琐屑地叙述，最值得注意的一点，是这几个月来我所看到的，在毛主席和中国共产党领导下的民主统一战线的方针。这一伟大的方针，首先可以从这次中国人民政协所构成的分子已经充分地表现出来。它包括了各民主党派、各民主人士、各少数民族、海外华侨等，东南西北连海外，包罗殆尽，乃至宗教界也有代表参加。在六百六十多位代表中，充分表现了民主统一战线的实质与内容，这是值得大书特书的。再从中央人民政府委员和中国人民政协全国委员的成分看，名单是大家在报上看到的，都经过各方面多次周详的协商，获得一致的协议后推选出来的，也是包括各方面代表性的人物。特别是中央人民政府委员会，除了中共党员外，各党派、各方面民主人士、国民党民主派、起义将领，都参加了。像我这样渺小的人物，也被推为委员。推选名单内每个人的名字下都有一个注记，像我的名字下，就注了“国民党民主派”，程潜、傅作义两将军名字下注“起义将领”，其他如民革、民联、民促、民盟、民建等一一加注清楚。这两项人选，在国内外都获得了一致的好评。这些地方说明了中共的民主统一战线的方针是成功的，而国内对毛主席伟大的领导更表现了空前的拥护与崇敬。

在民主统一战线方针下所产生的事实很多，比方在湖南，程潜、陈明仁两将军起义后，陈兵团马上改编为中国人民解放军二十一兵团，编成八个师。我们新疆起义部队，刚才彭副总司令宣布了，编为中国人民解放军二十二兵团，五个师。三个步兵师，番号是第二十五师、二十六师、二十七师，成为一个军——第九军。另外两个独立骑兵师，就是骑七师骑八师——这是王震将军和陶峙岳将军推诚协商的结果。此外还有许多事实，都说明了中共的民主统一战线不是口头上的宣传，而是有众多事实证明的。

在研讨中央人民政府政务院各部会名单的时候，毛主席亲自主持座谈会，征询大家的意见。在座谈会上，我曾经向毛主席提出一个问题，使大家感到很突兀。原来在政协召开前，毛主席有一天问我："外面传说我们共产党内有几句口头语你听到没有？"我问："说什么话？"他说："有人说'早革命不如迟革命，迟革命不如不革命，不革命不如反革命'！"我说："呵！这话我听到了。"他同时还告诉我一个故事，刘少奇先生到天津主持各工厂职工会议时，刘先生对职工们说："你们将来都是我们的干部，都是建设新中国的好干部。"就有些共产党员不服气说："他们原来在官僚资本主义下工作的人，现在才到我们这边来，马上就变成了我们的好干部了。那我们呢，都让他们搞好了！"毛主席说："要照我们这样小气的党员的心理大概是要把人家当作俘虏看待才好！"在这座谈会上，我就拿上面的三句话问毛主席："你对'早革命不如迟革命，迟革命不如不革命，不革命不如反革命'这一种党内呼声，采取怎样的态度？"毛主席说："我们党内正在进行教育说服的工作。"我说："说服了没有？"他说："唔，还要慢慢说服，慢慢教育，没有那么容易吧。"他这话确是真的，但是，我们可以知道，民主统一战线政策是早就确定了的，而且有很多事实可以证明是完全兑现了的。特别是在中央人民政府委员和政务院各单位的人事配备上。中央人民政府委员里，中共党员只占半数，在政务院三十个单位负责人中，中共党员也不到五分之三（中共占十七个单位，其他占十三个单位）。毛主席有一天当许多人面前说："现在还有人主张共产党包办，我们包办得了吗？"大家听了都笑了。他又说："不能包办的，大家来合作，应该我们大家合作来包办！"他这种态度使得任何一个民主党派和民主人士没有不心悦诚服的，没有不为这一伟大的方针而感动的，没有不诚心诚意地接受他的领导的！

在这里，我们又看到了中国人民政协的民主精神，中央人民政府的民主精神，换言之，就是新民主主义的民主精神。中共对待一切民主党派、民主人士的民主精神，这不是偶然的。首先是毛主席的民主领导，他不是今天在北京才这样做，他是经过二十八年来的革命奋斗经验，一向在党内就是这样做法。某天在中央政府会议席上，他说：我们无论在哪里都要发挥民主精神。我在党内曾提出两句话：“知无不言，言无不尽”；但是还不够，再提两句话：“言者无罪，闻者足戒”，要说就说，说错了也没有关系。这是何等充分的民主精神！即使在军队里，刚才彭副总司令说过，就早已实行了民主制度。他们不但把民主制度在党内推行，在政治上推行，也推行到军队里。这是一个特有的创举，是人民解放军胜利的最大保证。上次我对起义部队干部讲话已经特别提出了。

再举几个例子，说明毛主席的民主精神。关于国家名号，原来中共主张为“中华人民民主共和国”，但是有些人认为“民主”和“共和”意义相同，是重复了，念起来也有点拗口，所以经过大家研考后，便把“民主”两字省掉了。又如关于国旗的选定，筹备会在几个月前就登报征求图案，据说应征的有二千多种。在大会里单独为国旗国徽国歌成立了审查组，事先从二千多种图案中选了三十多种，印发大家参考。小组审查后，提出他们认为最合选的三幅。旗左上方一颗大星，下方一横杠，或二或三横杠。据说明，大星是象征中国共产党的领导，一横杠代表黄河，二横杠代表长江黄河，三横杠是加上珠江，都是象征中国文化发源地。在分组开会时，我曾经列举很多理由表示反对，但是没有结果。过几天便要提大会讨论决定了，刚好有一晚，毛主席请了五六桌客，大都是军方代表。席间我对毛主席说："有一件事我想请问你，不过你如不便公开使人知道你的意见，我当守秘密。"他说："你说吧。"我说："你同意哪一个国旗图案？"他说："我同意一颗星一条黄河的，你怎样？"我说："我反对这个图案，红底国旗是代表国家和革命的，中间这一杠，不变成分裂了国家分裂了革命吗？同时以一杠代表黄河也不科学，老百姓会联想到是一根棍子，像孙猴子的金箍棒。"此外，我还列举了许多理由来支持我的论据。"这倒是一个问题，有些人很主张采用这一图案。并且也举了很多的理由，我再约大家来研究吧。"过两天，他约了四五十人，我也到了，一看，尽是文化人、画家、艺术家，丘八就只我一人。毛主席首先把问题提出来，说明这个图案的缺点后说："我知道反对这黄河的，在大会里恐怕只占四分之一到三分之一，以四分之三或者三分之二的赞成人数，通过是没有问题的，但是这样不够圆满，我们一定选一幅让全场一致通过才好。大家想想吧。"说到这里，他把发的参考材料翻出第三十六号给大家看，就是现在的五星红旗问："这个怎样？"我首先表示赞成，大家同时都说："好。"只有二三人提出异议："这四颗小星是代表工、农、小资产、民族资产四个阶级，假如将来进入社会主义，就没有后面两个阶级了，国旗不是又要改吗？"我正在想，这也是一个问题，毛主席很敏捷地说：把说明改一改好不好？不说四小星代表四个阶级，就是五星红旗象征中国人民革命大团结。这样一说，大家很高兴报以热烈的鼓掌，到大会里便顺利通过了。照说，有三分之二或四分之三的人赞成便是多数，为什么连少数人的意见也要照顾到？这就是民主精神！

十月一日上午召开中央人民政府委员会第一次会议，决定对中外发表公告，里面有几句话："选举了毛泽东为主席，朱德、刘少奇、宋庆龄、李济深、张澜、高岗为副主席，暨委员五十六人。”原文已经印好，一会到天安门庆祝成立大会便宣布发表了。刚好李立三先生坐在我右边，我问他：“这样措辞可有问题？”他说：“什么问题？”我说：“委员五十六人一语太简单了吧？是正式公告，何不把全体委员名字都写上？”他说：“对。”我说：“请你说吧。”他说：“你说好。”我站起来一说，毛主席马上表示同意：好，把五十六个委员名字都写上去，可以表示我们中央人民政府强大的阵容。大家听了都鼓掌。

我不过随便举一两个例子，其他事实还多。这些地方完全看出来毛主席和中共领导的民主精神。在中共朋友们也许觉得很平常，但在我们起义部队中就应该充分领会到，认识到，一切就可安心了。

在北京看到的事实很多，不能一一列举，现在简单地说说我到迪化后的见闻。

在六日，我曾经和起义部队、机关的干部们讲过了一次话，彭副总司令和王司令员认为还得体，应该发表。我也预备整理在报上发表或印成小册子，供大家参考，特别是请中共朋友们批评指正。上次已经说过的今天不说，今天特别提出来的是关于大家的若干旧意识、旧思想、旧观念方面。

首先，我特别提出来的，对于今天国家政权的转移，在国民党系统党员或干部，一定要有一个共同的认识，就是我们并没有失败。就主义和革命来说，我们还是成功的。比方现在有人在想在说：“当前的两党斗争，共产党胜利了，国民党失败了。”这种看法错了！绝对地错了！在上次讲话我已经约略地说了。如果从国民党本身的利害来说，国民党确实早已失败了；但是，要就革命观点来说，我们没有失败，而且是胜利了。为什么？我们要先问：国民党是为什么的？为革命，为实现革命的三民主义。但是国民党自取得政权以后，反革命了，反三民主义了，这样我们应该说革命是失败了。今天的转变，我们应该承认中共的领导是革命的，是为人民的，新民主主义和三民主义的基本要点相符合的。我们很显然的，已从反革命的道路进入到革命的道路，由反三民主义的阵营移转到等于实现三民主义的阵营，为什么是失败？我们应该觉悟！这正是我们革命的胜利！也如同三民主义的胜利！

关于中苏两国的关系，还有人有些错误的看法，如认为："假使新疆战争，苏联援助伊犁，新疆就要被苏联占领了，变为苏联的了；人民解放军到新疆，新疆还是中国的，所以愿意和平解放。"这种看法错了！完全错了！苏联对中国绝无领土的意图，而中苏两大国家两大民族的关系是应该密切的，尤其今后两国的利害是完全一致的，特别是在新疆，在民族、历史、地理、经济、文化方面，都是构成一种不可分的关系。我们主张中苏亲善不自今日起，是远从俄国十月革命就开始了的。我们伟大的革命导师孙中山先生当时说：中国虽然革命在前，但是仍应"以俄为师"。在一九二四年国民党第一次全国代表大会后，通过联俄、联共、扶助农工三大政策，孙先生临去世时致苏联遗书更郑重地申言："……我遗下的是国民党。我希望国民党，在完成其由帝国主义制度解放中国及其他被侵略国之历史的工作中，与你们合力共作。命运使我必须放下我未竟之业，移交与彼谨守国民党主义与教训而组织我真正同志之人，故我已嘱咐国民党进行民族革命运动之工作，俾中国可免帝国主义加诸中国的半殖民地状况之羁缚。为达此项目的起见，我已命国民党长此继续与你们提携。我深信，你们政府亦必继续前此予我国之援助。亲爱的同志，当此与你们诀别之际，我愿表示我热烈的希望，希望不久即将破晓，斯时苏联以良友及盟国而欢迎强盛独立之中国……”

这是何等强烈而诚挚的愿望！在遗嘱上更谆谆嘱咐我们：“必须唤起民众及联合世界上以平等待我之民族共同奋斗！”当时的中国，正在帝国主义环伺中，除了苏联外，再没有第二个国家肯“以平等待我”，大家一定要深切认识，中苏的亲善是必然的，应该的，决不能戴了有色眼镜去观察事物，致有毫厘千里之差！我们和苏联主义相同，利害一致，两大国家应该亲切地共同携手为世界民主和平而奋斗。再退一步说，苏联过去对国民党政府是怀疑应付的态度，今天对共产党领导的政权，是诚恳帮助的态度，这就国家立场来说，我们孙先生所遗留的联俄政策，今天已完全实现收到效果了，我们还有什么不满足的呢？

对于国内少数民族特别是新疆的民族问题，有些人始终没有建立正确的观点。就如最近看到三区民族军开到迪化来了，有人说：“他们抖起来了，威风起来了！”心里显出很不舒服。这种观点是错误的！完全错误的！在过去几年我所发表的言论，就特别指出：历代中央政府的治新政策都是错误的，他们完全以征服者姿态出现，一切出之以高压剥削，所以弄到变乱相寻，民不聊生。我们到新疆来，应该毫不犹豫地纠正历史的错误，偿还历史的罪债！这是我们的责任，我们还能以帝国主义对殖民地的态度来看待新疆各民族吗？时代到了今天，少数民族还不应该站起来吗？还是要被压迫吗？要是这样想法，那你就是百分之百的大民族主义者和帝国主义者！我们应该扶助他们，使他们站起来，这是站在大哥哥地位的汉族对待他们应有的态度。那种自尊自大看不起少数民族的心理是绝对错误的。但是，另一方面，我们还听到一类说话：“我们革命了这些年，还是把黑大爷革来了！”“去了一些伤脑筋，来的还是些伤脑筋！”这种狭隘的民族主义观点也是错误的。但是这种错误主要的还是过去的历史错误所构成的，我们做大哥哥的应该原谅他们！过去和平条款规定国军要开到伊、塔、阿三区国境去，以后开去没有？现在彭副总司令、王司令员说要把解放军开进去，他们就无条件地接受了。三区的民族部队也开到迪化来了，还要开到别的区域去，都是没有问题。现在政权本质改变了，过去的基本矛盾不复存在了，新疆各民族都是兄弟手足一样，应该平等团结友好合作。过去一切的误会、隔阂都应该消释净尽，大民族主义和狭隘民族主义的思想都是不应该再有的！

这是从一方面看。再从另一方面看，我们对自己的旧意识应该有一番检讨。比方就国民党这个名字说，臭了！鸭屎臭了！已经被历史所否定，为人民所抛弃！我们对它不应再有所留恋，据说现在还有人在部队作反宣传说：我们还是国民党，还是国民党员，还是国民党军队。这种思想不但是错误，而且是反动！我们要觉悟，要防止这类反动的宣传。我昨天还和王司令员说到，希望起义部队的官兵好好学习，好好改造，来造成种种条件，将来可能做一个中国共产党党员。我为你们预祝，为你们远大的前途预祝。现在解放军里指战员都是共产党党员，战斗员也有百分之三十是党员，你们改编后应该从本质上成为真正的人民解放军，只要肯努力学习进步，做共产党党员是可能的。做一个共产党党员是一件光荣的事情，大家都是有这个光明远大的前途的！

现在起义部队中，黄埔军校的同学很多。黄埔军校为什么设立的？是孙中山先生为了造就革命干部，为了建立革命武力而设立的。它代表了什么？代表了革命，代表了人民革命的武力。但是，现在很多人对它笼统看待，看作是一个团体，甚至一个派系。这是一种封建意识的残遗。我们今天站到一块来，不是为哪一个团体或系统，而是为了革命，为了人民。我们只能有革命的关系，革命的感情，绝不是同学的关系和感情。譬如最近哈密、焉耆、吐鲁番、轮台、库车等地发生可耻的烧、杀、抢、奸事件，这里头指使的就难保没有黄埔军校的同学，你们还能承认他们是同学而宽容他们吗？

再就我个人来说，我和大家有两种关系：一种是师生同学，一种是长官部属。但是，我今天要郑重声明：过去的关系是旧的关系，从此不复存在了；当然今后在新的革命环境里，只有新的革命关系的。

我这次陪同彭副总司令来看望大家。没有别的意思，是因为这次新疆和平解放总多少受我一点影响，大家在转变的前后，心理上免不掉有些彷徨，我来是了却我在道义上的心愿。希望大家加紧学习，努力改造，使部队在实质上成为真正的人民解放军，使个人有足够资格当一个中国共产党党员。

在消极方面，我诚恳地希望起义部队的同志们能够排除一切旧意识、旧思想和旧观念；在积极方面，我却希望人民解放军朋友们一视同仁负起改造起义部队的责任。

起义部队的改造与进步是可能的，并不那么困难。这是解放军党委同志从他由东疆开到南疆去沿途对起义部队工作的总结报告。在这里，提供了很多问题，引证很多事实，建议很多意见，都是以客观而真切的态度提出来的。对起义部队有好的也有不好的评语，但是分得很清楚，绝不是胡子眉毛一把抓，我念几段在下面：

“起义部队中，有许多人羡慕解放军，要求参加解放军。有许多人说：我们是一家人，你们不要把我们当外人看待。我们必须向人民解放军学习，并表现了学习的精神。”

“起义部队在总的方面上看来，是向进步的道路上走。依据我们的工作经验，改造起义部队困难是有的，但并不那么困难。”

“起义部队中极大多数的军官表示惭愧说：对不住人民，要坚决改过，保证今后再不发生这样的事件！”

“起义部队的内部，确有不少进步分子和积极分子，他们认为起义部队的烧、杀、抢、奸，要彻底改造，才能成为人民解放军。”

这报告里又提出建设性的具体意见：“依据我们的工作经验，改造起义部队困难是有的，但并不那样困难。在团结工作中，根据我们的经验，并应注意这样几个问题：一、要首长负责，亲自领导和参加向起义部队的宣传，并发动部队人人向起义部队做宣传的运动，要克服那一种不愿意接近起义部队和接近没有话说的现象。二、我们主要的当然是团结广大的士兵，但同时不可忽略的也应该团结军官。我们部队中个别的同志看到起义军官开会的时候，仍然坐在上座和讲话，心里则不舒服地说：我们革命那么多年，不过如此，他们一下就抖起来了！这种狭隘的妄自尊大的倾向是必须克服的。三、带有刺激性的词句，有的是必须讲的，有的是应该避免的。有人说，你们不要说蒋介石、国民党反动派，说了有刺激，但是我们还是坚持要说，因为刺激反动派是必须的。但是第四师剧团在拜城给一九三团演剧，唱了一个向新疆进军的歌，有一段：上起刺刀，勇猛前进，消灭残暴的胡、马匪军！当时一九三团的团长龚名瑾及部分的官兵听了之后，低头掩面，状甚难受。这种刺激的词句是应该避免的。因为这个歌子已经过时，拿到现在来唱，刺激了整个起义部队是要不得的！四、与起义部队相处，那一种不必要的客气是可以取消的。但一般的人情世故礼貌是应该要懂得的。有的同志不会称呼，如不懂府上、台甫是什么，人家发问，不知回答。人来了，不叫请坐；人走了，亦不送行。十二团有一副营长，到饭馆吃东西，遇到了起义部队两个军官先在馆子里，人家让座让吃，吃完后主动全部会账，该副营长说：你会你的，我会我的。大家说：我们很欢迎你们来到，他说：你们既很欢迎，为什么不派汽车来接？”

上面这些话，是起义部队已经向解放军同志们提出诚恳的呼吁了：“我们是一家人，你们不要把我们当外人看待，我们必须向人民解放军学习。”解放军同志也开始对起义部队发出信任的表示了：“起义部队在总的方面看来是向进步的路上走的。依照我们的工作经验，改造起义部队困难是有的，但并不那么困难。”王震将军在军事小组报告中，也特别表示对于起义部队的改造的信心。一方面愿意改造，一方面认为可以改造，所以团结合作是不成问题的。起义部队对少数反动分子的烧、杀、抢、奸表示极度愤慨，认为对不住人民，非彻底改造，不能成为真正的人民解放军，这是一种良心话，说明极大多数的军官是觉悟的。这些进步分子积极分子正是解放军认为是起义部队可能改造的一种重要因素。现在解放军是第一兵团，起义军快要编为第二十二兵团，不久就并肩成为人民解放军了，都是“一家人”了，我热切地希望解放军同志们能够以先知先觉的地位给起义部队官兵以全力帮助。至于帮助的方法，上面的报告已经叙述了四个问题，并且引证了若干事实，这都是报告人亲身经历的经验，是值得大家参考的。此外，他还提了很多宝贵的意见，因时间关系，我不多介绍了。

今后的新疆没有什么了不起的问题，因为基本矛盾已经消除了。这次彭副总司令到迪化后，很多问题都获得解决了。新疆军区马上就要成立，由彭副总司令统一领导，由王、陶两将军，赛福鼎先生三位分任副司令员。当然，王震将军是要起带头作用，也应该负起带头责任的。在三个原来不同系统的部队中，民族部队和起义部队都应该向第一兵团学习、看齐，大家如兄如弟如手如足般团结起来！团结在人民领袖毛主席和人民解放军朱总司令领导之下，团结在西北五省最高长官彭德怀主席领导之下，加紧学习，努力改造！这次在迪停留不久，很快就要和各位分别了，下次彭主席再来而我又有机会陪同一起来的话，相信一切的一切都已经大大改观了，大家都成为名副其实的人民解放军了，将来更能在此基础上进一步成为中华人民共和国的强大的现代的国防军！再会！

1959 年 10 月 1 日，张治中在天安门城楼上参加国庆大典。

附四

张治中年谱简编（1890—1969）

1890 年 10 月 27 日

出生在安徽省巢县黄麓镇洪家疃一个篾匠家庭，兄弟四人，他是长子。

1896 年 6 岁

在丰乐河镇入私塾，前后共读 7 年。

1903 年 13 岁

到合肥参加科举考试中的童子试。府考成绩很好，院考落第。萌发另寻出路的决心。

1904 年 14 岁

到扬州十二圩报考随营学堂，未成。

1905 年 15 岁

在丰乐河镇吕德盛商号当学徒，边打工边看书自修。

1906 年 16 岁

到安庆投考陆军小学，由于名额有限，榜上无名。

1907 年 17 岁

在唐总督府陪唐二少爷读书，因不堪受气，愤而再到扬州十二圩，投盐防营做备补兵。

1908 年 18 岁

为报考测绘学校，再赴安庆。因学校未招生，只得暂做测绘学堂传达，继而当备补警察。

1909 年 19 岁

到扬州入巡警训练所受训。三个月后成为一名正式警察。遵父母命与洪希厚结婚。

1911 年 21 岁

武昌起义成功，参加上海的学生军，预备出征北伐。

1912年22岁
学生军编入陆军军官学校，遂在武昌陆军军官第二预备学校就读。

1914年24岁
在陆军军官预备学校毕业后，分到保定入伍实习当兵六个月。其间，父母相继去世。

1915年25岁
正式升入陆军军官学校。与白崇禧等同学，在校期间，专心读书，研究军事。

1916年26岁
从保定陆军军官学校毕业，被分到安徽蒙城安武军的驻地任见习官。

1917年27岁
在旧式军队里感到苦闷，离开安武军，辗转到广东准备谒见孙中山参加护法运动，因闽事突起，遂和几位保定军校的同学一起入滇军，参加了征闽战役，任旅部上尉差遣。此时，军事教育才能初显。

1918年28岁
在福建黄冈的战役中，因英勇善战，连续晋升为连长、营长。

1919年29岁
护法军内部分裂，滇军成为桂军吞并的对象，所在部队于潮州被桂系刘志陆部包围缴械，被迫到了上海。

1920年30岁
经朋友介绍到四川第五师任师部少将参谋。不久第五师改编为川军第三独立旅，任旅部参谋长。

1921年31岁
独立旅内部火并，旅长被部下打死，几经危难，脱险回到安徽家乡。休养一段时间后到上海读书，结识了中国共产党员瞿秋白、陈独秀。

1922年32岁
陈炯明称兵倡乱，炮轰总统府，为挽革命危局，中断读书计划。两次入闽，随王懋功部队讨伐陈炯明。

1923年33岁
到广州帮助建立桂军军官学校，任大队长。

1924年34岁
应蒋介石邀请先任黄埔军事研究会委员，12月，到黄埔军校正式任职入伍生上校总队附。

1925年35岁

调任东征军总指挥部上校参谋兼航空局长，军事处长，航空学校校长，黄埔第四期入伍生团长。

1926年36岁

3月，军校发生中山舰事件，军队中中共党员被捕，找蒋介石质询。6月，国民革命军北伐，任国民革命军总司令部代理副官长，随军北伐。10月，北伐军攻克武昌，奉命在武昌南湖筹办学兵团并担任在武昌成立的中央军事政治学校武汉分校教育长。

1927年37岁

3月，国共分裂在即，与恽代英谈话，给蒋介石去电，力图挽救危局，未成。8月，蒋介石下野，到溪口检讨蒋介石的种种缺憾，特别是对中国共产党问题。11月，赴欧美游学。

1928年38岁

由于苦闷，想在德国长住读书，蒋介石连发函电催促回国。7月，回到上海，任军事委员会军政厅长。10月，任黄埔军校训练部主任。

1929年39岁

任黄埔军校教育长。10月，因平汉战事，任武汉行营主任，带学生兵卫戍武汉三镇。12月，卸任，带学生兵返回军校。

1930年40岁

1月，成立教导团筹备处，兼任筹备处主任。5月，因陇海战事爆发，任由教导团改编的教导第二师师长，率部北上参战。11月，战事结束，坚辞师长一职，回军校继续任黄埔军校教育长。

1931年41岁

9月，因九一八事变，3000多学生到南京向国民政府请愿，代表政府主持处理。

1932年42岁

2月，“一·二八”淞沪抗战爆发，向蒋介石请缨，率第五军支援十九路军，坚决抵抗日本侵略者。5月，休战，国民政府与日军签订了《淞沪停战协定》，部队复员，再次辞去军职，回到军校。

1933年43岁

冬，十九路军在福建组织“人民政府”，在平“闽变”过程中，被蒋介石任命为“讨逆”第四路军总指挥。为避免手足相残，向蒋介石建议用和平方法解决。在古田，顶住压力，说服镇守古田的十九路军师长赵一肩，不发一弹，成功地释兵。

1934 年 44 岁

1 月，辞军职，再回军校任教育长。6 月，组办黄埔军校成立十周年纪念活动。

1935 年 45 岁

在南京举行的秋季联合大演习中任东军司令官。

1936 年 46 岁

2 月，奉命兼任京沪区负责长官，设置军事研究委员会和政治研究委员会，为准备对日作战，做军事研究和部署。12 月，在西安事变爆发后，反对何应钦分三路进军西安的计划，力主政治解决。

1937 年 47 岁

8 月，作为京沪负责长官，指挥“八一三”淞沪会战。本来准备充分想先发制人，但南京政府一拖再拖，贻误战机，致使此仗打得被动惨烈，后被蒋介石调任大本营管理部部长。11 月，被任命为湖南省政府主席。12 月，草拟保卫湖南的国防计划送国民政府。

1938 年 48 岁

战时接管湖南省政，处理伤兵，安置逃亡的难民与学生，兵役、治安、备战头绪繁多，为此颁布《湖南省政府施政纲要》《湖南省组训民众改进政治加强抗日自卫力量方案》。3 月，为以法立信惩治贪污。4 月，建立地方行政学校，施行新县制。5 月，成立民众自卫团，兼任总团长。9 月，向蒋介石提建议，主张承认中共合法地位，允许中共公开活动，国共两党团结抗战。11 月，蒋介石布置长沙“焦土抗战”，地方军警误信传言纵火，长沙城被焚，而受革职留任处分。

1939 年 49 岁

1 月，辞职获批准，在湖南各界挽留声中，卸去湖南省政府主席一职，离开长沙到重庆。3 月，就任蒋介石侍从室第一处主任。

1940 年 50 岁

9 月，调任军事委员会政治部部长，兼任三民主义青年团中央临时干事会书记长。

1941 年 51 岁

3 月，就皖南事变向蒋介石上万言书，痛陈对中共问题处理失策。

1942 年 52 岁

奉蒋介石指派在国共二度和谈中任国民党代表。

1943 年 53 岁

春，在与周恩来、林彪的谈判中达成四项条款，但被搁置，谈判不了了之。

1944 年 54 岁

5 月，作为国民党代表在国共三度和谈中，与中共代表林伯渠谈判。双方观点不同，所提条款相去甚远，谈判再次搁浅。

1945 年 55 岁

8 月，抗日战争胜利，代表国民党与赫尔利一起到延安迎接毛泽东到重庆谈判。9 月，新疆伊宁爆发革命，奉命到新疆了解情况，提出可行性报告。10 月，与中共代表签订《双十协定》，送毛泽东返回延安。11 月，再到新疆与伊宁代表和谈。12 月，达成《中央政府代表与新疆暴动区域人民代表之间以和平方式解决武装冲突之条款》。

1946 年 56 岁

1 月，作为国民党代表与中共代表周恩来、美国代表马歇尔就军队整编问题，组成最高军事三人小组，到北平、张家口、集宁、归绥、太原、济南、新乡、徐州、武汉、延安做检查。2 月，签订《关于军队整编及统编中共部队为国军之基本方案》。3 月，被任命为西北行辕主任兼新疆省主席，再到新疆。7 月，组建新的新疆省政府；应周恩来之托释放被盛世才关押的一批中共党员，并护送回延安。

1947 年 57 岁

2 月，向蒋介石建议联俄和共。4 月，访问南疆后制定《当前新疆问题和我们的根本看法与态度》。5 月，辞去新疆省政府主席的职务，推荐麦斯武德接替。7 月，平息吐鲁番、鄯善、托克逊三县以“东土尔其斯坦独立运动”做号召的武装暴动。10 月，到台湾新竹看望张学良。

1948 年 58 岁

1 月，向蒋介石建议改善中苏关系，得到同意后与苏联大使馆武官罗申将军会谈，顺利达成一致意见。5 月，向蒋介石上万言书，再次强调亲苏、和共的建议。7 月，借故推脱了去西安统一指挥西北五省军事的任命。10 月，提请国民政府调离宋希濂和麦斯武德，推荐包尔汉为新疆省主席。11 月，到南京参加国防部召开的军事会议，其间向蒋介石建议重开和谈。

1949 年 59 岁

3 月，为了国共和谈能顺利进行，到溪口劝已经下野的蒋介石出国。4 月，作为首席代表，率国民党和谈代表团到北平，与周恩来为首的中共代表团进行和平谈判，双方代表虽达成协议，但南京政府拒绝接受。5 月，率代表团成员给李宗仁代总统去电，劝其停止抵抗，恢复与中共的谈判。6 月，发表《对时局的声明》，表明自己的政治立场。9 月，给陶峙岳、包尔汉去电，成功地策动了新疆和平起义。同月，参加新政协，当选为中央人民政府委员，被任命为西北军政委员会副主席。11 月，去迪化参与改组新疆省政府。12 月，向起义部队做《怎样改造》报告。

1950 年 60 岁

写作《六十岁总结》。1 月，西北军政委员会成立，就西北的经济建设、文化建设提出建议，开始与中共在西北的党政负责人合作共事。6 月，朝鲜战争爆发，向周恩来建议，以军事行动支援朝鲜。

1951 年 61 岁

10 月，在《群众日报》上发表文章《伟大的人民政权》。12 月，在西安各族人民抗美援朝代表会议上发表长篇讲话，题为《抗美援朝与世界大势》。

1952 年 62 岁

7 月，应邀参加中国共产党建党 31 周年纪念大会，发表题为《在马克思列宁主义、毛泽东思想指导下顺利前进》的讲话。

1953 年 63 岁

2 月，在第一届政协三次会议上汇报西北工作情况。6 月，视察甘肃、宁夏、青海三省。12 月，在西北行政委员会第一次会议上做《关于我国过渡时期总路线总任务的传达报告》。

1954 年 64 岁

在中央人民政府通过了解决台湾问题的决议后，以个人名义对台湾的军政人员发表广播讲话。9 月，各大行政区撤销，被调回北京。第一届全国人民代表大会召开，就《宪法草案》做了发言。

1955 年 65 岁

获一级解放勋章。5 月，到安徽视察。9 月，随贺龙去波兰、苏联访问，在《人民日报》发表题为《访苏归来》一文。

1956 年 66 岁

9 月，应邀出席中共第八次全国代表大会，为此在《人民日报》《光明日报》上发表题为《伟大的人民胜利的重要因素》一文。11 月，参加孙中山诞辰 90 周年纪念大会，会后随以朱德为首的谒陵团到南京中山陵谒陵。在《人民日报》发表了题为《孙中山先生的革命理想实现了》一文。

1957 年 67 岁

2 月，任民革解决台湾问题工作委员会主任，就和平解决台湾问题对《文汇报》记者发表谈话。3 月，在政协二届三次会议上做了题为《更加密切共产党与党外人士的关系》的发言。8 月，在中国人民解放军建军 30 周年的纪念日里，写信给国防部长彭德怀，表示祝贺，发表在《人民日报》上。

1958年68岁

9月，应毛泽东邀请，随毛泽东视察湖北、安徽、南京、上海、杭州。

1959年69岁

4月，视察北京市，对浮夸风、高指标提出自己的意见。

1960年70岁

多次致信蒋介石父子及陈诚。

1965年75岁

1月，在第三次全国人民代表大会上当选为全国人大常委会副委员长。10月，以全国人大常委会副委员长的身份，宴请从海外回国的李宗仁夫妇。

1966年76岁

“文革”初起，受“红卫兵”冲击，被周恩来保护。

1967年77岁

8月，给中共中央写信，为当年在新疆释放的131位中共被捕人员没有叛变自首做证。10月，因病坐轮椅到天安门城楼参加国庆观礼，见到毛泽东时直言：“主席，你走得太快了，我跟不上。”

1969年79岁

4月，在北京病逝。

代后记

私信张治中

张治中先生：

你好！

在这里我就不称呼“您”了。在你的家乡巢湖，我的家乡东至，语言体系里都没有“您”这个字。我也听你的长女张素我说起：“我的父亲从来不向人说您，对蒋介石、毛泽东都不称您。现在的一些文章，写到父亲与毛泽东的交往时全写成了‘您’。这是北方称呼人的习惯。”

你或许不知道，你的家乡巢湖已经不复存在了，它已经一分为三，拆分给了周边的合肥、芜湖、马鞍山。自此，包括冯玉祥、李克农和你在内的“巢湖三上将”恐怕要改名为“合肥三上将”？不知你同意否？

在此，提及此事，因为想起你每逢大事，必回家乡小住，如淞沪会战期间，调任湖南省主席一职前夕，你在家乡巢县洪家疃住了一个多月。从淞沪前线回到南京，蒋介石先生请你吃饭，你请求回家休养。蒋介石先生说：“好，但你先就了职再走。”不过，这时候给你安排的职务还是大本营管理部部长。就职以后，你自称带着一个困乏的身体和一种落寞的心情，回到了故乡洪家疃。你说，从剧烈紧张的战场生活转到幽静的乡居，“精神已渐见复原”。

安徽人乡土观念重，胡适、陈独秀观点论争却交谊深厚，多半有乡人之情。你也一样，毛泽东曾当面说你：“你这人乡土观念相当重。”因为你屡次向毛泽东进言：“你已经到许多省份去过了，为什么还未到我们安徽去？”有一次，毛泽东外地考察回京，你就问：“主席这一次还没有到我们安徽去吗？”他笑笑说：“嗯，还没有去。作为负债吧，记上这一笔债吧。”终于，1958年9月，毛泽东去了安徽。

从1927年至北伐到南京后，每隔一两年你总要回家乡看看，你曾经在家乡创办黄麓学校，也想弄一个模范自治区，并初步拟定了建设计划。后来，因为战事搁浅了。黄麓学校一直延续至今，但是据你的长女张素我对我说，这个学校只有很少的学生，按照教育部10年前推行的合校计划，一度要撤并到其他学校，后经你的后人阻止，才搁浅，不知你知道这个消息做何感想。

告诉你这些，是想说，巢湖市不见了，你创办的学校不及当年规模，如果你要回到你钟爱的家乡看看，一定不要生气，恐怕司机的GPS导航里已经查无此地了。

很抱歉，这个消息对于已经122岁的你来说，有点残酷。2011年12月2日13：18，你的长女张素我去世了。1915年出生的她，高寿至96岁。但是她对你的离去一直牵挂，因为你只活到79岁，她认为太过年轻了，她说：“我父亲79岁去世，母亲85岁去世。我比他们多活了好长了。”你的三女儿素初也在2011年春节期间去世了。2011年某天，我去采录素我先生的口述历史，她告诉我说：“今年（2011年）我不太好，我的三妹去世了，我的大弟媳钱妩也去世了……”

我可能是素我先生生命的最后两年里除了保姆胡喜菊之外最为亲近的人了，我前去采录口述历史40多次，她也多次喊我到她家中。通过本书第一版的书名《回忆父亲张治中》，可以看出女儿对你的怀念至死不忘。遗憾的是，在素我先生离世前，她没有看到这本书，幸运的是，她校阅了全部的书稿。

因为要整理素我先生口述历史的缘故，我阅读了大量的资料，包括你的一些未出版的文章。我的一个疑惑是，在给蒋介石的信函里，言辞锐利、直截了当，而留在北平后，你给毛泽东的信函或提及他时却处处“伟大领袖”，甚至有歌颂恭维的味道。

在一本名为《解放十年来点滴活动》的内部资料里，你提及了一件事情，你说：“安徽庐剧和泗州戏来京演出，为了给家乡戏做宣传，我和李克农、余心清诸位特联名设宴邀请许多文艺界著名人士和名演员前来参加，并让两剧团演员和他们见面请教。我又一再怂恿毛主席亲临怀仁堂观看演出，闭幕时并蒙毛主席上台和全体演员和领队同志们一一握手致谢。”按理说，文章执笔至此可以落笔了，可是你接着说：“他们太高兴了！伟大的人民领袖看了他们的演出，并和他们握手，这是多么幸运，多么光荣！当然，我和在京同乡也感到同样的光彩和高兴。”

1957年9月16日，民革举行全党整风工作会议，你发言说：“这几年到各地视察所看到的，处处都是令人欢欣鼓舞的新气象。右派分子的看法，则恰恰和我们相反，他们抹杀事实，造谣污蔑。他们说农民生活苦，还不如国民党时代好；他们说农民都被共产党整垮了，粮食不够吃，这里饿死人，那里饿死人；他们说工农生活相去悬殊，是九天九地之隔。事实上是怎样呢？这几年来我在西北、华东、华南各地农村亲眼看到农民的生活情况，比过去的确是好得多了。有些农民平日也吃饺子、大米饭，每人有三两套新衣。农村新盖和添补房舍的很多。供销合作社的脸盆、热水瓶、手电、自行车、胶鞋经常畅销。农村面貌根本改变，到处显出蓬蓬勃勃的气象，这是历史上曾经有过的吗？右派分子说，解放后到处一团糟，建设越多越浪费，这也是弥天大谎！”

发言至此已经观点鲜明、态度坚决，而你还要最后信誓旦旦地说：“今天谁要想推翻共产党的领导复活国民党反动统治，像我过去和旧国民党有过长远深切关系的人，我首先就誓死反对，因为我还懂得爱国，我不能容许任何反对分子碰一碰我们国家的命根子，因此，我要坚决地反对右派！”

然而，你多次给蒋介石建言，甚至动辄万言，内容字字珠玑，半文半白，可以说忧国忧民，切中要害。翻阅你的回忆录，印证了素我先生所言：“在蒋介石面前肯说话和敢说话的人很少，而在军人当中，父亲算是最肯也是最敢说话的一个了。”

抗战中期，蒋介石一度兼了行政院长，后来四川地方派系闹纠纷，出了问题，蒋介石又要兼四川省主席。你力言不可，说：“第一，做得好，是应该的，做得不好，有损威信；第二，你是行政院长，又是省主席，主席决定的事要不要行政院长同意？自己指挥自己，不成体制；第三，中央人才多，物色一两个省主席，应不成问题。”

你第一次给蒋介石上万言书是“皖南事变”爆发后的 1941 年 3 月 2 日。你向蒋介石痛陈对中共问题处理的失策：“为保持抗战之有利形势，应派定人员与共党会谈，以让步求得解决，”“在此朝野彷徨之秋，钧座如能正确指示一般干部以解决共党问题之方针，澄清一切沉闷徘徊之空气，使冲动之感情，无由支配行动，实为当务之急，若犹是听其拖延，其结果将对我无利而有害”。

因而，我颇为不解，为何先生在国共两党期间，语言风格、话语逻辑迥异？难道说，这是政治环境不一样，蒋介石政府江河日下，需要直言利弊，可是皖南事变及之前，中国共产党偏于一隅，蒋介石政府还没到风口浪尖的时候。难道说，这是因为寄人篱下，需要通过此举一诉衷肠？可是，不只是民主人士，中共党内也是如此，乃至无党派人士也难以脱俗。

或许，这是因为你们那一代人发自对新政权炽热的爱，这是我们这一代人在五六十年后所无法理解的。比如，1958 年 9 月，你陪同毛泽东视察大江南北，根据沿途记下的4万字日记，写了《人民热爱毛主席》一文。在这篇文章里，你记录下了老百姓对毛泽东的真挚、狂热情感，从文中编者所加的小标题可窥一二，如“毛主席，像太阳”“千万颗心在激动地跳跃”“我这孩子有福气呀！”“响起了暴雨般掌声”“狂热情绪无法控制”“热情沸腾的干部和群众”“为了看到自己敬爱的领袖”“人人喜笑颜开”。

可是，历史的车轮滚滚向前，你在为中共新政权满心欢喜鼓与呼时，一些失望和苦闷随之而来，以致你沉默不语。在生命的最后三年，你几乎每天晚上都问下班回来的家人，“谁被打倒了，谁被抄家了”。你曾对儿子一纯说过，“文化大革命”比军阀混战还乱，谁也管不了谁，政府说话也不管用。

你所向往的政治清明、人民安康、世界和平的理想社会从前程似锦变成了风雨飘零。你内心的苦闷让你难以为继，以致离世。不过，在你离世7年后，“文化大革命”结束，中国大陆的历史改变了航向，台湾地区的历史也滚滚向前，转向开放党禁、民主转型。

还记得你16岁时候，你的母亲给你说的一句话吗？那天，你拿着母亲借来的24块银圆，独自外出闯荡。临行前，母亲让你咬口生姜喝口醋，寓意是在今后的人生岁月里，要能够承受所有的苦辣辛酸，只有历尽艰苦，才能成人立业。你还曾请国民党元老、书法大师于右任先生将这句话写成横匾。

“咬口生姜喝口醋！”对，就是这句话，你的人生座右铭。素我先生生前给我写下了这句话，我记得，也理解。

专此，敬颂！

周海滨　2012年3月于北京

（京）新登字083号

图书在版编目（CIP）数据

欣悦与彷徨：张治中父女的家国往事 / 周海滨著. —北京：中国青年出版社，2018.9

ISBN 978-7-5153-4688-5

Ⅰ.①欣… Ⅱ.①周… Ⅲ.①张治中（1890—1969）—传记 Ⅳ.①K825.2

中国版本图书馆CIP数据核字（2018）第040629号

责任编辑：万玉云
书籍设计：瞿中华

出版发行：中国青年出版社
社　　址：北京东四12条21号
邮政编码：100708
网　　址：www.cyp.com.cn
营 销 部：010-57350364
媒体运营：010-57350395
编 辑 部：010-57350512
雄狮书店：010-57350370
印　　刷：北京盛通印刷股份有限公司
经　　销：新华书店
开　　本：880×1230 1/32
印　　张：13
图　　幅：102
字　　数：270千字
版　　次：2018年9月北京第1版
印　　次：2018年9月北京第1次印刷
印　　数：1—5000
定　　价：48.00元